禮學卮論

杜明德——著

禮學卮論

著者・ 杜明德

發行人・ 蘇清足

總編輯・ 蔡國彬

出版者・ 高雄復文圖書出版社

地址・ 802019高雄市苓雅區五福一路57號2樓之2

TEL・ 07-2265267

FAX・ 07-2233073

劃撥帳號・ 41299514

臺北分公司・ 100003臺北市中正區重慶南路一段57號10樓之12

TEL・ 02-29229075

FAX・ 02-29220464

法律顧問・ 林廷隆律師

TEL・ 02-29658212

國家圖書館出版品預行編目（CIP）資料

禮學卮論／杜明德著. -- 初版. -- 高雄市：
高雄復文圖書出版社， 2021.01
面； 公分
ISBN 978-986-376-236-2（平裝）

1.禮記 2.研究考訂

531.27 109021785

ISBN 978-986-376-236-2　　初版一刷　2021年1月　初版三刷　2024年7月

定價・420 元

行政院新聞局出版事業登記證局版台業字第 1804 號

本書如有破損、缺頁或倒裝，請寄回更換。

http://www.liwen.com.tw E-mail:liwen@liwen.com.tw

《禮學后論》

目次

緒論

　　華人社會素以「禮義之邦」著稱於世,「禮」自然在華人傳統文化佔有極重要的地位。「禮」的起源甚早,《禮記‧禮運》言:「夫禮之初,始諸飲食,其燔黍捭豚,汙尊而抔飲,蕢桴而土鼓,猶若可以致其敬於鬼神。」可知禮的原始樣態應為某種具有宗教性質的祭祀行為,其中某些行為可能還與遠古時期的巫術有關。祭祀神鬼,當有一定的儀式,祭祀又需誠敬莊嚴,故言行當受一定約束。有既定的儀式,又重言行的束縛,我們可以得知禮的起源,應是一些外在的言行規範。這些外在的規範,起始或許只是先人口耳相傳,甚或只是淡薄模糊的觀念而已,漸漸地演變成人為制定的型態,固定形式的制度也就逐漸建立了起來。之後的儒家再從這些制度化的行為中提煉出某些觀念,然後把這些觀念加以組織,而成為系統化的論述,此即如朱子所言,禮書的出現「不是古人預作一書如此。初間只以義起,漸漸相襲,行得好,只管巧,至於情文極細密,極周經處。聖人見此意思好,故錄成書。」(《朱子語類‧禮二》)經過儒家整理過的「禮」,降低了神秘的宗教性,擴充了其人文主義倫理道德的成

分，[1]並將應用範圍加以擴大，「禮」便成為人世間一切事務的準則，死生喪祭，進退周旋，莫不有禮；進而又上升為天經地義，而為天地之間的理序。是以《左傳‧隱公十一年》記：「禮，經國家，定社稷，序民人，利後嗣者也。」〈昭公二十五年〉子大叔游吉告趙簡子曰：「夫禮，天之經也，地之義也，民之行也，天地之經，而民實則之。」「禮，上下之紀，天地之經緯也，民之所以生也，是以先王尚之，故人之能自曲直以赴禮者，謂之成人。」《禮記‧曲禮上》言：「道德仁義，非禮不成，教訓正俗，非禮不備。分爭辨訟，非禮不決。君臣上下父子兄弟，非禮不定。宦學事師，非禮不親。班朝治軍，蒞官行法，非禮威嚴不行。禱祠祭祀，供給鬼神，非禮不誠不莊。」又《荀子‧禮論》言：「禮豈不至矣哉！立隆以為極，而天下莫之能損益也。本末相順，終始相應，至文以有別，至察以有說，天下從之者治，不從者亂，從之者安，不從者危，從之者存，不從者亡，小人不能測也。」〈大略〉言：「禮之於正國家也，如權衡之於輕

---

[1] 祭祀行為既為「禮」的起源，在儒家對於「禮」提出整理之前，以帶有宗教色彩的儀式，展現敬天畏地、敬祖追遠的精神，已成為人民生活的樣態。儒家對「禮」的系統化整理，便只能降低其宗教性，而無法完全去除。此即徐復觀所言：「宗教是任何民族長久的生活傳統，決不容易完全歸於消失。當某一新文化發生時，在理念上可能解消了宗教；但在生活習慣上仍將予以保持。文化少數的上層分子可能背離宗教，但社會大眾仍將予以保持。最後則常為宗教與新文化的妥協。所以春秋時代以禮為中心的人文精神的發展，並非將宗教完全取消，而係將宗教也加以人文化。」（見氏著《中國人性論史》，臺北：臺灣商務印書館，1987 年 3 月，頁 51）陳來也認為中國的軸心突破是以理性反對神話，「認識到神與神性的局限性，而更多地趨向此世和人間性，與其說是超越的突破，毋寧說是人文的轉向。」（見氏著《古代宗教與倫理－儒家思想的根源》，北京：三聯書店，2009 年 4 月，頁 5）還主張春秋時代，「充滿實證精神的、理性的、世俗的對世界的解釋越來越重要，而逐漸忽視宗教的信仰。（見《古代思想文化的世界－春秋時代的宗教、倫理與社會思想》，北京：三聯書店，2009 年 4 月，頁 13）由此實現了從「儀式倫理」主導到「德行倫理」主導的演變，這種演變是為孔子所贊成和發揚的。（同上書，頁 312）

重也，如繩墨之於曲直也。故人無禮不生，事無禮不成，國家無禮不寧。」均可知儒家的「禮」，實已含括了律己處人的規範、社會的秩序、政治的制度，儒家的禮教思想於是大備，後世的禮學發展自此也波瀾壯闊。而成為「中國文化的根本特徵」、「中國文化之總名」[2]。

　　本書收錄筆者關於禮學研究論文共十六篇，均為筆者近年來發表於國內外學術研討會或學術期刊的論文。總為三大類，首編先論「禮的起源與演變」，此處的「禮」，實有二義，一為概括性的「禮」，二為「禮書」。並先論概括性的「禮」的出現與發展，〈荀子的禮分思想與禮的階級化〉一文，先探討「禮」的起源，再論孔孟禮學思想之大要，進而推論因為荀子禮學思想中的「禮分」主張，清楚標示「明分使群」的必然與必要，在這樣的思維邏輯下，人與人之間的差等，也就很自然的必須被強調，唯有確知了差等的存在，人才能確認自己的權限與責任。而維持差等的方式，除了大眾心理自覺的認知，更可以加上外在的限制，使得人群間界線分明、各守其分。這些外在的限制，依託著禮的架構，在《荀子》書中有了樸素的開端，而在秦漢之際的儒者手中，被完全確立了起來，儒禮的階級化樣態於焉完成。〈禮的「俗化」與「宗教化」－以現代中國的婚禮與喪禮為例〉一文，則從探討「禮」、「俗」、「宗教」的關係入手，提出雖然經過儒家整理的「禮」有「貴族化」及「去宗教化」的傾向，但從近現代民間婚禮及喪禮所呈現的樣貌，「禮」似乎又有「俗化」與「宗教化」的演變趨勢，從而展現出「禮」、「俗」、「宗教」交融的現象。在概括性說明「禮」的出現與發展之後，本書將討論重點轉而集中在「禮書」的出現與流傳，〈《周禮》與王莽的托古改制〉一文，探討《周禮》的來歷，並試圖釐清王莽、劉歆與《周禮》的關係，確定《周禮》為西

---

[2] 鄒昌林《中國古禮研究》，臺北：文津出版社，1993年9月，頁10、12。

漢之前已有之典籍，雖受到王莽及劉歆的重視，但王莽托古改制的依據，實際上並非全來自《周禮》，而王莽的對儒家傳統經典的取向，也是不分今古文經的。〈賈公彥《儀禮》《周禮》本末始終說考述〉一文，則因賈公彥「《周禮》為末，《儀禮》為本」之說，與孔穎達「《周禮》為本，《儀禮》為末」之說相反，故藉由分析《周禮》、《儀禮》內容，並探討孔穎達與賈公彥的學術主張、政治歷練等差異，說明兩人何以對二《禮》之本末問題看法不同。〈小戴《禮記》的成書及其在兩漢時期的流傳－洪業《禮記引得‧序》商榷〉一文，係因文獻記載不清，大小戴《禮記》於兩漢時期之流傳情形遂眾說紛紜。洪業於《禮記引得‧序》中，對三《禮》之來由、傳承均有所述，而對於小戴《禮記》之成書與流傳，致疑尤多。該文即整理《漢書》、《後漢書》等古籍中的資料，並重新省視陸德明《經典釋文》等文獻，耙梳小戴《禮記》於兩漢時期的成書及流傳情形，並對洪業在《禮記引得‧序》中論小戴《禮記》流傳部分提出一些商榷。首編最後的〈《禮記‧檀弓》中的孔子形象－兼論《禮記‧檀弓》可能的成篇時代〉一文，則因《禮記‧檀弓》的成篇年代，學者多有考訂，一般以為當成書于戰國後期。而學者考訂〈檀弓〉成篇年代之法，多半以「史事比對」、「典籍比對」、「文字比對」為主，筆者以為若以〈檀弓〉中孔子「非聖形象」比對，或就〈檀弓〉記孔子行事卻雜有道家、法家之說，再參以戰國時期其它典籍，或亦可為〈檀弓〉成書于戰國中後期之佐證。

　　準上，本書第一編所收論文之結構如下：

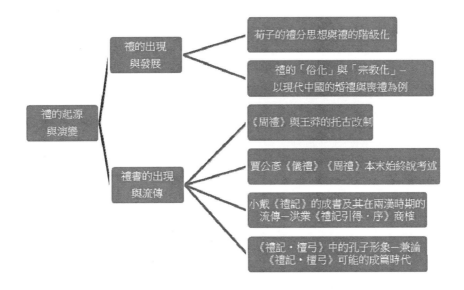

本書第二編以「禮儀制度與內涵」為探討主題，收錄論文五篇。首篇為〈《周禮》廉政思想與主張探析〉，因《周禮》為「任官」之書，故以《周禮‧天官》言「小宰」之職有：「以聽官府之六計，弊群吏之治：一曰廉善，二曰廉能，三曰廉敬，四曰廉正，五曰廉法，六曰廉辨。」強調任官選吏之要，除了「善」、「能」、「敬」、「正」、「法」、「辨」等道德或能力要求，還需以「廉」為本，可視為我國政治思想強調「廉政」的淵源。另《周禮‧天官》亦強調以「官職」、「官常」、「官聯」督成官吏之賢；以「官成」、「日成」「月要」「歲會」考課官吏之責；以「司會」、「司書」、「職內」、「職歲」防範官吏之腐；以「八柄」、「官刑」檢肅官吏之貪等，其與「廉政」相關的主張，非常值得後世參考。婚禮的部分，則有〈鳳凰于飛－我國婚姻禮俗中的「飛禽」角色及功能探討〉、〈近現代華南地區婚俗中的「雞」〉兩文，「飛禽」在我國婚姻禮俗中，一直佔有很重要地位。根據《儀禮》及《禮記》記載，傳統社會貴族婚姻「六禮」中，就有五禮需要「用雁」。用雁之意，舊說多以雁鳥之生物特性比附人們對婚配的期

待，但自唐代起，或許因為雁鳥難得，民間之謀婚、議婚、成婚，開始以雞、鵝代替雁鳥。時至今日，在華南各地區婚俗中，「雞」仍扮演重要的角色，並發揮其特殊的功能。前文先探討婚禮由用雁至用鵝到用雞的歷史演變，並探討婚禮中使用「飛禽」的意義；後文則再以近現代華南地區婚姻禮俗中的「雞」為研究對象，探討分析近現代華南地區婚俗中，使用「雞」的時機、類型以及其意義。〈論「喪主」〉為喪禮類論文，「喪主」，乃從亡者之親友中，依親疏、尊卑等關係立之，對內以統理喪事，對外以代表喪家。《禮記・喪大記》言：「喪有無後，無無主。」古禮對於立喪主之事甚為重視，喪禮必有主人，若遇喪者無子嗣或子嗣年幼，也要以他人代之。但《儀禮》及《禮記》中，對於喪禮何時立喪主，並無明確記載；至於立喪主之法，亦散見各《禮》書中，而缺乏系統論述。該文係從「立喪主之時」及「立喪主之法」兩節論述「喪主」之設置，並附論「喪主」與「護喪」之關係。祭禮的部分則有〈「餕餘」考〉一文，該文先以文獻研究法，探討《禮記》中「餕」字的意涵，試圖對「餕餘」一詞提出正確解釋。接著以分析歸納法，歸類禮書中「餕餘」之類型及內涵，以補前代學者論說之不足。再以文化比較法，蠡測「餕餘」與「接觸巫術」間的關連。最後，總和研究所得，試著對《禮記・曲禮》「餕餘不祭」章的解釋進行補充和揀擇。是以，第二編所錄之論文結構如下：

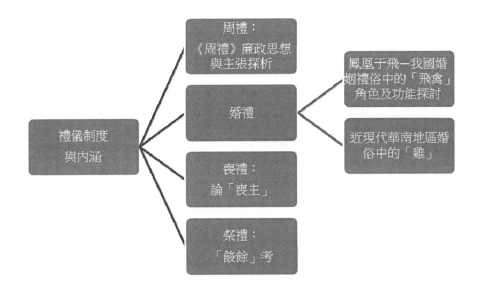

本書第三編以探討「禮學思想的運用」為主軸，收錄論文五篇，均為探討禮學思想在現代社會之運用。〈論「以和為貴」〉為本編總述，主張「和為貴」為禮教思想之核心，經過千百年的政教薰陶，此一價值已經融入我們的血液與靈魂，成為中華民族家喻戶曉的理念與訴求。該文由「以和為貴」的章句解釋入手，進而探討「貴和」觀念在儒家思想中運用的面向，最終探討其限制，期能略析「貴和」思想的內涵及應用。〈淺談解經的態度及方法－從「孔氏三世出妻」說談起〉一文，則主張現代人解經的態度之一，即是應當還原孔子的真實面貌，貼近孔子的真實生活。又儒家經典作為知識份子立身處世之準則，應有其人類學、社會學的意義存在，若考察我國傳統的婚姻型態，東周時期本為「對偶婚」至「專偶婚」的過渡階段，夫妻的婚配關係本來就不甚穩固牢靠，是以古籍中多有孔子、曾子、孟子等「聖人」出妻的相關記載，此若從人類社會學的角度言之，並不足奇。是以該主張解經的方法之一，是從人類社會學的觀點解釋經書，應能得到較為客觀且全面的研究成果。〈《禮記·王制》的養老主張及其在今

日社會的價值〉一文，係因我國已進入高齡化社會，而高齡化社會的快速變遷，將帶來生活型態與社會結構的改變。如何讓老人維持尊嚴和自主的生活，更是整個社會包括老人本身、家庭、民間部門和政府共同的責任。該文主張傳統經典中對於養老的主張與規劃，將可以提供今日社會的重要參考。〈先行仁義而後由仁義行－從《禮記》〈曲禮〉〈內則〉〈少儀〉談青少年品德教育〉，係因教育部自 2004 年起，在全國各級學校推動「品德教育」，冀望藉由品德教育 6E 教學方法：典範學習（Example）、啟發思辨（Explanation）、勸勉激勵（Exhortation）、環境形塑（Environment）、體驗反思（Experience）、正向期許（Expectation），重新架構當代學子們的品德核心價值。[3]但「品德教育」究竟應該如何落實？對於正值探索自我、建立價值觀的重要階段的青少年，什麼樣的「品德教育」才能有效果？筆者以為「生活教育」是「品德教育」的根基，對處於「狂飆期」的青少年而言，建立明確的生活規範，應該比單純的教條說理重要。而《禮記》中〈曲禮〉〈內則〉〈少儀〉諸篇，提供了許多立身處事的具體方法和原則，應可視為培養青少年品德的重要篇章。最後為〈從《禮記‧檀弓》「子夏喪子喪明」章談孔門的「合作學習」〉一文，同樣探索《禮記》篇章之記載，如何與現代教學方法結合。筆者以為「子夏喪子喪明」章之記載，實可輔證子夏與曾子兩人「為學途徑」之不同；再觀諸《論語》中的相關記載，亦可知子夏論「交友」近於孔子，而與曾子、子張等人主張不同。但即使孔門弟子彼此間有諸多差異，儒家的經典中仍強調相互學習的重要性。近世學習理論中的「合作學習」（Cooperative learning）強調學習伙伴間縱然「異質」，但仍需切磋琢磨，互相學習，分享經驗，創造主動學習的情境，使彼此得以積極的參與學習的活動，並培

---

[3] 教育部「教育部品德教育促進方案」。2009 年 12 月 4 日台訓（一）字第 0980210327A 號函修訂。參見教育部「品德教育資源網」：http://ce.naer.edu.tw/policy.php。

養聽取別人的意見，尊重別人的意見，也培養討論、發表與辯論、綜合與評鑑等能力。故筆者以為由「子夏喪子喪明」章末子夏的反省檢討，亦可論見孔門「合作學習」的真諦。準上，本書第三編所收論文之結構如下：

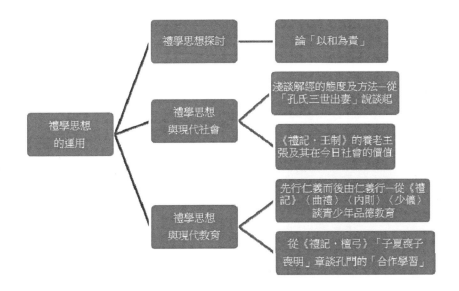

《莊子・寓言》言：「巵言日出，和以天倪。」郭象《莊子注》：「夫巵，滿則傾，空則仰，非持故也。況之於言，因物隨變，唯彼之從，故曰日出。日出謂日新也，日新則盡其自然之分，自然之分盡則和也。」成玄英《疏》曰：「巵，酒器也。日出，猶日新也。天倪，自然之分也。和，合也。夫巵滿則溢，巵空則仰，空滿任物，傾仰隨人。無心之言，即巵言也，是以不言，言而無係傾仰，乃合于自然之分也。」本書以《禮學巵論》為名，期待禮學為日新之學，符合時代之用；亦能發揮以和為貴的精神，和合萬物；更重要的是，藉由耙梳禮學經典，而能得到盡量客觀的一己之見。唯以才疏學淺，行文匆忙，疏謬之處甚多，尚祈大雅君子有以正之。

第一編

禮的起源與演變

荀子的禮分思想與禮的階級化

✐一、前言

　　王先謙《荀子集解·序》云：「荀子論學論治，皆以禮為宗，反覆推詳，務明其旨趣，為千古修道立教所莫能外。」荀子是戰國末年繼孔子而起的儒者，其思想以禮學見長，郭沫若在《十批判書》中，曾對《荀子》書做過統計，發現在三十二篇原文中，只有〈仲尼〉與〈宥坐〉兩篇未及「禮」字，若將其中屬於「弟子雜錄」的篇章去除，那二十六篇原文中，就只有〈仲尼〉一篇沒有「禮」字。[1]而荀子的禮學思想中，又以「禮分」思想最為重要，蓋荀子以為，「禮」者治國之道，「分」者禮之實踐，「禮」為治國之最佳道術，「分」則是實踐禮之理想社會制度。故「禮分」思想者，實為荀子所抱持重建社會秩序、王道政治之法方也。其禮分思想之內涵為何？與孔、孟禮學有何差異？禮分思想所衍生的階級、差等，與後世禮文之階級化有何關連？是本文的研究動機與目的。

---

[1] 郭沫若《十批判書》，群益出版社，1948 年 2 月，頁 217。取自國家圖書館「臺灣華文電子書庫」https://taiwanebook.ncl.edu.tw/zh-tw/book/NCL-9910007872/reader

二、孔、孟禮學大要

　　「禮」之起源為何？古今論者眾說紛紜。多數學者認為，禮的起源當是某種祭祀行為。[2]祭祀神鬼，當有一定的儀式，祭祀又需誠敬莊嚴，故言行當受一定約束。有既定的儀式，又重言行的束縛，我們可以得知禮的起源，應是一些外在的言行規範。這些外在的規範，起始或許只是先人口耳相傳，甚或只是淡薄模糊的觀念而已，漸漸地演變成人為制定的型態，固定形式的制度也就逐漸建立了起來。隨著時代演進，這類的外在規範也逐漸增加，死生喪祭、進退周旋，莫不有禮。但隨著儀文的踵事增華，禮的精神內涵卻越來越隱微，繁瑣的禮儀多成為空洞僵化的形式。《左傳‧昭公五年》有記：「公如晉。自郊勞至於贈賄，無失禮。晉侯謂女叔齊曰：『魯侯不亦善於禮乎？』對曰：『魯侯焉知禮！』公曰：『何為？自郊勞至於贈賄，禮無違者，何故不知？』對曰：『是儀也，不可謂禮。禮，所以守其國，行其政令，無失其民者也。』〈昭公二十五年〉又記：「子大叔見趙簡子，簡子問揖讓周旋知禮焉。對曰：『是儀也，非禮也。』簡子曰：『敢問，何謂禮？』對曰：『吉也聞諸先大夫子產曰：夫禮，天之經也，地之義也，民之行也。』」外在的禮文，本應彰顯內在的禮義，但禮文易學，禮義難曉，行禮者極易將禮數、禮器之陳列，誤以為禮之全貌，是以女叔齊、子大叔有「是儀非禮」之嘆。孔子處於禮崩樂壞的時代，他最關切的

2　《禮記‧禮運》：「夫禮之初，始諸飲食，其燔黍捭豚，汙尊而抔飲，蕢桴而土鼓，猶若可以致其敬於鬼神。」王國維在《觀堂集林》中則稱，「禮」字在殷商甲骨卜辭中作「豊」，下半是豆，豆是盛裝肉類祭品的器皿，上半是一個器皿盛著兩串玉的珏，也是用來祭祀的供品。郭沫若在《十批判書》亦認為：「禮是後來的字，在金文裏我們偶而看到有用豊字的，從字的結構上來說，是在一個器皿裡面盛兩串玉具以奉事於神，〈盤庚〉篇裡面所說的『具乃貝玉』，就是這個意思。大概禮之起起於祀神，故其字後來從示，其後擴展而為對人，更其後擴展而為吉凶軍賓嘉的各種儀制。」

也是重新發現和賦予禮實質的意義，所以林放問「禮之本」的時候，他稱讚為「大哉問」，其回答卻是「禮，與其奢也，寧儉。喪，與其易也，寧戚。」（《論語・八佾》）在孔子看來，唯有減損不必要的虛文儀節，才能真正接近禮的本質。他甚而感慨的說：「禮云禮云，玉帛云乎哉！」（《論語・陽貨》）試圖把形式化的具文和真正的禮分開。孔子的思想，以「仁」為中心，他認為真正的禮，就是出於人內在的道德根源－仁，以「仁」為「禮」之內在依據，所以既有「繪事後素」之喻，又曾言「人而不仁，如禮何？人而不仁，如樂何？」（俱見《論語・八佾》）在孔子的思想中，仁是道德原則或正義原則，是禮的精神內涵，具有主觀性、內在性；禮則是道德原則或正義原則的表現形式，具有客觀性、外在性。仁以禮為表現方式，禮便是仁由內以符外的顯露，最終是否合禮，仍是由人內在的道德意識去判斷。

　　孟子主要繼承了孔子「仁」的思想，並進一步說：「仁也者，人也。合而言之，道也。」（《孟子・盡心下》）把「仁」與「人」合一，以「仁」來定義「人」，並說這樣就是道德的本體，強調了仁之於人的安身立命價值及神聖性。但是，孟子察覺了孔子仁禮並重卻又將禮從屬於仁的缺憾，而且從禮的道德趨向找到了化解這個缺憾的途徑。孟子認為人性本善，人性之中自有「仁義禮智」諸德行之端，分別藉由惻隱之心、羞惡之心、辭讓之心、是非之心表現出來。如此一來，禮便歸向於德，而且是已經與仁、義、智同根於心，無須再向外求取。所以，「禮源於心，性就是德，尋禮之路便為回到自我的求『放心』，守禮之方即是存心養性而已。」[3]孟子的這個觀念，將道德修養完全轉化為本心的運動，卻也昭示了後世儒家大致的發展，且尤為宋明理學家所重。

---

[3] 陸建華《荀子禮學研究》，合肥：安徽大學出版社，2004 年 12 月，頁 195。

✐三、荀子的禮分思想

　　荀子身處政治、經濟、社會、思想激烈變動的年代，與孔、孟相同，都是他自己所謂「彼其人者，生乎今之世，而致乎古之道。」(《荀子‧君道》) 的人，但荀子所處的時代環境，顯然比孔、孟更為嚴峻。孔、孟還可以相信齊家、治國、平天下，「一是以修身為本」，只要人的內在的道德修養趨於完善，外在的政治、經濟、社會等問題就可以迎刃而解，「把本是現實社會政治體制變而成意識型態中的倫常道德精神。」[4]荀子的思想中，「顯明地抱有社會觀念」[5]，故不得不留意到氏族政制鬆動、禮崩樂壞、社會秩序混亂的現實問題，轉而尋求外在的強制規範，希望以客觀的綱紀統領，維繫群體共存的一定秩序。所以，荀子雖仍遵循孔門傳統，但做了許多變通。如孔子言「軍旅之事，未之學也。」(《論語‧衛靈公》) 荀子卻大議其兵；孔子認為刑政雖能使人民免於犯錯，卻不能導正、教導人民，所以主張以「禮」、「德」來引導、約束人民，荀子卻大論「刑政」，並稱「禮」、「法」。

　　前已言之，孔子經「仁」論「禮」，創立仁學，強調禮的內在精神－仁，而使禮生生不息，沈澱於中華民族的文化傳統之中。孟子則以禮說德，認為禮是人性中可貴的元素之一，更是把禮內化於人性之中，以為道德基礎。荀子論禮，則另闢蹊徑，引「分」入禮，強調禮的外在規範性作用，也使禮成為具體可感的秩序。荀子認為，「能群」是人類所以能克服自然界而維持其生存的主要原因，但也因為「能群」，所以必得有「分」，否則在群體社會中，必定產生爭奪，一旦產

---

[4]　李澤厚《中國古代思想史論》，臺北：風雲時代出版公司 1990 年 8 月，頁125。

[5]　郭沫若先生謂：「在先秦諸子中，能夠顯明地抱有社會觀念的，要數荀子，這也是他的學說中的一個特色。」見氏著《十批判書》，同註 1，頁 195。

生爭奪，則將導致社會離亂，國家危殆。其言曰：

> 人有氣、有生、有知，亦且有義，故最為天下貴也。力不若
> 牛，走不若馬，而牛馬為用，何也？曰：人能群，彼不能群
> 也。人何以能群？曰：分。分何以能行？曰：義。故義以分則
> 和，和則一，一則多力，多力則彊，彊則勝物；故宮室可得而
> 居也。故序四時，裁萬物，兼利天下，無它故焉，得之分義
> 也。故人生不能無群，群而無分則爭，爭則亂，亂則離，離則
> 弱，弱則不能勝物；故宮室不可得而居也，不可少頃舍禮義之
> 謂也。(《荀子・王制》)

> 人之生不能無群，群而無分則爭，爭則亂，亂則窮矣。故無分
> 者，人之大害也；有分者，天下之本利也。(《荀子・富國》)

> 離居不相待則窮，群而無分則爭。窮者患也，爭者禍也，救患
> 除禍，則莫若明分使群矣。(《荀子・富國》)

> 人道莫不有辨，辨莫大於分，分莫大於禮。(《荀子・非相》)

> 禮起於何也？曰：人生而有欲，欲而不得，則不能無求。求而
> 無度量分界，則不能不爭；爭則亂，亂則窮。先王惡其亂也，
> 故制禮義以分之，以養人之欲，給人之求。使欲必不窮於物，
> 物必不屈於欲。兩者相持而長，是禮之所起也。(《荀子・禮
> 論》)

在人性論上，荀子主張性惡。對於人性，荀子並沒有太多樂觀的期
待。所以他認為「欲者，情之應也。」(《荀子・正名》)，人生而有欲，

但人既必須群體生活，就需要以禮來節制個人的慾望，以免「欲窮於物」、「物屈於欲」。因此，在群體社會中，將人群加以「區分」，使其知「名分」、守「本分」、盡「職分」，便是極為重要的事。在這裡，「分」是為了克服個性、保障群性而創制，是禮最重要的精神所在，也就是禮之義。有了「分」，可以維持社會和諧，彼此同心協力，兼利天下，即使有了患禍，也可以加以救除；沒有「分」，則各人的私情私欲氾濫，就勢必產生紛爭混亂，甚而至於衣食無保，導致社會崩解、自身毀滅。就消極層面而言，「分」似乎是一種限制，限制了各人的權利慾望在合理的範圍裡施行。但若就積極的層面而言，「分」也是一種「養」，保障人的合理慾望、權利可以獲得滿足。故荀子在〈禮論〉篇又說：

> 芻豢稻粱，五味調香，所以養口也；椒蘭芬苾，所以養鼻也；雕琢刻鏤，黼黻文章，所以養目也；鐘鼓管磬，琴瑟竽笙，所以養耳也；疏房檖貌，越席床第几筵，所以養體也。故禮者，養也。

「養」者，謂養生之具，若衣食用具之類。口、鼻、目、耳、體者，為「欲」之自然流顯處，必得使此五者皆得其「養」，獲致符合其「分」的滿足，才能減少人的非分之想。養此五者之物，若適足以養此五者所生之欲，則物欲相宜，天下便可因之得治矣。在這裡，我們清楚地看見荀子禮分思想注重現實之處，既捨棄了孔子「惡衣惡食」之論，也拋開了孟子「大體小體」之議，而認為衣食口腹之慾，只要合「分」，便是合「義」，自然也就應得其「養」，獲得滿足。

　　禮分思想既是荀子禮論的中心，荀子認為應「分」之處，亦涵蓋甚廣。陳大齊先生通論《荀子》章句，認為：「荀子所說的分，包括著倫常上的分別，社會地位的分別，才能的分別，社會上的分工分業，

政治上的分職，以至自然現象的分類。總之，有異可別，即有分的作用行於其間，故其涵攝至廣，可謂無所不包。」[6]而荀子進一步認為，這些「分」是藉著等級差異顯現出來的。其言曰：

> 君子既得其養，又好其別。曷謂別？曰：貴賤有等，長幼有差，貧富輕重皆有稱者也。（《荀子‧禮論》）

> 禮者，貴賤有等，長幼有差，貧富輕重皆有稱也。（《荀子‧富國》）

> 制禮義以分之，使有貴賤之等，長幼之差，知愚、能不能之分，皆使人載其事而各得其宜，然後使穀祿多少厚薄之稱，是夫群居和一之道也。（《荀子‧榮辱》）

> 分均則不偏，埶齊則不壹，眾齊則不使。有天有地，而上下有差；明王始立，而處國有制。夫兩貴之不能相事，兩賤之不能相使，是天數也。埶位齊，而欲惡同，物不能澹則必爭，爭則必亂，亂則窮矣。先王惡其亂也，故制禮義以分之，使有貧富貴賤之等，足以相兼臨者，是養天下之本也。《書》曰：「維齊非齊。」此之謂也。（《荀子‧王制》）

荀子理想中的社會，是一個經由「禮」合理劃分的階級社會，這個社會的最大特點是差別、等級。這種差別、等級，就表面上來看，自然不是齊一與和諧，但荀子卻認為以禮明分，使其有貧富貴賤高下的差等，社會上當然不平等，但卻可以達到一種平衡。有了這些等級差異，

---

[6] 陳大齊《荀子學說》，臺北：中國文化大學出版部，1989年6月，頁171。

依照個人的職分、技能與智能，分工合作，有無相通，以其所能，求其所需，人人都站在自己的崗位上，扮演好自己的角色，社會才能穩定發展。

　　然而社會階級由何而生？倫理上的長幼秩序，由於天成，心理自覺，自無須論。社會政治上的階級，荀子則認為應以道德、學問及才能作為劃分的標準。他曾說：「論德而定次，量能而授官，皆使人載其事，而各得其宜。上賢使之為三公；次賢使之為諸侯，下賢使之為士大夫。」（《荀子·君道》）「無德不貴，無能不官，無功不賞，無罪不罰。」（〈王制〉）官家顯貴，均是國家社會的名器，因此必須慎重處理，孰為三公、諸侯、士大夫？一應以賢德與否來決定。如果紊亂了這些標準，使「德不稱位，能不稱官，賞不當功，罪不當罰。」（〈正論〉）就將產生極大的混亂與災難。但是，在這看似嚴明的階級區劃中，荀子仍設立了一道活門，他說：「我欲賤而貴，愚而智，貧而富，可乎？曰：『其唯學乎。彼學者，行之，曰士也；敦慕焉，君子也；知之，聖人也。上為聖人，下為士、君子，孰禁我哉！』」（〈儒效〉）「雖庶人之子孫也，積文學，正身行，能屬於禮義，則歸於卿相士大夫。」（〈王制〉）荀子認為差等社會中的各項階級，並非固定不變，賤、愚、貧者都可以透過學習或後天的各項努力，提升自己的階級，因而也可以滿足自己更高的願望。同樣地，「賢能不待次而舉，罷不能不待須而廢。……雖王公士大夫之子孫也，不能屬於禮義，則歸之庶人。」（〈王制〉）即使是貴族子弟，一旦無德無能，一樣會下降為庶人。這樣的觀念，或許可以視為荀子因應時代變遷，別自創發的「階級流動說」，但主張以道德、學問與智能作為身份地位移轉的憑依，在等級差異的論述之中，才有了真正的平等。荀子的這個觀點，影響我國社會政治的發展甚鉅，是值得我們特別注意的。

　　在因明分而生的階級論述中，「尊君」是很自然而然產生的觀點。荀子便倡言君位至尊，且謂君權至上。其言曰：「天子者，勢位至尊，

無敵於天下。……道德純備，智惠甚明，南面而聽天下，生民之屬莫
不震動從服以化順之。天下無隱士，無遺善。同焉者是也，異焉者非
也。」（〈正論〉）天子的勢位，皆無敵於天下，是人民的領袖，而且還
是是非的標準，尊上無二，絕無其匹。但是，這樣的說法，未必就可
以視為荀子有絕對尊君的思想。鮑國順便以為荀子之所以尊君，是因
為在人群社會中，君主有四項特殊的地位與意義：人性向善的保證、
禮義法度的來源、執行分義的主體、民眾的表率。[7]依荀子之意，個人
的地位與身份，是要看他對人群社會的貢獻與價值來決定，正因為人
君有這樣特殊的貢獻與價值，關乎天下的治亂安危，所以我們才需要
尊君。因此，荀子之所以尊君，主要仍是基於現實功利的觀點，尊君
之德與能，而非尊君之位。如果君王不「能群」，也不「善群」，亦不
能善「四統」——生養人、班治人、顯設人、藩飾人——之事[8]，便是
君王的失職，君王既失其「分」，自然也就不應再享有權位，甚而可以
以賢易之[9]。這也是荀子的政治論中，極為進步的思想。

✎四、禮分思想與禮的階級化

在戰國時期，荀子是儒家經典傳承的關鍵人物。根據後世學者的
研究，幾乎所有儒家經典的傳承，都與荀子有一定的關係，禮學自然

---

[7] 鮑國順《荀子學說析論》，臺北：華正書局，1993 年 10 月，頁 92-94。

[8] 「能群」、「善群」、「四統」之說，俱見《荀子·君道》。

[9] 《荀子·正論》言：「世俗之為說者曰：『桀紂有天下，湯武篡而奪之。』
是不然。……湯武非取天下也，修其道，行其義，興天下之同利，除天下
之同害，而天下歸之也。桀紂非去天下也，反禹湯之德，亂禮義之分，禽
獸之行，積其凶，全其惡，而天下去之也。天下歸之之謂王，天下去之之
謂亡。故桀紂無天下，湯武不弒君。」此說與孟子梁惠王下「聞誅一夫紂
矣，未聞弒君也。」一致，均主張賢德之士應取代有位而無德無能者。

也不例外。[10]值得我們特別留意的是，荀子的禮分思想，縱使強調了禮的外在規範，認為大眾群體在人倫、社會、政治、才性上各方面既有不同，個人便應各依其分，而有相對應的道德、職責，使人能各安其分，各得其養，進而為當時已然階級化的社會，提供了理論基礎，但荀子其實並未完成禮的階級化論述。綜觀《荀子》一書，雖對人我之間的群分討論甚多，卻偏重禮義之敘述，強調在群與分之間，個人應盡的社會義務及應遵守的社會約束，對於如何藉由禮器、禮數等差異來維繫、彰顯禮分，區劃階級，荀子卻只在〈禮論〉、〈富國〉篇略

---

[10] 如汪中〈荀卿子通論〉言：「荀卿之學，出於孔氏，而尤有功於諸經。《經典敘錄‧毛詩》徐整云：『子夏授高行子，高行子授薛倉子，薛倉子授帛妙子，帛妙子授河間人大毛公，大毛公為詩故訓傳於家，以授趙人小毛公。』一云：『子夏傳曾申，申傳魏人李克，克傳魯人孟仲子，孟仲子傳根牟子，根牟子傳趙人孫卿子，孫卿子傳魯人大毛公。』由是言之，毛詩，荀卿子之傳也。《漢書‧楚元王交傳》：『少時嘗與魯穆生、白生、申公，同受詩於浮丘伯。』伯者，孫卿門人也。《鹽鐵論》云：『包丘子與李斯俱事荀卿。』劉向〈敘〉云：『浮丘伯受業為名儒。』《漢書‧儒林傳》：『申公，魯人也。少與楚元王交俱事齊人浮丘伯受詩。』又云：『申公卒，以詩、春秋授，而瑕丘江公盡能傳之。』由是言之，魯詩，荀卿子之傳也。韓詩之存者，外傳而已，其引荀卿子以說詩者四十有四，由是言之，韓詩，荀卿子之別子也。《經典敘錄》云：『左丘明作傳，以受曾申，申傳衛人吳起，起傳其子期，期傳楚人鐸椒，椒傳趙人虞卿，卿傳同郡荀卿名況，況傳武威張蒼，蒼傳洛陽賈誼。由是言之，左氏春秋，荀卿之傳也。〈儒林傳〉云：『瑕丘江公受穀梁春秋及詩於魯申公，傳子至孫為博士。』由是言之，穀梁春秋，荀卿子之傳也。荀卿所學，本長於禮，〈儒林傳〉云：『東海蘭陵孟卿，善為禮、春秋，受后蒼、疏廣。』劉向敘云：『蘭陵多善為學，蓋以荀卿也。長老至今稱之曰蘭陵人，喜字為卿，蓋以法荀卿。』又二戴禮並傳自孟卿，大戴禮曾子立事篇，載修身、大略二篇文，小戴樂記、三年問、鄉飲酒義篇，載禮論樂論篇文。由是言之，曲臺之禮，荀卿之支與餘裔也。蓋自七十子之徒既歿，漢諸儒未興，中更戰國暴秦之亂，六藝之傳賴以不絕者，荀卿也。周公作之，孔子述之，荀卿子傳之，其揆一也。……故曰荀卿之學，出於孔子，而尤有功於諸經。」胡元儀〈郇卿別傳〉亦有類似的論述。汪、胡二文，俱見於王先謙《荀子集解‧考證》，臺北：藝文印書館，2007 年 3 月，頁 40-74。

有論述[11]。但他的禮分思想，顯然影響了秦漢之際的許多禮學傳承者，這些儒生一方面守著明分為禮之說，使得在禮義上，讓人們相信禮的差異性之必然；另一方面更將此說廣泛地運用在禮器與禮數的主張上，使得儒家的禮完成階級化的發展。如賈誼[12]在推演禮的價值功能時，便特別突出了君臣尊卑這一環，強調了禮的分辨功能。他說：

> 主主臣臣，禮之正也；威德在君，禮之分也；尊卑大小，強弱有位，禮之數也。……故禮者，所以守尊卑之經，強弱之稱者也。(《新書・禮》)

賈誼認為，君尊臣卑，強弱有分，如此才是禮的主體功能，也將禮分思想導向了「尊君」一途。至於要如何彰顯國君的尊威，賈誼在《新書》中進一步明言「階級」，認為應該透過一定的體制，疊架臣等，才能烘托君威。其言曰：

> 人主之尊，辟無異堂陛。陛九級者，堂高大幾六尺矣，若堂無陛級者，堂高殆不過尺矣。天子如堂，群臣如陛，眾庶如地，此其辟也。故堂之上，廉遠地則堂高，近地則堂卑，高者難攀，卑者易陵，理勢然也。故古者聖王，制為列等，內有公卿大夫士，外有公侯伯子男，然後有官司小吏，施及庶人。等級分明，而天子加焉。故其尊不可及也。(《新書・階級》)

---

[11] 《荀子・富國》云：「禮者，貴賤有等，長幼有差，貧富輕重皆有稱也。故天子袾裷衣冕，諸侯玄裷衣冕，大夫裨冕，士皮弁服。」又《荀子・禮論》言：「天子棺槨七重，諸侯五重，大夫三重，士再重。然後皆有衣衾多少厚薄之數，皆有翣菨文章之等，以敬飾之。」

[12] 《史記・屈原賈生列傳》云賈誼「與李斯同邑，而常學事焉。」而李斯又為荀子弟子，故愚意以為賈誼的部分思想，應可視為受荀子學說之影響。

賈誼以堂、陛、地為喻，說明天子的地位如六尺高堂，群臣的地位如登堂之陛，而庶民則如堂基之地。君王距離庶人，當有一定的距離，而且其中等級分明，如此才能顯現天子的尊貴。至於天子距離庶人，該有多少的級別？賈誼在《新書・服疑》中又言：

> 等級分明，則下不得疑。權力絕尤，則臣無冀志。天子之於其下也，加五等已往則以為臣；臣之於下也，加五等已往則以為僕，僕亦臣禮也。

照這樣的說法，由天子下至奴僕，竟有十等的階級差異，天子的尊威自然不受侵犯或逾越。賈誼雖未明言這十等差異的內容究竟為何，但從這個章句中，我們儼然看見了古代那階級嚴明的社會體制。除了規劃出等級分明的社會制度，賈誼更進一步主張，這些等級差異，應該由名號、旗章、符瑞、車馬，甚而妻妾等處，彰顯其不同：

> 高下異，則名號異，則權力異，則事勢異，則旗章異，則符瑞異，則禮寵異，則秩祿異，則冠履異，則衣帶異，則環佩異，則車馬異，則妻妾異，則澤厚異，則宮室異，則床席異，則器皿異，則飲食異，則祭祀異，則死喪異。……貴賤有極，服位有等，各處其檢，人循其度。……是以天下見其服而知貴賤，望其章而知其勢。（《新書・服疑》）

> 所謂主者安居，臣者安在，人之情不異面目，狀貌同類，貴賤之別，非天根著於形容也。所持以別貴賤，明尊卑者，等級勢力，衣服號令也。……疏遠無所放，眾庶無以期，則下惡能不疑其上？君臣同倫，異等同服，則上惡能不眩其下？（《新書・等齊》）

賈誼還在〈等齊〉篇舉例說，若天子之相，號為丞相，用黃金之印；諸侯之相，也號為丞相，亦用黃金之印，就會「尊無異等」。又如果天子親號為太后，諸侯親亦號為太后；天子妃曰后，諸侯之妃亦曰后，則「諸侯何損？而天子何加？」所以要區別貴賤之異，彰明尊卑之分，就得特別留意「等級」、「勢力」、「衣服」、「號令」之事。

　　如前所述，荀子雖亦強調尊君，但在尊君的同時，其實也要求君王必須修己養原，以為人民表率，化民成善，而且還必須是一位能群、善群的好領袖。但賈誼在強調明分思想的同時，卻是強調了藉由外在禮文的包裝，去鞏固這些階級性差異的存在，並藉此確立君王的尊威，君王是否賢德稱職的問題，似乎並不重要。荀子的禮分思想，有節有養有分，兼重理想與現實，但後起者採用他絕對勢位的片面主張，營造出階級分明的政治社會環境，而仍賦予「禮」的稱號，這應該已經不是荀子思想的本意了。

　　又如《史記・禮書》言：

> 君臣、朝廷、尊卑、貴賤之序，下及黎庶車輿、衣服、宮室、飲食、嫁娶、喪祭之分，事有宜適，物有節文。
>
> 君子既得其養，又好其辨也。所謂辨者，貴賤有等，長少有差，貧富輕重皆有稱也。
>
> 王者天太祖，諸侯不敢懷，大夫士有常宗，所以辨貴賤，貴賤治，得之本也。郊疇乎天子，社至乎諸侯，函及士大夫，所以辨尊者事尊，卑者事卑，宜鉅者鉅，宜小者小。故有天下者事七世，有一國者事五世，有五乘之地者事三世，有三乘之地者事二世，有特牲而食者，不得立宗廟，所以辨積厚者流澤廣，積薄者流澤狹也。

　　此些論述，幾乎全由《荀子・禮論》而來。是司馬遷也以為禮必

當有等級之分、貴賤之別,上自君王大臣,下至平民百姓,在服飾、宮室、飲食、嫁娶、喪祭等禮文上,都一定要有差別。也因為禮之有辨,方能使尊卑貴賤有序,如天子可以郊祀祭天,諸侯以下到大夫就只能祭社;又如天子七廟,諸侯大夫士庶民則需以其身分之尊卑而遞殺。這樣才能「貴賤治,得之本」、「事有宜適,物有節文」。

司馬遷也與荀子一樣,提到了聖王與民之間的等級,亦認同等級區劃,並非依據傳統的氏族血緣,而以對於禮的認識與實踐程度的不同,將人分成「聖人」、「君子」、「士」、「民」:

> 君子上致其隆,下盡其殺,而中處其中,步驟馳騁,廣騖不外。是以君子之性,守宮廷也;人域是域,士君子也;外是,民也。於是中焉,房皇中浹,曲直得其次序,聖人也。(《史記‧禮書》)

也就是說,聖人是安而行之,從容中道,凡是都是自然而然的合於禮;而君子和士則是知禮且守禮,但卻是知禮義之域限而行禮。最後一個等級就是民,民慣居於禮義的域限之外,而常不能知禮。儒家既把禮上升到人、禽之辨的高度,認為禮是人之所以為人的關鍵,故對於禮的認識與實踐程度,便可以用來區分人的等級。就這個層面來看,對於禮的感知,似乎又內化到了關乎個人的道德差異,事實上,這樣的「等級人學」[13],仍然是以等級之禮為前提,而與孔、孟之說禮,有了一定的距離。

董仲舒的《春秋繁露》是一部揉合儒家與陰陽家思想的著作,透過屬解比事,以闡發春秋大一統的思想。《春秋繁露》也是一本將經學(春秋公羊學)轉化成建構制度(政治、社會、倫理等)的著作,從此,經學與我國的政治相結合,「經」「政」不離也成為傳統。在《春

---

[13] 「等級人學」之說,參見劉豐《先秦禮學思想與社會的整合》,北京:中國人民大學出版社,2003 年 12 月,頁 131。

秋繁露》中，認為禮是「繼天地，體陰陽，而慎主客，序尊卑、貴賤、大小之位，而差外內、遠近、新故之級者也。」（《春秋繁露·奉本》）「吾見其近近而遠遠，親親而疏疏也；亦知其貴貴而賤賤，重重而輕輕也。」（《春秋繁露·楚莊王》）「大小不踰等，貴賤如其倫，義之正也。」（《春秋繁露·精華》）將禮放置到規範天下萬物的特殊地位，禮不但是一種道德修養，更是維護社會尊卑等級秩序的規範，董仲舒言禮的立足點，也就是強調尊卑等級秩序，尤其是天子的權威，絕對不允許諸侯逾越，《春秋繁露·王道》言：

> 《春秋》立義，天子祭天地，諸侯祭社稷，諸山川不在封內不祭。有天子在，諸侯不得專地，不專封，不得專執天子之大夫，不得舞天子之樂，不得致天子之賦，不得適天子之貴。

　　董仲舒的哲學思想，是以天人感應論為主。在天人感應的思想下，君王本是「受命於天」、「法天而治」的「行天德者」，享有至高無上的權威，任何人想要挑戰天子的威權，便無異於向天宣戰。在這樣的思維邏輯下，自然會產生絕對的尊君理論。更何況，董仲舒所處的時代，漢興雖已大半世紀，但畢竟去古未遠，戰國時期的混亂局面，殷鑑不遠，在政治問題的討論上，恐怕還是不能如孔、孟那樣理想化，把政治的基礎建立在國君的道德人格之上，而必須很現實地考慮君臣民之間的名分問題。也因此，董仲舒在禮學的論述上，會延續荀子的觀念，認為禮是「群居和一之道」，是傳統中國社會中的「差序格局」[14]，也就如荀子一樣，藉由尊卑、貴賤、大小、外內、遠近、新故等差異，建構一個階級化的禮文世界。

---

[14] 「差序格局」之說，參見費孝通《鄉土中國》中〈差序格局〉一文，取自國家圖書館「臺灣華文電子書」https://taiwanebook.ncl.edu.tw/zh-tw/book/NCL-002320103-1/reader，頁22-30。

　　最後，我們應該看看《禮記》中的記載。《禮記》的成書年代及方式，殊不易曉，學者們多主張《禮記》中的記載，內容龐雜，結構鬆散，原應為戰國至秦漢間儒者學禮的材料彙編，經由漢代的學者陸續編輯成書，而現行所稱《禮記》，其實就是漢儒戴聖所編的《小戴禮記》。《禮記》中的部分文字，與《荀子》相似或雷同，今也不易斷定孰先孰後，只能視為戰國時期儒者對於禮的共同看法，論證兩書關係密切。但《禮記》中關於階級的嚴整區劃，卻很明顯是受了荀子的禮分思想影響而產生。如《禮記·曲禮》曰：

> 為天子削瓜者，副之，巾以絺。為國君者，華之，巾以綌。為大夫者，累之，士疐之，庶人齕之。

> 國君春田不圍澤，大夫不掩群，士不取麛卵。

> 歲凶，年穀不登。君膳不祭肺，馬不食穀，馳道不除，祭事不縣，大夫不食粱，士飲酒不樂。

> 國君去其國，止之曰：「奈何去社稷也？」大夫曰：「奈何去宗廟也？」士曰：「奈何去墳墓也？」

> 國君死社稷，大夫死眾，士死制。

> 問天子之年，對曰：「聞之始服衣若干尺矣。」問國君之年，長曰能從宗廟社稷之事矣，幼曰未能從宗廟社稷之事也。問大夫之子，長曰能御矣，幼曰未能御也。問士之子，長曰能典謁矣，幼曰未能典謁也。問庶人之子，長曰能負薪矣，幼曰未能負薪也。

問國君之富，數地以對，山澤之所出。問大夫之富，曰有宰、食力，祭器衣服不假。問士之富，以車數對。問庶人之富，數畜以對。

天子以犧牛，諸侯以肥牛，大夫以索牛，士以羊豕。

天子死曰崩，諸侯曰薨，大夫曰卒，士曰不祿，庶人曰死。

〈禮器〉曰：

禮有以多為貴者。天子七廟，諸侯五，大夫三，士一。天子之豆，二十有六；諸公，十有六；諸侯，十有二；上大夫八；下大夫六。……天子崩，七月而葬，五重八翣；諸侯五月而葬，三重六翣；大夫三月而葬，再重四翣，此以多為貴也。

有以高為貴者。天子之堂九尺，諸侯七尺，大夫五尺，士三尺，天子諸侯臺門，此以高為貴也。
禮有以文為貴者。天子龍袞，諸侯黼，大夫黻，士玄衣纁裳。天子之冕，朱綠藻，十有二旒；諸侯九；上大夫七；下大夫五；士三。此以文為貴也。

〈喪大記〉則曰：

君堂上二燭，下二燭；大夫堂上一燭，下二燭；士堂上一燭，下一燭。

> 君大棺八寸，屬六寸，椑四寸；上大夫大棺八寸，屬六寸；下
> 大夫大棺六寸，屬四寸；士棺六寸。

僅取《禮記》中三篇的部分記載，我們已經可以清楚看到在《禮記》的區劃下，「天子、諸侯、大夫、士、庶人」五種身份的差異，[15]而這些差異，實際上是由禮器及禮數二者所彰顯的階級差異，使得不同身份的人，在服飾、祭祀、喪葬用度、建築、稱號、財富、詢答，甚而切瓜的方法、年齡的敘述等方方面面，都有著等差。這些階級嚴明的禮文設計，在《儀禮》與《周禮》中亦略有言及，但都不如《禮記》這樣具體詳盡。[16]固然「禮也者，理也。」（《禮記‧仲尼燕居》）「禮者，天地之序也。」（《禮記‧樂記》）呈現天地間的理序，本可視為禮的特質之一，禮也可以成為權衡人間規範的基準。[17]既要講求天地之間的理序，就必須強調群物之別，於是禮有所分，使人各之所別，且能各得其宜。這些「分」「別」與差異，《禮記》一方面以「夫禮，必本於大一，分而為天地，轉而為陰陽，變而為四時，列而為鬼神，其降曰命，其官於天也。夫禮必本於天，動而之地，列而之事，變而從時，協於分藝，其居人也曰養，其行之以貨力、辭讓、飲食、冠昏、喪祭、射御、朝聘。」（《禮記‧禮運》）之說，使人們相信禮之序分，乃歸本於太極之恆常，進而使人們產生內在的自覺，恪守禮分。但另一方面，《禮記》更是運用了外在的禮文差異，去維護這種等級差別的

---

[15] 《禮記》〈檀弓〉、〈王制〉、〈玉藻〉、〈坊記〉等篇，均有類似記載，文繁不一一具引。

[16] 如《周禮‧地官司徒》：「凡建邦國，以土圭土其地而制其域：諸公之地，封疆方五百里，其食者半；諸侯之地，封疆方四百里，其食者參之一；諸伯之地，封疆方三百里，其食者參之一；諸子之地，封疆方二百里，其食者四之一；諸男之地，封疆方百里，其食者四之一。」

[17] 參見林素英《禮學思想與應用》，臺北：萬卷樓圖書股份有限公司，2003年9月，頁121。

存在。進一步強化了階級化社會的理據，也使得禮文的階級化論述達至成熟。

🖊 五、結語

　　觀乎荀子的禮分思想，其於孔、孟禮學當有所承。《論語・學而》有子言：「禮之用，和為貴，先王道斯為美，小大由之。」「以和為貴」雖然是儒家禮學的中心思想，但儒家主張的「和諧」，原本就不是沒有差等的「齊一」。孔子主張「正名」、「仁民愛物」，孟子認為「一日之所需，百工斯為備。」都隱含了「維齊非齊」的觀念。荀子的禮分思想，無疑地可以視為這種觀念的延續。只是荀子的禮學思想，較之孔孟，多了分具體實在；荀子的禮分思想，也很清楚說明「明分使群」的必然與必要。在這樣的思維邏輯下，人與人之間的差等，也就很自然的必須被強調，唯有確知了差等的存在，人才能確認自己的權限。但在荀子的觀念中，這些等差、階級，必須嚴格搭配其應有之身分、職分，如此社會才能和諧，免於無秩序的爭奪。而且這些等差、階級也並非是固定不變的，憑藉著道德、學問、才能，高下之間可以流轉，貴賤之間也可以更替。而維持差等的方式，除了大眾心理自覺的認知，更可以加上外在的限制，使得人群間界線分明、各守其分。這些外在的限制，依託著禮的面貌，在《荀子》書中有了樸素的開端，而在秦漢之際的儒者手中，被完全確立了起來，禮的階級化於焉完成。李澤厚於《中國古代思想史論》中言道：「荀子對氏族血緣傳統的禮賦予了歷史的解釋，禮的傳統舊瓶裝上了時代新酒。所謂舊瓶，是說荀子依然如孔子那樣，突出了禮的基礎地位，仍然重視個人的修身、齊家等等。所謂新酒，是說這一切都具有了新的內容和含義，他實際上已不是從氏族貴族或首領們的個體修養立場出發，而是從進行

社會規範的整體統治立場出發。」[18]信乎其言也。然《史記‧李斯列傳》言李斯向荀子學的是「帝王之術」，譚嗣同在其《仁學》中稱：「故當以為兩千年來之政，秦政也，皆大盜也；二千年來之學，荀學也，皆鄉愿也。惟大盜利用鄉愿，惟鄉愿工媚大盜。」近代亦有學者認為「荀子禮學建構了中國封建政治理論。」[19]在荀子的禮分思想基礎上，的確可以產生階級等差的合理論述，也必然產生尊君的觀念。荀子雖然尊君，但同時在〈君道〉諸篇也提出君王應具備的德行與能力，並非盲目尊君。後世曲學之士，利用荀子尊君的主張，阿逢世主，以求名祿，漸而形成近兩千年的君主專制局面。但這終非荀子禮分思想之原意，似未可以為荀子罪也，這也是我們應該明辨之處。

---

[18] 李澤厚《中國古代思想史論》，臺北：風雲時代出版公司，1990 年 8 月，頁 106-107。

[19] 參見朱漢民〈荀子的禮學淵源和歷史影響〉，濟南大學學報第 9 卷第 6 期，1999 年。

參考文獻

古籍

〔西漢〕賈誼　《新書》　北京　中華書局　2000 年 7 月

專書

勾承益　《先秦禮學》　成都　巴蜀書社　2002 年 9 月

王先謙　《荀子集解》　臺北　藝文印書館　2007 年 3 月

牟宗三　《名家與荀子》　臺北　學生書局　1982 年 5 月

吳復生　《荀子思想新探》　臺北　文史哲出版社　1998 年 9 月

李哲賢　《荀子之核心思想》　臺北　文津出版社　1994 年 8 月

李滌生　《荀子集釋》　臺北　學生書局　1986 年 10 月

李澤厚　《中國古代思想史論》　臺北　風雲時代出版公司　1990 年 8 月

周　何　《禮學概論》　臺北　三民書局股份有限公司　1998 年 1 月

周群振　《荀子思想研究》　臺北　文津出版社　1987 年 4 月

林安弘　《儒家禮樂之道德思想》　臺北　文津出版社　1988 年 11 月

林素玟　《《禮記》人文美學探究》　臺北　文津出版社　2001 年 10 月

林素英　《禮學思想與應用》　臺北　萬卷樓圖書股份有限公司　2003 年 9 月

邱衍文　《中國上古禮制考辨》　臺北　文津出版社　1990 年 6 月

姜尚賢　《荀子思想體系》　高雄　高雄復文圖書出版社　1990 年 10 月

韋政通　《董仲舒》　臺北　東大圖書股份有限公司　1986 年 7 月

韋政通　《荀子與古代哲學》　臺北　商務印書館　1997 年 4 月

孫希旦　《禮記集解》　臺北　文史哲出版社　1984 年 10 月

馬國瑤　《荀子政治理論與實踐》　臺北　文史哲出版社　1996 年 10 月

陳大齊　《荀子學說》　臺北　中國文化大學出版部　1989 年 6 月

陳飛龍　《孔孟荀禮學之研究》　臺北　文史哲出版社　1982 年 3 月

陸建華　《荀子禮學研究》　合肥　安徽大學出版社　2004 年 12 月

鄒昌林　《中國古禮研究》　臺北　文津出版社　1992 年 9 月

廖名春　《荀子新探》　臺北　文津出版社　1994 年 2 月

劉松來　《禮記漫談》　臺北　頂淵文化事業有限公司　1997 年 8 月

劉　豐　《先秦禮學思想與社會的整合》　北京　中國人民大學出版社　2003 年 12 月

鮑國順　《荀子學說析論》　臺北　華正書局　1993 年 10 月

龍宇純　《荀子論集》　臺北　學生書局　1987 年 4 月

韓德民　《荀子與儒家的社會理想》　濟南　齊魯書社　2001 年 8 月

瀧川龜太郎　《史記會注考證》　高雄　高雄復文圖書出版社　1991 年 7 月

譚宇權　《荀子學說評論》　臺北　文津出版社　1994 年 1 月

禮的「俗化」與「宗教化」
──以現代中國的婚禮與喪禮為例[*]

✐一、前言

　　儒家思想是中國文化的主流，其主要內容是以「仁」和「禮」所建構的倫理價值體系，「仁」是內在的核心，「禮」是外在的規範。《左傳》中記載「禮，天之經也，地之義也，民之行也。天地之經，而民實則之。」（〈昭公二十五年〉）又記「禮，政之輿也。」（〈襄公二十一年〉）、「禮，國之幹也。」（〈僖公十一年〉、〈襄公三十年〉）主張「禮」是天地運行之經緯，人民行事之所據，國家施政之根本，其內涵可以包括宇宙自然的秩序，個人的行為規範，待人處事的準則，社會和諧的維護，政治體制的建立等，範圍極其廣泛。中國因而成為禮治社會、禮義之邦，而與西方的神權立國不同。

　　「禮」的出現，應與先民的生活習俗與原始信仰相關，但儒家在構建「禮」的思想體系時，明顯的賦予「禮」的「階級化」與「道德化」色彩，使「禮」脫離質樸的民俗性與神秘的宗教性，從而形成貴族階級普遍接受的道德原則，轉而內以自省，外以應對，再用之以教化百姓，使能化民成俗。有趣的是，傳統的「禮」在近現代的發展中，卻又似乎出現了「俗化」與「宗教化」的回歸傾向，這之中的發展脈絡，是值得我們探討的問題。

---

[*] 本篇論文發表於 2011 年 10 月 14 日斯洛維尼雅盧布爾亞那大學「一百年的現代中國」研討會。文獻引用採「APA」格式。

✎二、「禮」與「俗」

美國人類學家 Robert Redfield 在 1956 年出版的《*Peasant Society and Culture: An Anthropological Approach to Civilization*》一書中，曾用「大傳統」（Great tradition）和「小傳統」（Little tradition）說明庶民社會中存在的兩種不同文化傳統。「大傳統」是由國家與住在城鎮的士紳與貴族們所掌握、書寫的文化傳統；「小傳統」則存在於鄉村之中，庶民藉由口傳等方式流傳的大眾文化傳統。「大傳統」與「小傳統」間藉由貴族與庶民這兩者的相互依存，乃構成整個常民社會的文化傳統。同樣的概念，也可以用來說明中國的「禮」與「俗」。

《朱子語類·卷八十五》論及《儀禮》的成書時，說《儀禮》「不是古人預作一書如此。初間只以義起，漸漸相襲，行得好，只管巧，至於情文極細密，極周經處。聖人見此意思好，故錄成書。」可以知道「禮」原本只是日常群體生活中自然形成的行為規範，儒家的知識份子將之整理成書。但後來儒家的知識份子所成就的「禮」，漸漸不侷限於常民的生活規範，而融入了更多的道德觀念、社會觀念與政治意涵，甚而「不斷自覺反省，透過理性的辨析，追索生命的崇高意義，甚而掙脫有形的肉體限制，展現生命永恆的理想範式。」（黃有志，1988）這樣的發展，雖然擴充了「禮」的內涵與範圍，但也逐漸形成了「禮」的「貴族化」傾向，只有受過儒家教育的知識份子可以制定、解釋、運用「禮」，禮制條文所針對的對象也是「士」以上的「貴族」，而有很明顯的階級色彩，是以《禮記·曲禮》會有「禮不下庶人」之說。庶人只能遵循「禮」，而不能「議禮」，「禮」遂成為中國文化中的「大傳統」，可視之為代表中國傳統的核心文化，也是歷代知識份子心目中的理想文化。

《周禮·大司徒》言：「以俗教安，則民不偷。」鄭玄《注》曰：

「俗，謂土地所生息也。偷，謂朝不謀夕。」賈公彥則《疏》云：「俗，謂人之生處，習學不同。若變其舊俗，則民不安，而為苟且；若依其舊俗化之，則民安其業，不為苟且。」《禮記・王制》亦言：「凡居民材，必因天地寒煖燥溼，廣谷大川異制。民生其間者異俗：剛柔輕重遲速異齊，五味異和，器械異制，衣服異宜。修其教，不易其俗；齊其政，不易其宜。」都是說明「俗」是各地的人民，因著時間、空間等差異，而產生的不同的生活習慣。因各地民風不同，故又可稱之為「風俗」；因各地生活習慣不同，也可稱之為「習俗」。「俗」未必有文字記載，常常只是口耳相傳，有些「俗」的起源眾說紛紜，甚至根本不可考，使得即使是相鄰的地區，民俗也可能有差異。「俗」的型態多半很質樸，甚而可能有些粗野，但「俗」畢竟已經是大家習以為常的行為模式，屬於集體生活的規範，比較貼近庶民的人情處世，故對常民的行為仍有一定的約制力量，故而「俗」不能隨意變動，更不可以輕視忽略，《禮記・曲禮》所謂「禮從宜，使從俗。」即在提醒尊重各地民俗的重要性，我們也可將之視為中國文化中的「小傳統」。

　　雖然「禮」主要是貴族仕紳的文化規範，「俗」主要是庶民百姓的生活形態，但兩者並非對立，而應是相互滲透，互相影響的。如上所述，「禮」的原始樣貌，原本也只是日常群體生活中自然形成的行為規範，後來再經過知識份子的制訂規範、充實內涵及廣泛運用，才成為階級化禮制的面貌，故可謂「禮」仍本之於「俗」。但「禮」透過政治、教化的力量，卻可以轉而影響、指導或控制了「俗」，形成「俗」向「禮」的轉化，使得「小傳統」將「大傳統」具象化與淺易化，架構成俗民社會生存的共同模式。受了「禮」影響的「俗」，漸漸脫離了原始的質樸與粗野，而產生符合士人理想的「禮化的俗」，即所謂的「禮俗」。「禮俗」對於人民的約制力量，可能還超越了「俗」，因為「禮俗」是上層菁英用來教化百姓的工具之一，使百姓可以啟發理性，引生自律。《周禮・冢宰》提出了八項法則來治理國家，其中一

項便是以「禮俗」來「馭其民」，王安石的《周官新義‧卷一》說：「禮則上之所以制民也，俗則上之所以因乎民也。無所制乎民，則政廢而家殊俗；無所因乎民，則民偷而禮不行。故馭其民當以禮俗也。」可以很清楚看出統治者以「禮」節「俗」，並以「禮俗」教化百姓的政治目的。

✎三、禮的「俗化」——以現代中國的婚禮為例

在傳統中國，「禮」受到知識份子、統治階層的肯定，並對百姓的「俗」產生了一定的影響力量。但近代以來，中國已逐漸從農業社會轉型為工商社會，在原來農業生活形態下孕育的「禮俗」，漸漸與現代社會有了距離。又因為社會結構的變遷，「士」不再擁有絕對的尊崇；傳統的「大家族式」生活模式，也漸漸被「小家庭」給取代，都使得原本支持傳統「禮俗」的基礎有了轉變。「禮」與「俗」的關係，發生微妙的轉變，常民意識逐漸興起，貴族色彩逐漸淡化，「禮」的「俗化」於焉發生。

以婚禮為例，傳統中國的婚禮步驟，主要可以溯源自《儀禮‧士昏禮》的「六禮」——「納采」、「問名」、「納吉」、「納徵」、「請期」、「親迎」，「納采」是男方到女方家表達結婚的意願；「問名」是男方向女方請教新娘的姓名及生辰等基本資料，以便占卜；「納吉」是男方將占卜得吉的訊息告知女方；「納徵」是男方至女方家中送聘禮；「請期」是男方將擇定親迎的日期告知女方；「親迎」則是男方至女方家中將新娘迎回自家。後代踵事增華，唐《大唐開元禮‧六品以下婚》列「納采、問名、納吉、納徵、請期、親迎、見舅姑、盥饋、婚會、婦人禮會、饗丈夫送者、饗婦人送者」；司馬光《書儀》則列婚儀為：「納采、問名、納吉、納幣、請期、親迎、婦見舅姑、壻見婦之父

母」;《政和五禮新儀・卷一百七十九》「庶人昏儀」亦列「納采問名、納吉、納成、請期、親迎、見祖禰、見舅姑、醴婦、饗送者」等儀節,頗為繁複。但據《宋史・禮志》:「士庶人婚禮,并問名於納采,并請期於納成。」可知當時民間士庶行婚禮已有合併儀程的情況,為避免毫無規範的任意合併,又須顧及庶民行禮化簡之必要,故朱子《家禮》將婚禮「六禮」併為「三禮」——「納采」、「納幣」、「親迎」,但在「親迎」之後,仍列有「主人禮賓」、「婦見舅姑、諸尊長」、「廟見」、「壻見婦之父母、親黨」等儀程。明成祖永樂年間,曾頒行朱子《家禮》於天下,明示以朱子《家禮》為庶民行日常禮儀依歸,滿清入主中國之後,積極漢化,於《家禮》也未有太多改易,故朱子《家禮》所制訂的婚禮範式,可以視為明、清兩代常民百姓遵用的婚姻禮俗。歸納傳統的婚姻禮俗,愚意以為有三個特色:

1. **重家族**:男女論婚需有「父母之命」,且整個儀式的過程之中,父母、親人,甚至是過世的祖先,都佔有很重要的角色,進而有「包辦婚」的現象,男女雙方的意願反而不受重視。

2. **論婚財**:婚禮儀程中,男方不斷向女方輸送財物,此或可以視為男方對女方的保障,或可以視為對女方的補償,但後來女方也講究向男方輸送嫁妝,雙方遂有「以利言婚」的現象。

3. **男為主**:此可以再分為兩個層面來說,其一為婚禮的主要步驟都是由男方主動的,即《禮記・郊特牲》及〈昏義〉所說的「男先於女」之義;其二,在父系社會下,男尊女卑,雖然傳統婚禮儀式中,不斷強調「合兩姓之好」、「男女親合」,實際上仍是以男方及其親族為重。

民國以後,社會風氣大開,婚姻自主風氣興起,男女講求自由戀愛,婚禮也由自己安排,親族的色彩淡化,民初至今流行的「文明結婚」,參用中西禮儀,更有別於中國舊式婚禮。此外,男女婚姻不再僅由禮制保障,而是經由法律來確立。1928 年,當時的政府在全國範圍

內頒佈了《婚禮草案》，其中規定「各項聘禮一概免除」、「所有禮品一概革除」，並規範結婚的儀程為「訂婚」、「通告」、「結婚」及「謁見」四項，簡化了婚禮的步驟和程序。1930 年 12 月 26 日公布的《中華民國民法・親屬編》，就訂有「婚姻」一章，對當時的婚姻禮俗變遷有一定的影響，至今仍是台灣地區婚姻的準據。目前台灣的內政部還訂有「國民禮儀範例」，其中的「婚禮」一章，也可以提供民眾參考。與婚姻相關的法條中，多半都會強調尊重男女雙方的意見，且完全不論及聘禮及妝奩，可說是極為進步的轉變。但也由於傳統婚禮儀節的規範性降低，使得原本就存在各地的婚俗蓬勃發展，堂而皇之的在婚禮中展現出來，且具有一定的約制力量。若統計胡樸安所編《中華全國風俗志》的記載，1930 年代中國各地存在的特殊婚俗有 20 幾種之多，若再加上鈴木清一郎所著《台灣舊慣習俗信仰》中的記載，現代中國的婚俗多達 30 種以上。中國幅員遼闊，種族多元，實際上保有的各地婚俗，可能還遠遠超過這些數字，這些婚俗部分有相似性，如「相親」、「提親」、「跨火盆」、「鬧洞房」、「回門」等，但大部分都保有很明顯的「區域性」及「變異性」等民俗特色。而且這些繽紛多姿的婚姻習俗，多半發生在「親迎」當天，愚意以為可以分為五大類：

1. 難新郎：例如新郎至女方家迎娶新娘時，女方親友進行「攔門」，多方阻撓男方迎娶行列，但方式通常不會很激烈，眾人在嬉戲笑鬧聲 中，男方最終還是能娶得美人歸。這個習俗流傳到後來，當親迎行列回到男方家時，男方的親友、鄰居也可以索討吉利錢，仍稱之為「攔門」。此外，台灣的原住民排灣族的婚俗中，親迎當日，新娘要先往野外或山上藏匿，由新郎及親友出去尋找，然後將其帶回，此項習俗在當地稱之為「Ki-iLa」。在過去並沒有規定新娘要躲到哪裡，男家往往耗費時日去找，現在多半只是象徵性地由女家先到山上，等待男家前來，然後

男家帶小米糕、酒上山，「找到」新娘後，必須由新郎背一下新娘，大家歌舞一下，分享小米糕、酒，男家還要給找到新娘的女家親友一只鐵鍋，最後，一行人返回村子，繼續接下來的婚禮步驟。這類讓新郎在親迎當日受到阻難的民俗，應與原始的「掠奪婚」（marriage by capture）型態相關，男方既是前來掠奪，女方親友自然會想辦法抵抗，只是習俗演變至今，這些阻難的方式，多半都只有象徵性的意義，而不是真正的攔阻了。

2. 護新娘：此類民俗活動，在「親迎」過程中甚為常見。例如在浙江蕭山地區，在新娘登轎之前，先由一位老婦手拿一面鏡子，並點燃一支蠟燭，向轎內四處照射，俗稱「搜轎」，唯恐妖魔潛伏轎內，加害新娘。河南洛陽地區則在新娘轎前有兩人先行，各持一紅毯，每過廟、大石、大樹，均需遮掩，以為恐有觸犯神明，對新娘不利。部分地區也仍有「撒穀豆」遺俗，藉由撒放穀物、豆類、肉類等食物，以引開動物神祇，避免牠們傷害新娘。台灣地區則普遍存在新娘離家上車前及下車至夫家時，必須用八卦米篩或黑傘遮蔽的習俗，也是為了壓邪去晦，保護新娘。另外，當新娘臨近新郎家大廳門檻時，門檻前會擺著一個火爐，火爐之前放置一塊瓦片，新娘子在進門前要踏破瓦片，也有破除邪穢的意思，接著，新娘要跨過火爐，也是希望藉由火來去除新娘身上的晦氣。

3. 戲新人：戲弄新人的民俗中，最普遍的應該就是「鬧洞房」。此項民俗起源於漢代，歷代傳延不絕，至現代還出現了「新婚三日無大小」的說法，也就是不論是新人的長輩或晚輩，都可以參與此項調戲新人的民俗活動，新人也不以為忤。「鬧洞房」還可分為「文鬧」與「武鬧」，「文鬧」詩詞、歌謠等戲弄新人，或者說些有性暗示的謎語或笑話讓新人為難，又或者是請新人吃各種帶有吉祥意涵的食物，如饅頭、水餃、瓜果、湯圓等。

　　台灣南部地區在婚禮宴客後的「吃新娘茶」活動，由新娘奉上甜茶，親友們以吉祥話語祝賀新人，或以詼諧話語來調侃新娘，也應視為「文鬧」的轉變。「武鬧」則以肢體的碰觸為主，早期的「武鬧」民俗，多以碰觸新娘為樂，如在安徽六安，「進洞房，新娘梳洗後，來賓便在新房中鬧房。有看新娘子之手者，有看新娘子之腳者，新娘站在床沿之前，閉眼垂頭，一任人之玩弄。」（《中華全國風俗志》）但近來的「武鬧」則轉變以要求新人做出親密舉動為主，使新人感到羞澀不安，藉以嬉鬧。

4. 祈子嗣：《禮記・昏義》言：「昏禮者，將合二姓之好，上以事宗廟，而下以繼後世也。故君子重之。」在傳統上，「傳宗接代」是中國人結婚的重要目的，因此在婚姻的民俗中，有部分與「求子」相關。如相傳已久的「撒帳」，向新人身上撒放糖果、瓜子、鮮花等，以祈祝新人多子多孫，現代婚俗中，向新人身上投撒花瓣、彩帶，或許也可以視為這種傳統婚俗的轉變。在台灣地區，「洞房」內的床鋪有很多禁忌，在安放時要講求方位、時辰，安放後也不可以隨意躺下，需放置芭蕉、龍眼等物品以象徵瓜瓞綿延、人丁興旺，新婚之夜前一晚，還要找來一個健康活潑的小男生，在床鋪上翻來滾去，或與新郎同眠，俗稱「翻鋪」、「壓床」，也是希望新人將來可以早生貴子、子女成材。

5. 求平安：婚禮是禮之本，有著家庭和諧、家族延續的重要意義，人們莫不希望婚禮的程序順利進行，新人的未來順利平安。因此在各地婚俗中，有許多活動與祈求平安相關，且這類的民俗活動，有許多都是以「諧音」的方式產生意義。如甘肅及華北地區流行的「跨馬鞍」，在新人入門前，需雙雙跨過放置在門口的馬鞍，就是取其與「安」的諧音，而有「新人跨馬鞍，一

世保平安」之說；台灣南部地區在迎親隊伍返回新郎家中時，會安排一個新郎的晚輩端著盛有兩顆「柑桔」的盤子，請新娘出花轎或下車，就是因閩南語中的「桔」與「吉」諧音；新娘歸寧後返回夫家時，娘家要準備兩隻「帶路雞」讓新人帶回，也是因為「雞」與國語中的「吉」音似，又若以閩南語發音，則「雞」與「家」相似，同樣有祈祝新人大吉大利、成家立業的意思。此外，台灣地區還流行新娘上車或登轎後，迎親隊伍出發返回男家時，新娘時要拋出一把「扇子」，由娘家的人拾回。因為閩南語中「扇」與「姓」、「性」音近，表示女子嫁入夫家，就已經是男方家裡的人，與原來的姓氏脫離關係；也希望女子可以放下自己不好的脾氣、個性，好好融入夫家的生活；另有一說認為「扇」與「善」諧音，「放扇」也有留「善」給娘家的意思。

《禮記‧昏義》言：「昏禮納采、問名、納吉、納徵、請期，皆主人筵几於廟，而拜迎於門外，入，揖讓而升，聽命於廟，所以敬慎重正昏禮也。……敬慎重正而后親之，禮之大體，而所以成男女之別，而立夫婦之義也。」「成婦禮，明婦順，又申之以著代，所以重責婦順焉也。」《禮記‧曾子問》記孔子之言曰：「嫁女之家，三夜不息燭，思相離也。取婦之家，三日不舉樂，思嗣親也。」《禮記‧郊特牲》則強調婚禮「不賀」「不樂」。傳統儒家的婚禮，重視的是婚禮是「禮之本」、「禮之體」及世代交替、綿延不絕的重要意義，因此在各項婚禮的步驟中，特別強調其莊重、神聖、恭敬的意涵。但婚姻終究是人生大事，除了藉由一定的儀式以「過關」（rites of passage），親友們參與其中，使婚禮產生熱鬧的氣氛，並祈祝新人幸福快樂，也是人情之常。上述的婚俗活動，有些可以使新人增加互動，有些可以使雙方親友快速認識彼此，有些則是代表著親友們最虔誠的祝福，均有其實質上的意義，故只要不傷大雅，常常是與婚禮並存，甚而超越了婚

禮，而成為民間成婚過程中不可或缺的儀式，婚禮中自然而然融合了這些婚俗，也就形成了「禮」向「俗」的轉化。

✐四、「禮」與「宗教」

《禮記・禮運》言：「夫禮之初，始諸飲食，其燔黍捭豚，汙尊而抔飲，蕢桴而土鼓，猶若可以致其敬於鬼神。」《說文解字》也說：「禮，履也。所以事神致福也。」《尚書・舜典》記舜曰：「咨，四岳！有能典朕三禮？」其中的「三禮」，指的是祭祀天神、地祇、人鬼之禮。另外，甲骨文字中的「禮」作「豐」，上部象徵祭祀所用的兩串玉，下部是「豆」，為盛裝祭品的容器，篆體之後加上「示」部，都可證明「禮」的起源，與原始的祭祀行為相關。先民們對於不可測知的力量抱持著敬畏之心，畢恭畢敬的加以祭祀，以祈求平安，既然是祭祀神鬼，當有一定的儀式，又需誠敬莊嚴，言行當受一定約束，有既定的儀式，又重言行的束縛，這些莊嚴的心理狀態、言行規範，就是「禮」在原始時期的質樸樣貌，但這種單純的祭祀活動，並沒有太多神秘奧妙，也不特別講求靈應感通。因此，禮的起源可以說是一種原始的祭祀迷信，與宗教相關，但卻不能直接認定「禮」起源於「宗教」。

儒家利用原始祭祀時的言行規範、心理狀態，並加以擴充應用範圍，以為人行事之準則，漸漸架構了「禮」。但儒家的知識份子最終強調的仍是現世關懷，代表理性主義的特別形式，透過人類行為，尋求對於天道、社會秩序及內在和諧的保證，強調生存於現實社會中的個人，如何自處及與他人相處。且儒家並沒有原罪的觀念，也沒有來世的論述，孔子還提醒學生「未能事人，焉能事鬼？」、「未知生，焉知死？」、「敬鬼神而遠之」，所以儒家思想中，不會有現世與來世的

衝突；在不斷實踐道德的過程之中，儒家也不會產生更高層次身心安頓的需求。因此後來經過儒家的知識份子所發展的「禮」，也沒有神秘的宗教性。《荀子・天論》言：「日月食而救之，天旱而雩，卜筮然後決大事，非以為得求也，以文之也。故君子以為文，而百姓以為神。以為文則吉，以為神則凶也。」也可以看出儒家以祭祀為「禮」，而並不認為其中有「神」的現實取向。錢穆在《中國文化叢談・中國社會的禮俗問題》中，曾對「禮」的歷史演變，做過分析，他說：「禮可有三方面之轉變：最先是宗教的，禮之一字，左邊是神，右邊是俎豆祭物，是對神的一種虔敬和畏懼，故帶有濃厚的宗教性。後來周公制禮，社會生活方式有其擴大和改變，禮的宗教性少了，而含有較多的政治性。再到孔子，來講禮樂，禮中的政治性較沖淡，而社會意義更加重，禮多已反映到社會各項現實生活方面來。」胡適在《中國古代哲學史》也說：「禮的觀念，凡經過三個時期：第一，最初的本義是宗教的儀節；第二，禮是一切風俗習慣所承認的規矩；第三，禮是合義理可以做行為模範的規矩，可以隨時改良變化。」都可以看出，「禮」在發展過程中，強調道德倫理、政治運用，而「去宗教化」的現象。梁漱溟《中國文化要義》甚而認為「幾乎沒有宗教的人生」是中國文化一大特徵，「理性早啟而宗教不足」、「中國以道德代宗教」、「在中國代替宗教者，實是周孔之『禮』。」因為儒家所發展的禮治文化，可以安排倫理名分以組織社會，也可以設為禮樂揖讓以涵養理性，相信自我的道德提升就可以使現世人生安穩，自然無須宗教外力以論出世慰藉。

✐五、禮的「宗教化」──以現代中國的喪禮為例

凡是生命，均存在死亡的必然性。不論古今中外，凡有生，必有

死，死亡是不需要學習、不需要技巧，也不需要經驗，人人都可以做
到的事。也就是說，人死是必然的結局，死亡是生命整體的一部份，
如同出生一樣自然，是生命的自然現象。但無可諱言的，死亡卻可能
被視為最不自然的自然現象。在一般人的心中，出生是可喜可賀的，
而死亡卻是恐怖不祥的。因此對於死亡，會有恐懼、疑惑與不安，對
於死亡問題的討論，也常是處於避諱或不願多談的層面。死亡本身並
不困難，困難的是個人要如何面對自己垂死前的焦慮不安，又要如何
面對自己所關心的人瀕死前的掙扎與無助。這種徬徨與無奈，是全球
性的經驗，也是人類共通的基本情感。因此，如何接受死亡的事實並
安頓死者，再藉助喪葬儀式來宣洩生者心中的哀傷，就是人生中最為
艱難，卻又是十分重要的課題。

　　傳統中國喪禮，主要依《儀禮·士喪禮》、《儀禮·既夕禮》、《儀
禮·士虞禮》、《儀禮·喪服》及《禮記·喪大記》、《禮記·奔喪》、《禮
記·問喪》、《禮記·服問》、《禮記·喪服小記》、《禮記·三年問》諸
篇所記，規範出下列幾項主要步驟：

（一）遷寢、廢床、易衣

1. 遷寢：養疾於燕寢，將死而遷之於正寢。中國人很看重「壽終
   正寢」，正常死亡的人，盡量不在臥床上嚥最後一口氣，也要避
   免在醫院或戶外斷氣。
2. 廢床：廢床之說，出於《禮記·喪大記》。鄭玄注曰：「人始生
   在地。去床，庶其生氣反。」將死之人置於地上，希望他能吸
   收大地生養萬物之氣，而延緩死亡時間。
3. 易衣：人將死之時，必須「徹褻衣，加新衣」，給他脫掉內衣，
   穿戴好新衣，避免死後身體僵硬，不便穿戴。

（二）屬纊

將新絲綿放置於彌留者口鼻之間，視其是否搖動，以檢視死者是

否斷氣。

（三）復

以死者衣物招魂。人初死，由死者親屬或侍者拿者死者的上衣，登屋頂，向北方幽陰之處，一面揮舞死者衣服，一面長聲呼喊死者的名字，連呼三次，再把死者衣物捲起來投到屋下，由屋下人接著，覆蓋到死者身上。這種儀式有最後一次挽留死者的意思，復禮之後，還需再次檢驗死者呼吸、脈搏，確定死者沒有復生希望，才正式舉行喪事。

（四）赴

即訃告，報喪。將死訊告知死者的親屬、朋友以及上司下屬。

（五）幠衾、楔齒、綴足、沐浴、襲衣、飯含：最後的裝扮

1. 幠衾：遺體在遷屍之後，應覆尸以「幠衾」，衾即單被。
2. 楔齒、綴足：所謂楔齒，是因為將行「飯含」，恐死者口急閉，故用角柶（類匕）將死者嘴齒撐開。所謂綴足，則是因為將為死者穿鞋，恐其足痙攣扭曲，故以几案將死者雙足固定。
3. 沐浴：沐浴即「洗屍」。沐是洗頭，浴是洗身。沐浴的方法跟生人不大相同，只是用濕布擦拭死者的頭身，並包括剪指甲、修鬍鬚等項　目。沐浴之後，進行始死之奠。
4. 飯含：在死者口中放入米貝（飯）、玉（含）。飯含之意義，約有三者：一是實口，蓋孝子以生事死，遂不忍其親虛口也，故以米貝實之。其二為保護屍身，中國人相信玉可以避邪，又為陽氣之精純，故讓死者口中含玉，以保護屍身。其三日幻化高潔，目前出土的中國古玉，常見蟬形玉者。中國人相信，蟬餐風宿露，品行高潔，又脫殼幻化，其變猶新，因此希望死者能擺脫舊軀殼生命而幻化新生命。

5.襲衣：沐浴之後，幫死者換上新的衣帽，稱為襲。襲衣的套數，因階級而有不同，士有三稱，大夫五稱，諸侯七稱，公九稱，天子十二稱。人對於死亡的畏懼，有一部份的原因來自於對於屍體的厭惡，若對屍體產生厭惡，則哀情無由可生。沐浴後的襲屍，其過程雖然繁複，但其作用卻很顯然在於嫌惡及保護屍身，使喪家既可盡孝子之情，又不會再看見死屍。

（六）為銘、設重

因此時死者已不可辨識，故以其旗幟識之，在銘上書寫死者的姓名、爵位等，銘的長度也依死者的階級而有異。設重之用意，相當於今之立神主，在襲屍後進行，用以使死者之靈魂有所依附。

（七）小斂

斂，藏也，收也。小斂即為死者穿壽衣，中國古代傳統多於死後第二天進行，現代則不一定。死者不分階級，均要穿衣十九稱，在穿壽衣後，並用絞帶綁緊，還要用屍套將屍體分別由上及由下包裹起來，最後仍蓋上覆屍用的被子，整個小斂才算完成。小斂是屍體由可見到不可見的重要關鍵，其意義不言可喻。小斂之後，還要行小斂奠。

（八）大斂

大斂在小斂的次日舉行。現代所謂大斂，均指將遺體置入棺木這個動作。但若據古禮所載，大斂時還要再次穿斂衣，而且斂衣的稱術仍因階級而有不同，士為三十稱，大夫五十稱，君為一百稱。穿斂衣後亦有絞衾，之後才由主人奉尸入棺並加蓋。

（九）明器

所謂明器，即為死者的陪葬品。之所以要為死者準備陪葬的物品，《禮記・檀弓》有精要說解，其言曰：「之死而致死之，不仁而不

可為也。之死而致生之，不知而不可為也。……其曰明器，神明之也。」故儒家主張陪葬品之使用，應「備物而不可用」，因為視死者在生與死之間，故所備之物也在有用無用之間。所謂「神明之也」，不僅將死者神明化，實際上也是將這些陪葬品神明化。

（十）停殯

大斂畢，便是待葬的殯期，停殯的時間長短依身份而有不同。《禮記‧王制》說：「天子七日而殯，七月而葬。諸侯五日而殯，五月而葬。大夫、士、庶三日而殯，三月而葬。」因為階級不同，社會關係之廣狹亦有異，殯期隨階級不同而有異，是極合理的安排。中國傳統喪禮停殯的時間很長，是希望透過時、空（殯位）的雙重作用，舒緩喪親者的濃烈悲情。而停殯時間較長，也可使遠方親友及時來弔。

（十一）筮宅、卜日

筮宅，即擇定墓地；卜日，即為擇定下葬之日。傳統中國喪禮對於墓地及下葬日很重視，必須徵得吉兆方可為之。

（十二）出殯

出殯一節，禮經無載，僅略見於《司馬氏書儀》及《文公家禮》等書，其陣容也應視死者身份而定。

（十三）葬

葬者，藏也，即將亡者珍惜掩藏。在藏的意義之後，仍有孝的觀念存在，因為葬的過程，是孝子慈親所能加諸亡者的最後動作，故禮經中對窆葬之事，記之亦詳，對於下葬時喪主的動作、工具等，均有詳細記載。

（十四）反哭、虞祭與卒哭

安頓死者靈魂。

1.反哭：窆葬之後，喪主奉神主歸家而哭，謂之反哭。

2.虞祭：虞者，安也。亡者葬後，迎其魂安於宅，謂之虞祭，即今之安魂祭也。因為親友骨肉雖已歸於土，但靈魂精氣當仍漫遊於空中，故生者應立即引領亡者靈魂回家，返家後即當有祭，此謂之虞祭。由反哭而虞，是喪禮由凶而吉的重要關鍵，在虞之前，凡供物拜亡者，皆謂之奠，對象為亡者遺體或棺柩，親屬當有哀戚之心；而自虞始，供物拜神皆稱為祭，對象則轉為抽象的神靈或神靈的憑依體「尸」「主」，親屬則應有禮敬之心。

3.卒哭：士葬後虞祭要進行三次，末虞後隔一天，便為卒哭。大斂之後，喪主除朝夕哭，其間哭無時，哀至即可哭。「卒哭」之後，喪者親屬必須收斂自己哀傷的情緒，終止無時之哭，僅能朝夕哭。

（十五）祔祭

「祔」是將新死者與祖先合享之禮。卒哭之次日，奉死者之神主祭於祖廟，稱為「祔祭」。但事實上，祔祭只能算是對祖先神主的預告，預告將有新的神主遷入，因為在祔祭畢後，死者之神主仍將奉返於殯所，待大祥後，始遷入廟。

綜觀傳統中國喪禮，我們可以借用《荀子·禮論》之說，歸納出幾項特色：

1.事死如生：《荀子·禮論》說：「喪禮者，以生者飾死者也，大象其生以送其死也。故事死如生，事亡如存，終始一也。」受靈魂不滅思想的影響，認為死者雖然已經死亡，但仍如生人一樣需要奉養。因此傳統的中國喪禮中，會有「沐浴」、「飯含」、「襲衣」、「設奠」及準備「明器」等諸儀節。

2.以死教生：《荀子·禮論》亦言：「禮者，謹於治生死者也。生、

人之始也，死、人之終也，終始俱善，人道畢矣。故君子敬始而慎終，終始如一，是君子之道，禮義之文也。」故傳統的中國喪葬禮俗必須傳承以死教生的價值意義，故從明確的禮數異等、身心安頓、情感宣洩、孝道傳承，使死者從此界進入彼界的祖先行列中，整個家族也藉由喪禮重新調整出新的人際關係等，均可見以死教生、人文化成的意涵。

3. 每動愈遠：《荀子・禮論》言：「喪禮之凡，變而飾，動而遠，久而平。」喪禮的儀式每進行一次，就對死者文飾一次；每做一個動作，死者就離我們越來越遠；時日久了，哀傷自然可以被撫平。意即雖然中國的喪禮強調「慎終」，故事死如生，並妥善收藏、埋葬死者，但最終不能以死傷生，死者既然已經漸漸遠去，生者的情緒就必須慢慢平復，充分展現出中國傳統喪禮中的理性精神。

儒家的喪禮所展現出來的，主要是基於理性主義所形成的人文精神，因而落實在喪儀中，也較凸顯其家族的、道德的、社會的及現世的教化意義，符合中國社會的家族中心結構，故普遍被社會大眾接受。不但漢以後各朝的官方禮制對其多所維護、弘揚，儒家學者們所擬訂的「家禮」類論著，也大抵維繫著這樣的喪禮傳統，影響迄於今日。但正是因為這樣的人文、理性與重視現世，使得儒家「處理生命終結的禮儀成為道德行為的表現」（李豐楙，1993），其實並不能真正解除人們心中對於死亡的原始恐懼、想像和疑問，「人死了之後，到哪裡去？」「死後的世界是怎麼樣的？」「生人與死者可以溝通聯繫嗎？」這些疑惑和想望，儒家的喪禮全無提及，卻恰好是大部分宗教都會討論的。也就是說，儒家喪禮對於來世及超自然界的論述不足，正好給了宗教化行為進入喪禮的空間。

中國民間的喪葬儀節，在魏晉以後就有與佛教、道教等科儀法事相結合的現象，主要是為亡者消災薦福，民眾在辦理喪事時，會請法

師或道士來做法事或道場，為亡者誦經超度與消災解孽，如此一來，生者與亡者就有了聯繫，生者甚而可以為亡者多作一些法事，以消除生者的不安或遺憾，等於是擴大了原來喪禮傳統的內涵。而民間佛、道不分的現象，也意外促進了宗教間的相互合流。雖然在喪禮中增加了一些新的祭祀或誦經活動，但並沒有破壞原有的儒家喪禮儀節，雙方正好可以相互增補或擴充，因此在民間頗為流行。儒家的知識份子對於這種現象，仍有不同的意見，如朱子的《文公家禮》對於當時民間喪葬儀節中「作道場」、「做佛事」及「火化死者」等，就有很嚴厲的批判，後來各代也有其他儒家學者呼應朱子的看法，但似乎都已經無法改變喪禮「宗教化」的現象。直到近現代中國，傳統禮制的影響力下降，喪禮「宗教化」的趨向更為明顯，雖然因為各個地區宗教發展的差異性，儀式過程與內容會有些出入，不過大抵可以分為「開魂路」及「做功德」兩套法事系統。進行「開魂路」儀式的時間不一，不過幾乎都是在入殮的前後，請法師或道士到家中設壇舉行法事，為亡者指靈開路、誦經超度、赦免罪過，使亡者得以開道行路，回歸陰間。「做功德」則是由佛教「做七」發展出來的宗教法事，喪家請法師或道士等宗教人員到家中舉行誦經、拜懺、放焰口、燒庫錢、打齋等儀式來超度死者亡魂，助其早日投生。

在近現代台灣地區，喪禮宗教化的狀況更是普遍，其中仍以道教、佛教為要，也有「儒、佛、道」三者會通的現象。道教對台灣民間喪葬儀式影響最大的，是其齋法中度脫魂魄的觀念。儒家在喪禮禮意中簡略提及的靈魄觀念，道教則強調人有三魂七魄，死後離散，世上除了高仙聖人能度脫成仙，大多數人因為生前及累世的罪過，死後只能沈淪在冥界，需要透過齋法以仰仗諸仙眾神不可思議的力量，來赦免、救贖與超度死者。這之間道士扮演著指導者的角色，從死者初亡，到下葬、反主，甚而是百日、對年（小祥），凡涉及較專業的喪葬儀式，都可以看見道士的身影穿梭其間。不過道士對喪家最大的協

助，應該還是透過設置齋壇、齋法、咒語、符法等，為死者「做功德」，以拔度儀式來表示懺悔與赦免，或煉度死者靈魂，了結生前一切罪愆，最終要代孝眷替亡靈向諸神祈請，讓亡靈得以超昇。如有非自然死亡者，如車禍、意外或病故等，因為亡靈有怨有冤，且可能深陷苦海，道教還有「打城」、「破獄」、「脫索」、「牽水藏」等特殊儀式來因應。總結來說，李豐楙在〈道教與中國人的生命禮俗〉中指出，現代台灣地區喪葬儀式中，道教儀軌所展現的特色，約有「彼岸意識的仙界說」、「生命共同體的拔度說」、「非自然死亡的救濟說」等三項，適可補足傳統儒家喪禮的不足，因此廣為社會大眾所接受。

　　佛教儀式對現代台灣民間喪葬儀式最大的影響，在於「誦經」、「放焰口」、「七七齋」等儀式。佛教特別重視臨終到死後的誦經助念，對尚未修行到生死自主，或根本不曾修行的死者而言，需要有人給他誦經說法，倚靠阿彌陀佛本願力的加持，使死者不至於心識顛倒，而限於諸惡道之中無法輪迴。但民間委請來誦經者，卻未必是真正的僧尼，也有可能是在家居士，或只是穿戴袈裟的平凡百姓，因此施行頗為簡易。「放焰口」則是在死者亡後，替死者普施一切地獄餓鬼來廣行功德，得以免罪消災與脫離苦海，免受地獄餓鬼糾纏。「七七齋」則本為佛教傳入中國後，發展出來的頗具規模的修福法事，在台灣民間也普遍流行，俗稱「做七」、「做旬」。按照佛教經典的說法，人死後七七四十九日內，稱為「中陰身」或稱「中有身」，屬於死後到轉生前的階段，等待成熟的轉生機緣，此期間每七天是一機緣，若為其設追薦道場，將可協助亡者的靈魂消災解罪、轉劣為勝，得生善處。台灣民間對於「做七」或「做旬」，特別看重一、三、五、七等「大旬」，有特殊的稱呼，也有比較盛大的奠祭活動。第一旬稱「頭七」，要請僧人在家設法壇舉行法懺，在靈前誦經為其開魂路，民間還有這一天亡靈會回到家中探視的說法；三旬稱「女兒旬」，要由女兒、女婿回家祭奠，儀式較為隆重，也稱之為「做功德」；五旬稱「女孫旬」，

由出嫁的孫女、孫女婿回家祭奠；七旬稱「做尾日」，除了請僧人作法事外，入夜還會「燒靈厝」，將紙紮的家屋模型與亡者紙製的魂身一起焚燒，以供亡者在冥間居住使用。

在宗教上，道教與佛教雖然分立為二，但在喪葬儀式上，兩者沒有明顯的區隔，經常相互混同或合用，且在現代中國社會中，明顯與儒家喪禮結合，形成「儒、佛、道」三者會通的現象。人們在殯葬活動中，仍依循儒家喪禮所規範的主要步驟，但雜用「做佛事」或「做道場」，宗教在喪儀中消彌了生者對死亡的畏懼，為死者消災祈福，甚而可以讓生人與死者有所聯繫。在具體的儀式操作過程中，「儒、佛、道」三者具有可以轉換、互補的特性，形式雖然不同，但其內涵卻可以連續而相通，可以「跨越出彼此的界線而模糊混同」（鄭志明，2010），使人們在禮儀道德的層面可以顧及，也完成形上超自然的想望。傳統喪禮的「宗教化」於焉完成。

✎六、結語

《禮記・禮器》言：「禮，時為大，順次之，體次之，宜次之，稱次之。

主張制禮、行禮，應該留意「隨時」、「順情」、「體變」、「權宜」、「明分」等原則。「禮」雖然是中國傳統文化的精髓，但隨著現代化社會的來臨，也應該考慮人情之所需、事物之變革、人物之名分，而展現最適宜的作法。畢竟時代已經改變，傳統古禮若不與時俱進，終將被時代淘汰，而禮的「俗化」或「宗教化」，雖然未必能完全符應儒家學者的期待，其實應該是順應「禮」的發展而自然出現的，也符合制禮行禮的原則。

其次，本文雖分論婚禮的「俗化」與喪禮的「宗教化」，但實則

兩者之間也有交融的現象。充分展現地方色彩的中國婚姻禮俗中，亦有宗教行為摻入；而受道教、佛教影響的中國喪葬儀節中，也因各地區的作法有所不同。是以不論是「俗化」或「宗教化」，只要是不傷大雅－不違背「禮」的內涵精神，都應是被中國社會所接受的，這也是我們應該留意的地方。

參考文獻

專書

Robert Redfield(1956). *Peasant Society and Culture: An Anthropological Approach to Civilization*, Chicago: The University of Chicago Press.

胡　適　《中國古代哲學史》　臺北　商務印書館　1967 年

胡樸安　《中華全國風俗志》　上海　科學技術文獻出版社　2011 年

梁漱溟　《中國文化要義》　臺北　商務印書館　2013 年

鈴木清一郎　《台灣舊慣習俗信仰》　臺北　眾文圖書公司　1984 年

鄭志明　《中國殯葬禮儀學新論》　北京　東方出版社　2010 年

錢　穆　《中國文化叢談》　臺北　三民書局有限公司　1970 年

論文

黃有志　《我國傳統喪葬禮俗與當前台灣喪葬問題研究》　臺北　政治大學博士論文　1988 年

李豐楙　〈道教與中國人的生命禮俗〉　臺北　第四屆宗教與文化學術研討會　1993 年

《周禮》與王莽的托古改制

一、前言

　　胡宏《五峰集‧極論周禮》云：「劉歆漢家賢宗室向之子，附會王莽，變亂舊章，殘賊本宗，以趨榮利。……其所列序之書，假託《周官》之名，剿入私說，希合賊莽之所為耳。」洪邁《容齋續筆‧卷十六》亦云：「《周禮》一書，世謂周公所作而非也。昔賢以為戰國陰謀之書，考其實，蓋出於劉歆之手。……王莽時歆國師，始建立《周官經》以為《周禮》，且置博士。……歆之處心積慮，用以濟莽之惡，據以毒痛四海。」蓋為劉歆偽作《周禮》說之始。胡、洪等人之意，或為打擊王安石憑藉《周禮》推行的新政，夾雜個人主觀偏見，沒有太多的論證。然清以後方苞《周官辨‧辨偽一》[1]仍主張《周禮》係劉歆或承王莽之意，竄亂其它典籍；或為劉歆將王莽新政竄入《周官》而成。康有為《偽經考》亦認為《周禮》全係劉歆為「附成莽業」而偽作，此蓋今文經學家一貫的主張，藉以攻駁古文經性質明確的《周禮》。及至近世，徐復觀、侯家駒等人仍有類似主張。[2]

---

[1] 〔清〕方苞《周官辨‧辨惑一》，《續修四庫全書‧經部‧禮類》第 79 冊，上海：古籍出版社，1995 年，頁 422。

[2] 徐復觀之說，見於其所著《周官成立之時代及其思想性格》，臺北：學生書局，1980 年；侯家駒之說，則見其所著《周禮研究》，臺北：聯經出版事業公司，1987 年，頁 27-28、頁 370。

　　若前述諸家學者所言為是，則在王莽的野心覆滅後，《周禮》理
應受到學界摒斥，甚而成為絕學。然而實際上的狀況卻是《周禮》在
王莽、劉歆後傳延不絕，據賈公彥〈序周禮廢興〉所引馬融、鄭玄之
言，東漢後傳《周禮》者，有杜子春、鄭興、鄭眾、賈逵、馬融、衛
宏、鄭玄等人，雖然在師承上，學者們或有異說，[3]但東漢一朝，《周
禮》之學頗盛是事實。但衡諸史冊，王莽的起落，又的確似與《周禮》
頗有淵源。故王莽、劉歆與《周禮》的關係及王莽的托古改制與《周
禮》的關係，仍是值得尋思的問題。

✐二、王莽、劉歆與《周禮》

　　《周禮》在漢代原名《周官》。「周官」一詞最早見於史冊的記
載，應是在《史記‧封禪書》，但因《史記‧封禪書》所引「周官」文
字，並不見於《周禮》之中，故《史記‧封禪書》中所言之「周官」，
是否即為今之《周禮》？學者們仍有不同意見。[4]至於《周禮》的出
現，據《漢書‧景十三王傳》載：

　　河間獻王德以孝景前二年立，修學好古，實事求是。從民得善
　　書，必為好寫與之，留其真，加金帛賜以招之。……獻王所得
　　書皆古文先秦舊書，《周官》、《尚書》、《禮》、《禮記》、《孟

---

[3]　如王葆玹以為馬融「將《周官》的傳承全歸於劉歆一系乃是歷史的誤會」，
　　並主張《周禮》是由王莽的禮學老師陳參授予王莽、杜子春，再由杜子春
　　授予鄭眾、賈逵等人。說見其著《今古文經學新論》，北京：中國社會科
　　學出版社，1997 年，頁 150-156。
[4]　見侯家駒《周禮研究》，臺北：聯經出版事業公司，1987 年，頁 7-8。

子》、《老子》之屬，皆經傳說記，七十子之徒所論。……武帝時，獻王來朝，獻雅樂，對三雍宮及詔策所問三十餘事。[5]

可知《周禮》係由河間獻王劉德向民間搜求而來，並亦可能由河間獻王在漢武帝時獻給朝廷。另《漢書・藝文志》除著錄「《周官經》六篇」外，尚著錄「《周官傳》四篇」，據王葆玹考證，認為「河間獻王既重視《周官》，便極有可能組織編寫《周官傳》四篇，構成《周官》的經傳系統。」[6]再據《漢書・藝文志》於「樂」家下言：

武帝時，河間獻王好儒，與毛生等共采《周官》及諸子言樂事者，以作《樂記》，獻八佾之舞，與制氏不相遠。[7]

是亦可知《周禮》的確由河間獻王所采得。但河間獻王將此書獻給朝廷後，或因「武帝知《周官》末世瀆亂不驗之書」[8]，故旋即如馬融所說「入于秘府，五家之儒莫得見焉。」（賈公彥〈序周禮廢興〉）直到漢成帝河平三年（26B.C.E），劉向、劉歆父子奉命校理秘府藏書[9]，

---

[5] 〔東漢〕班固《漢書・卷五十三》，北京：中華書局，2008 年，頁 615。又有關《周禮》之出現，另有「魯恭王壞孔壁」、「孔安國獻書」及「漢文帝求書」等異說，楊天宇〈關於《周禮》的書名、發現及其在漢代的流傳〉（見其著《經學探研錄》，上海：世紀出版集團，2004 年，頁 159-161）已辨其誣，可參看。

[6] 王葆玹《今古文經學新論》，北京：中國社會科學出版社，1997 年，頁 151。

[7] 〔東漢〕班固《漢書・卷三十》，北京：中華書局，2008 年，頁 440。

[8] 此為林存孝之言，見賈公彥〈序周禮廢興〉。（〔東漢〕鄭玄注、〔唐〕賈公彥疏《周禮注疏》，臺北：藝文印書館，1985 年，頁 9。）

[9] 《漢書・成帝紀》：「（河平）三年……，光祿大夫劉向校中秘書。」（〔東漢〕班固《漢書・卷十》，北京：中華書局，2008 年，頁 87。）又《漢書・楚元王傳》記劉歆：「河平中，受詔與父向領校秘書，講六藝傳記，諸子、詩賦、數術、方技，無所不究。」（〔東漢〕班固《漢書・卷三十六》，北京：中華書局，2008 年，頁 504。）

《周禮》才又重新出現在世人面前。但向、歆父子此舉仍引發「眾儒並出，共排以為非是。」（賈公彥〈序周禮廢興〉）

　　《漢書・藝文志》云劉向校書之法為「每一書已，向輒條其篇目，撮其指意，錄而奏之。」實開我國「目錄學」之先河。據錢穆《漢劉向、歆父子年譜》考證，劉向在漢成帝綏和元年（8B.C.E）卒，王莽在這一年任大司馬輔政[10]，來年成帝死，哀帝即位，劉歆因王莽的舉薦，「為侍中太中大夫，遷騎都尉、奉車光祿大夫，貴幸。復領五經，卒父前業。歆乃集六藝群書，種別為《七略》。」（《漢書・卷三十六》）因為這一次的舉薦，讓劉歆正式躍上了學術及政治的舞臺，也開啟了我國經學史上極為重要的一頁。據《漢書・楚元王傳》的記載，劉向與劉歆均好古學，始皆治《易》，但後來在學術傾向上，卻似乎有了很明顯的差異：

> 宣帝時，詔向受《穀梁春秋》，十餘年，大明習。及歆校秘書，見古文《春秋左氏傳》，歆大好之。……初《左氏傳》多古字古言，學者傳訓故而已，及歆治《左氏》，引傳文以解經，轉相發明，由是章句義理備焉。……歆以為左丘明好惡與聖人同，親見夫子，而《公羊》、《穀梁》在七十子後，傳聞之與親見之，其詳略不同。歆數以難向，向不能非間也，然猶自持其《穀梁》義。[11]

《公》、《穀》兩傳，當時均已立於學官，為學者所傳誦，劉歆卻主張《左氏傳》才是「好惡與聖人同」，力主古文經傳的價值。故待得劉歆一旦親近權力核心，即「欲建立《左氏春秋》及《毛詩》、《逸禮》、《古文尚書》皆列於學官。」（《漢書・卷三十六》）哀帝在西漢末年，是頗

---

[10] 錢穆《漢劉向、歆父子年譜》，臺北：臺灣商務印書館，1987年，頁48。
[11] 〔東漢〕班固《漢書・卷三十六》，北京：中華書局，2008年，頁504。

有中興氣象的君主[12]，對於劉歆的大膽建議，採取了接納的態度，並令劉歆與五經博士講論其義，但五經博士卻不肯置對，據《漢書·儒林傳》記載，劉歆為此還「數見丞相孔光，為言《左氏》以求助」，但「光卒不肯」。只有同在侍中的的王襲、房鳳支持他，三人遂共「移書讓太常博士」。（《漢書·卷八十八》）此文具錄於《漢書·楚元王傳》中，是我國經學史上一篇重要的文獻。文中指出經書傳承應廣置博士，「一人不能獨盡其經」，而漢代當時流行的經文「離于全經，固已遠矣。」又批評當時的學者「不思廢絕之闕，苟因陋就寡，分文析字，煩言碎辭，學者罷老且不能究其一藝。」再重申古文經典《逸禮》、《古文尚書》、《左氏春秋》等三書乃「先帝所親論，今上所考視，其古文舊書，皆有征驗，外內相應，豈苟而已哉！」最後深責博士們不肯與之置對，是「杜塞餘道，絕滅微學。夫可與樂成，難與慮始，此乃眾庶之所為耳，非所望士君子也。」「專己守殘，黨同門，妒道真，違明詔，失聖意。」其言頗為剴切，但也因頗有向傳統經學發展挑戰的意味，引發了很大的震動。光祿大夫龔勝「上疏深自罪責，願乞骸骨罷。」[13]大司空師丹更是「大怒，奏歆改亂舊章，非毀先帝所立。」哀帝雖然認為劉歆不過是「欲廣道術，亦何以為非毀哉？」但劉歆仍因此文而「忤執政大臣，為眾儒所訕」，王莽此時又因為對哀

---

[12] 《漢書·哀帝紀》贊曰：「孝哀自為藩王及充太子之宮，文辭博敏，幼有令聞。睹孝成世祿去王室，權柄外移，是故臨朝婁誅大臣，欲強主威，以則武、宣。雅性不好聲色，時覽卞射武戲。」（〔東漢〕班固《漢書·卷十一》，北京：中華書局，2008 年，頁 96。）楊向奎亦認為「哀帝不是一位尋常的君主」「是一位非常人物」，見其著《西漢經學與政治》，獨立出版社，1945 年，頁 95。

[13] 唯據《漢書·王貢兩龔鮑列傳》言，龔勝此時謝罪、「乞骸骨」，是因為與夏侯常的政治鬥爭而起，並非因劉歆等人的上書。見〔東漢〕班固《漢書·卷七十二》，北京：中華書局，2008 年，頁 784。錢穆亦對此說之真實性致疑，見其著《漢劉向、歆父子年譜》，臺北：臺灣商務印書館，1987 年，頁 65。

帝祖母傅太后不敬，而罷官在家[14]，孤立無援的劉歆「懼誅，求出補吏，為河內太守。」「數年，以病免官。」直到哀帝去世，王莽再度任大司馬，劉歆才又再度回到政壇。

由上述史實，我們可以知道《周禮》雖然早在成帝年間即已被劉向、劉歆父子從秘府校出，劉歆也有很明顯的古文經傾向，但劉歆向哀帝建議立於學官的古文經典，是《左氏春秋》、《毛詩》、《逸禮》及《古文尚書》；其冒死而為的書奏中，念茲在茲的是《左氏春秋》、《逸禮》及《古文尚書》三書，兩事均不包括《周禮》。而劉歆最重視的古文經典，則應該是他認為「好惡與聖人同」的《左傳》，是以馬融稱他「多銳精於《春秋》」（賈公彥〈序周禮廢興〉）。後來劉歆之所以轉而認為《周禮》是「周公致太平之跡，跡具在斯」（賈公彥〈序周禮廢興〉），應該是受了王莽的影響。

王莽是漢廷外戚，但當「群兄弟皆將軍五侯子，乘時侈靡，以輿馬聲色佚游相高」[15]的時候，王莽「獨孤貧，因折節為恭儉。受《禮經》，師事沛郡陳參，勤身博學，被服如儒生。事母及寡嫂，養孤兄子，行甚敕備。又外交英俊，內事諸父，曲有禮意。」（《漢書·王莽

---

[14] 《漢書·王莽傳》：「未央宮置酒，內者令為傅太后張幄，坐于太皇太后坐旁。莽案行，責內者令曰：『定陶太后藩妾，何以得與至尊並！』徹去，更設坐。傅太后聞之，大怒，不肯會，重怨恚莽。莽複乞骸骨，哀帝賜莽黃金五百斤，安車駟馬，罷就第。」見〔東漢〕班固《漢書·卷九十九》，北京：中華書局，2008 年，頁 1025。

[15] 〔東漢〕班固《漢書·王莽傳》，北京：中華書局，2008 年，頁 1025。按「五侯」者，據《漢書·元後傳》記載，是漢成帝「封舅譚為平阿侯，商成都侯，立紅陽侯，根曲陽侯，逢時高平侯。五人同日封，故世謂之『五侯』。」（同前引書，頁 1019）又《漢書·元後傳》亦記載「五侯群弟，爭為奢侈，賂遺珍寶，四面而至；後庭姬妾，各數十人，僮奴以千百數，羅鐘磬，舞鄭女，作倡優，狗馬馳逐；大治第室，起土山漸台，洞門高廊閣道，連屬彌望。」（同前引書，頁 1021）

傳》）後又夤緣附勢，在漢成帝陽朔年間[16]，就已經擔任黃門郎，遷射聲校尉。另據《漢書・楚元王傳》，劉歆少時「以通詩書能屬文召見成帝，待詔宦者署，為黃門郎。」故「莽少與歆俱為黃門郎，重之。」[17]兩人的關係當始於此。漢成帝永始元年（16B.C.E）王莽被封為「新都侯」，後來再升為騎都尉兼光祿大夫加侍中，但王莽「爵位益尊，節操愈謙。散輿馬衣裘，振施賓客，家無所餘。收贍名士，交結將相卿大夫甚眾。故在位更推薦之，遊者為之談說，虛譽隆洽，傾其諸父矣。」（《漢書・王莽傳》）甚受當時所重。呂思勉在其所著《秦漢史》中，曾論及西漢末年的局勢背景：

> 先秦之世，仁人志士，以其時社會組織為不善，而思改正之者甚多。……此等見解，旁薄鬱積，匯為洪流，至漢而其勢猶盛。……此等思想，雖因種種障礙，未之能行，然既旁薄鬱積如此，終必有起行之者，則新莽其人也。新莽之所行，蓋先秦以來志士仁人之公意。[18]

是以雖然《漢書》總結此一時期王莽所為是「匿情求名」，但我們可以推知在那樣一個外戚專擅、民不聊生，時局已漸失序的年代，王莽的出現，應該給了很多人希望。其後王莽在成帝綏和元年（8B.C.E）任大司馬並輔政，哀帝時雖因得罪傅太后事而中挫，但很快的又在平

---

[16] 錢穆考證此時當為漢成帝陽朔三年（22B.C.E），王莽年二十四。見其著《漢劉向、歆父子年譜》，臺北：臺灣商務印書館，1987 年，頁 34。

[17] 劉歆生年不詳，但《漢書》記劉歆任黃門郎事，在漢成帝河平三年（26B.C.E）與劉向校書之前，可知劉歆任黃門郎較王莽早，亦可推論劉歆應略長於王莽。錢穆亦認為「成帝初即位，歆蓋弱冠，其年當較王莽稍長。」見其著《漢劉向、歆父子年譜》，臺北：臺灣商務印書館，1987 年，頁 27。

[18] 呂思勉《秦漢史》，上海：古籍出版社，1983 年，頁 60。

帝時期回任大司馬,並隨即再度舉薦劉歆任右曹太中大夫,遷中壘校尉。後王莽再升為太傅,封安漢公,此時已開始有人將之與輔佐周成王的周公相比[19],平帝元始四年(4A.D),王莽加號「宰衡」[20],元始五年,受「九錫」[21],同年,平帝崩逝,王莽開始居攝踐祚,群臣更是屢屢稱頌王莽如周公居攝,要求朝廷讓王莽「服天子韍冕,背斧依於戶牖之間,南面朝群臣,聽政事。車服出入警蹕,民臣稱臣妾,皆如天子之制。郊祀天地,宗祀明堂,共祀宗廟,享祭群神,贊曰『假皇帝』,民臣謂之『攝皇帝』,自稱曰『予』。平決朝事,常以皇帝之詔稱『制』,以奉順皇天之心,輔翼漢室。」(《漢書‧王莽傳》)居攝三年(8A.D),王莽篡漢立新,封劉歆為「嘉新公」、「國師」,為四輔之一。

　　王莽何時萌生篡漢自立的念頭,史無可徵;但其在平帝年間亟需效法周公制禮作樂,卻有跡可尋;又因其本為儒生,在儒家經典中尋求改制的規劃,亦理所當然。王莽對劉歆有兩次知遇之恩,對劉歆敢於反傳統的學術性格應十分清楚。王莽被封為安漢公時,劉歆正任職

---

[19] 《漢書‧王莽傳》:「群臣乃盛陳『莽功德致周成白雉之瑞,千載同符。聖王之法,臣有大功則生有美號,故周公及身在而托號于周。莽有定國安漢家之大功,宜賜號曰安漢公,益戶,疇爵邑,上應古制,下准行事,以順天心。』」後大司徒陳崇上奏稱頌王莽功業,亦屢將王莽比作周公,並首次提及「九錫」之制。說俱見〔東漢〕班固《漢書‧卷九十九》,北京:中華書局,2008年,頁1026。

[20] 《漢書‧王莽傳》:「太保舜等奏言:『春秋列功德之義,太上有立德,其次有立功,其次有立言,唯至德大賢然後能之。其在人臣,則生有大賞,終為宗臣,殷之伊尹,周之周公是也。』及民上書者八千餘人,鹹曰:『伊尹為阿衡,周公為太宰,周公享七子之封,有過上公之賞。宜如陳崇言。』章下有司,有司請『還前所益二縣及黃郵聚、新野田,采伊尹、周公稱號,加公為宰衡,位上公。』」(〔東漢〕班固《漢書‧卷九十九》,北京:中華書局,2008年,頁1031-1032。)可知王莽「宰衡」之號,亦與伊尹、周公故實相關。

[21] 「九錫」之說見本文第三節。

羲和，職典文章，故而王莽在典章制度上的種種變革，自然可以透過劉歆來實踐。何況據《漢書・儒林傳》載：

> 平帝時，又立《左氏春秋》、《毛詩》、《逸禮》、《古文尚書》，所以罔羅遺失，兼而存之，是在其中矣。[22]

當年爭立古文博士的主張，至此終獲實現，劉歆對王莽應該是心存感激的。但因劉歆對於王莽居攝一事，持有不同意見；對於王莽終將篡漢自立，也早有警覺，[23]故劉歆對於王莽所為，常是採取被動配合的態度。元始四年，王莽：

> 起明堂、辟雍、靈台，為學者築舍萬區，作市、常滿倉制度甚盛。立樂經，益博士員，經各五人。徵天下通一藝教授十一人以上，及有《逸禮》、古《書》、《毛詩》、《周官》、《爾雅》、天文、圖讖、鍾律、月令、兵法、史篇文字，通知其意者，皆詣公車。[24]

《周官》開始受到王莽的重視，由於事涉多部古文經典，劉歆或許也

22　〔東漢〕班固《漢書・卷八十八》，北京：中華書局，2008 年，頁 920。
23　《漢書・王莽傳》：「甄豐、劉歆、王舜為莽腹心，宣導在位，褒揚功德。『安漢』、『宰衡』之號及封莽母、兩子、兄子，皆豐等所共謀，而豐、舜、歆亦受其賜，並富貴矣，非復欲令莽居攝也。居攝之萌，出於泉陵侯劉慶、前輝光謝囂、長安令田終術。莽羽翼已成，意欲稱攝。豐等承順其意，莽輒復封舜、歆兩子及豐孫。豐等爵位已盛，心意既滿，又實畏漢宗室、天下豪桀。而疏遠欲進者，並作符命，莽遂據以即真，舜、歆內懼而已。」（〔東漢〕班固《漢書・卷九十九》，北京：中華書局，2008 年，頁 1046。）
24　〔東漢〕班固《漢書・卷九十九・王莽傳》，北京：中華書局，2008 年，頁 1032。

參與了這件事。但後來群臣奏言「昔周公奉繼體之嗣，據上公之尊，然猶七年制度乃定。夫明堂、辟雍，墮廢千載莫能興，今安漢公起於第家，輔翼陛下，四年于茲，功德爛然。」建言「宰衡位宜在諸侯王上」(《漢書·王莽傳》)，元始五年，張純等人遂議依《周官》、《禮記》論「九錫登等」之法，劉歆卻未參與其中，「可見劉歆對『加九錫』一事的缺乏熱情已到何種程度了」[25]。但勢終不可遏，王莽踐祚居攝，「祀上帝于南郊，迎春於東郊，行大射禮於明堂，養三老五更，成禮而去。置柱下五史，秩如禦史，聽政事，侍旁記疏言行。」(《漢書·王莽傳》)開始真正以皇尊自居。居攝三年，王莽母功顯君死，王莽父王曼早卒，依禮王莽當服齊衰三年之喪，但王莽意不在哀，竟「令」太后詔議其服。劉歆與博士諸儒七十八人共曰：

> 攝皇帝遂開秘府，會群儒，制禮作樂，卒定庶官，茂成天功。聖心周悉，卓爾獨見，發得《周禮》，以明因監，則天稽古，而損益焉，……今功顯君薨，禮「庶子為後，為其母緦。」傳曰「與尊者為體，不敢服其私親也。」攝皇帝以聖德承皇天之命，受太后之詔居攝踐祚，奉漢大宗之後，上有天地社稷之重，下有元元萬機之憂，不得顧其私親。……攝皇帝與尊者為體，承宗廟之祭，奉共養太皇太后，不得服其私親也。《周禮》曰「王為諸侯緦縗」，「弁而加環絰」，同姓則麻，異姓則葛。攝皇帝當為功顯君緦縗，弁而加麻環絰，如天子弔諸侯服，以應聖制。[26]

需特別留意的是，此處劉歆等人已將《周官》易名為《周禮》，易名之由，當與此時議定的事為「喪禮」相關。其論先以「與尊者為體，不

---

[25] 王葆玹《今古文經學新論》，北京：中國社會科學出版社，1997年，頁149。
[26] 〔東漢〕班固《漢書·卷九十九·王莽傳》，北京：中華書局，2008年，頁1038。

敢服其私親」定調，再以「王－諸侯」定位王莽及其生母的關係，後引《周禮・司服》「王為三公六卿錫衰，為諸侯總衰，為大夫、士疑衰，其首服皆弁絰。」之說，為王莽所服喪定制。不過王莽本來就意不在哀，為生母服輕喪蓋王莽原本之定見，劉歆及諸儒不過承意而為。事實上，劉向、劉歆父子早在成帝年間就已校秘府，不需等到「攝皇帝」才開；「聖心周悉，卓爾獨見，發得《周禮》」之說，更暗示了依較罕見古文經《周禮》服喪，而不依當時已流行的今文經《儀禮》服喪，是王莽的「獨見」。故楊天宇以為「這『發得』二字不能簡單地理解為發現，而應該理解為特加宣揚、提倡。」[27]是為確論。劉歆雖然對《周禮》不甚留意，但既以古文經名家，對於王莽這種有助於提升古文經地位的舉措，自然也就不會反對了。荀悅《漢紀・成帝紀》所言：「劉歆以《周官》六篇為《周禮》」，所指的亦應為此事。

　　唯荀悅《漢紀・成帝紀》又言《周禮》在「王莽時，歆奏以為禮經，置博士。」《漢書・藝文志》「《周官經》六篇」下，顏師古亦注曰：「王莽時，劉歆置博士。」均記《周禮》是在「王莽時」置博士，未明言何時。王葆玹《今古文經學新論》主張《周禮》置博士也是在王莽居攝元年至三年之間，其立學官的緣由，在於可以支援王莽「加九錫」。[28]但王莽「加九錫」事在其居攝前已經實現，何必在居攝後再尋求理論依據？愚意以為古人謹于禮法，於敏感的政治倫理更是慎重，書寫史事時必定明辨名分正統，所謂的「王莽時」，應該不是王莽「安漢」、「居攝」時，因為王莽安漢居攝時，正朔仍在漢，是為「漢時」，待王莽即真改元，才能稱為「王莽時」。故劉歆奏《周禮》為經，

27　楊天宇〈關於《周禮》的書名、發現及其在漢代的流傳〉，見其著《經學探研錄》，上海：世紀出版集團，2004 年，頁 163。

28　王葆玹《今古文經學新論》，北京：中國社會科學出版社，1997 年，頁 147。楊天宇亦持相同主張，見《經學探研錄》〈關於《周禮》的書名、發現及其在漢代的流傳〉，上海：世紀出版集團，2004 年，頁 163。

立學官，置博士，應是在王莽篡漢立新之後的事，確實的年代則不可考。觀陸德明《經典釋文・序錄》言：「王莽時，劉歆為國師，始建立《周官經》。」按劉歆為「國師」，正在王莽即真之後[29]，則陸氏所言或亦可以為證也。

　　本節所述，旨在辨析《周禮》的出現、劉歆的學術傾向以及王莽、劉歆與《周禮》的關係。要之，王莽之所以賞識劉歆，除了私人交誼，恐怕與劉歆的學術性格有關[30]，並不是因為劉歆作了《周禮》，因為《周禮》早在劉歆之前即已出現，且劉歆所好在《左傳》而不在《周禮》。劉歆之所以在「末年」重《周禮》，卻是受了王莽的影響，因王莽欲仿周公居攝踐祚，制禮作樂，《周禮》所載，符合其所需，故王莽重之，劉歆只是承其意而為。加以王莽對於劉歆有知遇之恩，將之從一介經師擢拔到國師，又加官晉爵，結為親家[31]，委以重任，視如心腹。劉歆因此產生感恩圖報的心理，進而配合王莽運用經書設制，是可以理解的。是以若言莽篡借古文經傳則有之，言歆爭立古文以助篡則未有也，本文前言所引諸家之說或有誤耳。

---

[29] 《漢書・楚元王傳》：「及王莽篡位，歆為國師。」（〔東漢〕班固《漢書・卷三十六》，北京：中華書局，2008 年，頁 505。）又據《漢書・王莽傳》，直至莽新地皇四年七月劉歆自殺，劉歆的官職均為「國師」。（同前引書，頁 1061）

[30] 湯志鈞等人所著《西漢經學與政治》亦言：「歷史條件給王莽提供了篡漢自立的機會，而劉歆反舊統、建新統的努力又是促成這個歷史條件迅速形成並成熟的重要因素，從這個意義上說，劉歆確是不自覺地參與了顛覆漢室的進程。」見湯志鈞、華友根、承載、錢杭《西漢經學與政治》，上海：上海古籍出版社，1994 年，頁 333。另據該書序言，上述引文章節系由錢杭撰稿。

[31] 王莽子臨娶劉歆女愔。事見〔東漢〕班固《漢書・卷九十九》，北京：中華書局，2008 年，頁 1056。

✑三、王莽改制與《周禮》的關係考述

承上所述，王莽重視《周禮》是事實。但王莽改制與《周禮》的關係究竟如何，是本節考辨重點。王莽一生行跡，《漢書‧王莽傳》所記最詳，另《漢書》〈哀帝紀〉、〈平帝紀〉、〈食貨志〉、〈郊祀志〉、〈元後傳〉等，亦均有相關記載。其改制歷程與《周禮》相關者，舉其犖犖大者，約有以下數端：

（一）加九錫

平帝元始年間，群臣議立王莽「加九錫」事，已見前引，不再贅述。唯《漢書‧王莽傳》在元始五年所引張純等人奏章有言：「謹以六藝通義，經文所見，《周官》、《禮記》宜於今者，為九命之錫。」顏師古注引張晏曰：「《周禮》『上公九命』，九命，九賜也。」又引《禮‧含文嘉》云：「九錫者，車馬、衣服、樂懸、朱戶、納陛、武賁、鈇鉞、弓矢、秬鬯也。」易使人混淆「九錫」即「九命之錫」，且以為「加九錫」之說與《周禮》相關。實則「九錫」與「九命之錫」不同，《周禮》有「九命」之說，而無「九錫」。就《漢書‧王莽傳》所記，王莽所受「九錫」，的確就是「車馬」等九樣物品，象徵著身份地位的顯赫和擁有的權力。而《周禮》「九命」之說，係《周禮‧典命》所言：「上公九命為伯，其國家、宮室、車旗、衣服、禮儀，皆以九為節。」是將官爵分為九等，而國家、宮室、車旗、衣服、禮儀等各依等級不同規定。《春官‧宗伯》另有「九儀之命」說：「以九儀之命正邦國之位：壹命受職，再命受服，三命受位，四命受器，五命賜則，六命賜官，七命賜國，八命作牧，九命作伯。」鄭玄注曰：「每命異儀，貴賤之為乃正。」可見王莽「加九錫」之說，應出於《禮》緯，與《周禮》實不相關。

（二）改祭禮

《漢書‧郊祀志》記王莽在平帝元始五年，有改祭禮之議。其言曰：

> 莽又頗改其祭禮，曰：「《周官》天墬之祀，樂有別有合。其合樂曰『以六律、六鐘、五聲、八音、六舞大合樂』，祀天神，祭墬祇，祀四望，祭山川，享先妣先祖。……祀天則天文從。祭墬則墬理從。三光，天文也。山川，地理也。天地合祭，先祖配天，先妣配墬，其誼一也。天墬合精，夫婦判合。祭天南郊，則以墬配，一體之誼也。天墬位皆南鄉，同席，墬在東，共牢而食。高帝、高後配於壇上，西鄉，後在北，亦同席共牢。……此天墬合祀，以祖妣配者也。……天子親合祀天墬於南郊，以高帝、高後配。」[32]

王莽此議，甚為巧妙。其所引《周禮》之說，蓋出自《周禮‧大司樂》：「以六律、六同、五聲、八音、六舞大合樂，以致鬼神示，以和邦國，以諧萬民，以安賓客，以說遠人，以作動物。乃分樂而序之，以祭，以享，以祀。乃奏黃鐘，歌大呂，舞〈雲門〉，以祀天神。乃奏大蔟，歌應鐘，舞〈咸池〉，以祭地示。乃奏姑洗，歌南呂，舞〈大韶〉，以祀四望。乃奏蕤賓，歌函鐘，舞〈大夏〉，以祭山川。乃奏夷則，歌小呂，舞〈大濩〉，以享先妣。乃奏無射，歌夾鐘，舞〈大武〉，以享先祖。凡六樂者，文之以五聲，播之以八音。」王莽言天地之祀，樂有別有合，故應有別祀與合祀之異，大抵合乎《周禮》之義。但王莽一再強調的「天地合祭，先祖配天，先妣配墬，其誼一也。天墬合精，夫婦判合。」「天墬合祀，以祖妣配者」「天子親合祀天墬於南

---

32 〔東漢〕班固《漢書‧卷二十五》，北京：中華書局，2008 年，頁 327。

郊，以高帝、高后配」，則為《周禮》所無。王莽之所以會特別強調
「先妣」「高后」，應與其外戚身份相關，希望藉此更加穩固王氏家族
的地位。其運用典籍之用心，可見一斑。

（三）封爵制域

王莽在居攝三年，就已經對未來的封爵制域，有了初步的規劃，
其主張為：

> 今制禮作樂，實考周爵五等，地四等，有明文；殷爵三等，有
> 其說，無其文。孔子曰：「周監於二代，鬱鬱乎文哉！吾從周。」
> 臣請諸將帥當受爵邑者爵五等，地四等。[33]

立新之後，在始建國四年（12C.E），對於封爵問題有更詳細的記載：

> 州從禹貢為九，爵從周氏有五。諸侯之員千有八百，附城之數
> 亦如之，以俟有功。諸公一同，有眾萬戶，土方百里。侯伯一
> 國，眾戶五千，土方七十裡。子男一則，眾戶二千有五百，土
> 方五十裡。附城大者食邑九成，眾戶九百，土方三十里。[34]

主張封爵分五等，制域分三等（公一等、侯伯為一等、子男為一等），
康有為《偽經考·卷六》說王莽此制是「用歆《周官》說也」。然觀
《周禮·大司徒》：「凡建邦國，以土圭土其地而制其域：諸公之地，
封疆方五百里，其食者半；諸侯之地，封疆方四百里，其食者參之
一；諸伯之地，封疆方三百里，其食者參之一；諸子之地，封疆方二
百里，其食者四之一；諸男之地，封疆方百里，其食者四之一。」又

---

[33] 〔東漢〕班固《漢書·王莽傳》，北京：中華書局，2008 年，頁 1037。
[34] 同上註，頁 1047。

《周禮・職方氏》:「凡邦國千里,封公以方五百里,則四公;方四百里,則六侯;方三百里,則七伯;方二百里,則二十五子;方百里,則百男。」則是封爵五等,制域亦五等。王莽的主張明顯與《周禮》不合。[35]但王莽既是托古改制,其封爵制域的規劃也不是毫無所本,《禮記・王制》言:「天子之田方千里,公侯田方百里,伯七十里,子男五十里。不能五十里者,不合于天子,附于諸侯曰附庸。」在天子之下,爵分五等,地分三等(公侯為一等、伯一等、子男為一等),雖然在制域分等上略有差異,但王莽的規劃與《禮記・王制》之說還是比較接近的,若以封地大小而言,則兩者因襲之跡更明。

(四)設官分職

《周禮》本是記載官制之書,王莽苟重用之,則其即真之後,應可依《周禮》規劃新朝官職。但據《漢書・王莽傳》記載,王莽建國之初,設官分職的依據,竟然是居攝年間哀章所獻的讖記,其同于《周禮》者,只有一小部分的官職名稱:

> 梓潼人哀章學問長安,素無行,好為大言。見莽居攝,即作銅匱,為兩檢,署其一曰「天帝行璽金匱圖」,其一署曰「赤帝行璽某傳予黃帝金策書」。某者,高皇帝名也。書言王莽為真天子,皇太后如天命。圖書皆書莽大臣八人,又取令名王興、王盛,章因自竄姓名,凡為十一人,皆署官爵,為輔佐。

---

[35] 因王莽封爵制域之說與《周禮》明顯不同,但康有為卻說王莽此制出於《周禮》,故楊向奎在其著《西漢經學與政治》中,就認為這是「康先生說法之最魯莽者」、「康氏說法之最為疏忽的地方,是王莽這種制度根本和《周禮》相反,而康氏謂王莽本《周禮》。」見《西漢經學與政治》,獨立出版社,1945年,頁126-127。

又按金匱，輔臣皆封拜。乙太傅、左輔、驃騎將軍安陽侯王舜為太師，封安新公；大司徒就德侯平晏為太傅，就新公；少阿、羲和、京兆尹紅休侯劉歆為國師，嘉新公；廣漢梓潼哀章為國將，美新公：是為四輔，位上公。太保、後承承陽侯甄邯為大司馬，承新公；丕進侯王尋為大司徒，章新公；步兵將軍成都侯王邑為大司空，隆新公：是為三公。大阿、右拂、大司空、衛將軍廣陽侯甄豐為更始將軍，廣新公；京兆王興為衛將軍，奉新公；輕車將軍成武侯孫建為立國將軍，成新公；京兆王盛為前將軍，崇新公：是為四將。凡十一公。王興者，故城門令史。王盛者，賣餅。莽按符命求得此姓名十餘人，兩人容貌應卜相，徑從布衣登用，以視神焉。[36]

王莽謀權篡漢的歷程，與符瑞讖緯之言息息相關，各種瑞應、符契、神策層出不窮，此蓋與當時的社會風氣相關，王莽遂得以迷惑朝野，掩飾權欲。觀其即真後設官之法，所謂「四輔」「三公」「四將軍」者，權責不明，毫無章法；而其用人之法，亦近乎戲謔。對照《周禮》設官分職之縝密，官吏考課之嚴謹，相去懸絕。但相同的，王莽的設官分職，也有運用古制的地方。《漢書‧平帝紀》記載，平帝元始元年，「置羲和官，秩二千石；外史、閭師，秩六百石。班教化，禁淫祀，放鄭聲。」「外史」、「閭師」都是《周禮》的官職名稱，雖然平帝時「外史」「閭師」的職掌與《周禮》所言不同，但此新設之官稱應是來自於《周禮》無疑。始建國元年（9C.E），王莽設置「大司馬司允，大司徒司直，大司空司若，位皆孤卿。更名大司農曰羲和，後更為納言，大理曰作士，太常曰秩宗，大鴻臚曰典樂，少府曰共工，水衡都尉曰予虞，與三公司卿凡九卿，分屬三公。每一卿置大夫三人，一大

---

36 〔東漢〕班固《漢書‧王莽傳》，北京：中華書局，2008 年，頁 1039-1040。

夫置元士三人，凡二十七大夫，八十一元士，分主中都官諸職。」今
按《禮記‧王制》曰：「天子：三公，九卿，二十七大夫，八十一元
士。」可知王莽此官數規劃出於〈王制〉。又天鳳元年（14C.E），王
莽「以《周官》、〈王制〉之文，置卒正、連率、大尹，職如太守；屬
令、屬長，職如都尉。」（《漢書‧卷九十九‧王莽傳》）再按《禮記‧
王制》曰：「千里之外，設方伯。五國以為屬，屬有長。十國以為連，
連有帥。三十國以為卒，卒有正。」可知王莽此官職規劃亦出於〈王
制〉。

（五）「王田」「私屬」

　　春秋戰國以後，貴族沒落，新興地主階級大量出現，貧富不均，
構成嚴重的社會問題。漢初的土地政策，又允許百姓自由買賣，土地
兼併的現象就不停的產生。漢武帝時，董仲舒曾建議「限民名田」，以
「塞並兼之路」（《漢書‧食貨志》）但未得武帝採納。哀帝時師丹也提
出「限田」的主張：「古之聖王莫不設井田，然後治乃可平。……今累
世承平，豪富吏民訾數巨萬，而貧弱俞困。蓋君子為政，貴因循而重
改作，然所以有改者，將以救急也。亦未可詳，宜略為限。」（《漢書‧
食貨志》）孔光、何武等人也奏請限制貴族的土地及奴婢數量：「諸侯
王、列侯皆得名田國中。列侯在長安，公主名田縣道，及關內侯、吏
民名田皆毋過三十頃。諸侯王奴婢二百人，列侯、公主百人，關內
侯、吏民三十人。期盡三年，犯者沒入官。」（《漢書‧食貨志》）引發
當時的權貴諸多不滿，哀帝下詔暫緩執行，後來也是不了了之。王莽
始建國元年，即針對這個問題，頒佈了「王田」「私屬」令：

　　　　古者，設廬井八家，一夫一婦田百畝，什一而稅，則國給民富
　　而頌聲作。此唐虞之道，三代所遵行也。秦為無道，厚賦稅
　　以自供奉，罷民力以極欲，壞聖制，廢井田，是以兼併起，貪

鄙生，強者規田以千數，弱者曾無立錐之居。又置奴婢之市，
與牛馬同蘭，制於民臣，顓斷其命。奸虐之人因緣為利，至略
賣人妻子，逆天心，誖人倫，繆於「天地之性，人為貴」之
義。……今更名天下田曰「王田」，奴婢曰「私屬」，皆不得賣
買。其男口不盈八，而田過一井者，分余田予九族鄰里鄉黨。[37]

在王莽的這份詔令，包括田制與奴婢歸屬兩方面的內容。其中規定奴婢視為「私屬」，禁止販賣的部分，援引了《孝經·聖治》孔子的話語，展現了崇高的人道精神與人文關懷，固然是值得肯定的。但其所欲恢復施行的「井田制」，則頗有討論的空間。王莽在詔文中，只說欲恢復的井田制，是「古者」「唐虞之道，三代所遵行也」，並未明言所據何經。今按《周禮·小司徒》有「九夫為井」之說，〈大司徒〉又考慮土地之肥磽，有「不易之地，家百畝；一易之地，家二百畝；再易之地，家三百畝。」的規劃，田畝面積的差異，主要依據土地是否需要休耕；另外在〈遂人〉又有「辨其野之土－－上地、中地、下地，以頒田裡：上地，夫一廛，田百畝，萊五十畝，餘夫亦如之；中地，夫一廛，田百畝，萊百畝，餘夫亦如之；下地，夫一廛，田百畝，萊二百畝，餘夫亦如之。」的記載，則在鄉遂之地，每家土地固定為百畝，另依所授耕地肥瘠配給一定面積的荒地。在稅率方面，則主要依《周禮·載師》的規劃：「凡任地，國宅無征，園廛二十而一，近郊十一，遠郊二十而三，甸、稍、縣、都皆無過十二，唯其漆林之征二十而五。」大抵是距離王畿的遠近，而采差別稅率，百姓需依其稅率，將所得的固定比例上繳國家，屬於實物地租的模式。另按《孟子·滕文公上》：「請野九一而助，國中什一使自賦。……方里而井；井九百畝，其中為公田。八家皆私百畝，同養公田。公事畢，然後敢治私事，

---

[37] 〔東漢〕班固《漢書·王莽傳》，北京：中華書局，2008年，頁1042。

所以別野人也。」主張井九百畝，八家共一井，家一百畝，另百畝為公田，由八家共耕，在土地區劃上更為單純；在稅收規劃上也較簡單，百姓除了必須耕種公田外，無須再繳納其它稅收，屬於勞役地租而不是實物地租。

王莽的「王田制」，在土地分配上，接近《孟子》的規劃，主張八家一井；但在稅收上，王莽因承漢制，對百姓徵收實物地租，較接近《周禮》的主張，而且他希望能夠改變西漢賦稅苛重不均的狀況，在均平土地的王田基礎上，實施真正的十一之稅。不論是「井田」或「王田」，都是將土地收回國有，可以有效防止土地兼併，立意良善。但王莽的土地改革，還是有兩個問題，一是「井田制」以「授田」為主，希望提升生產；「王田」則是以「限田」為主，希望遏止兼併，兩者出發點並不相同，能產生的效果也就會不一樣了。其二是配套措施不足，不論是《周禮》或《孟子》的井田制，必須有完善的道路溝洫之制做配合，不只是簡單的土地分配而已，但從各種史籍看來，「王田」都只是單一的均田主張，並沒有完整的規劃。結果社會貧富懸殊問題未解，反而引發更多糾紛與不安，始建國四年，中郎區博乃諫莽曰：「井田雖聖王法，其廢久矣。周道既衰，而民不從。秦知順民之心，可以獲大利也，故滅廬井而置阡陌，遂王諸夏，訖今海內未厭其敝。今欲違民心，追複千載絕跡，雖堯舜複起，而無百年之漸，弗能行也。天下初定，萬民新附，誠未可施行。」（《漢書·卷九十九·王莽傳》）王莽知道百姓怨言四起，也只好下書曰：「諸名食王田，皆得賣之，勿拘以法。犯私買賣庶人者，且一切勿治。」（《漢書·卷九十九·王莽傳》）有美意而無良法，「王田制」終究只是不切實際的幻想而已。

（六）「五均」「賒貸」

「五均」「賒貸」也是王莽很重要的經濟政策。《漢書·王莽傳》

記載始建國二年，王莽：

> 初設六筦之令。命縣官酤酒，賣鹽鐵器，鑄錢，諸採取名山大澤眾物者稅之。又令市官收賤賣貴，賒貸予民，收息百月三。

可知所謂的「六筦」，就是以政府的力量管制民生六大事情：鹽、鐵、酒、錢幣、名山大澤、五均賒貸。至於要管制這六項民生物用的理由是：

> 夫鹽，食肴之將；酒，百藥之長，嘉會之好；鐵，田農之本；名山大澤，饒衍之臧；五均賒貸，百姓所取平，卬以給澹；鐵布銅冶，通行有無，備民用也。此六者，非編戶齊民所能家作，必卬於市，雖貴數倍，不得不買。豪民富賈，即要貧弱，先聖知其然也，故幹之。[38]

鹽、鐵、酒公賣制度，在漢武帝時已經實施過，王莽不過借鑒漢武而變化行之。六筦令中，引據經義最為明顯的，厥為「五均」「賒貸」。《漢書‧食貨志》載：

> 莽乃下詔曰：「夫《周禮》有賒貸，《樂語》有五均，傳記各有幹焉。今開賒貸，張五均，設諸幹者，所以齊眾庶，抑並兼也。」遂于長安及五都立五均官，更名長安東西市令及洛陽、邯鄲、臨菑、宛、成都市長皆為五均司市稱師。東市稱京，西市稱畿，洛陽稱中，餘四都各用東西南北為稱，皆置交易丞五人，錢府丞一人。工商能採金銀銅連錫登龜取貝者，皆自占司市錢府，順時氣而取之。

38　〔東漢〕班固《漢書‧食貨志》，北京：中華書局，2008 年，頁 307。

「五均」的目的，旨在平抑物價，此蓋融匯漢武帝時「平準」之議而來，實則在《周禮》已見其緒。如《周禮》〈司市〉〈賈師〉均主張政府應主導市場價格，穩定物價及供需。「賒貸」之議，則明顯來自于《周禮‧泉府》：「凡賒者，祭祀無過旬日，喪紀無過三月。凡民之貸者，與其有司辨而授之，以國服為之息。凡國事之財用，取具焉。歲終，則會其出入而納其餘。」「泉府」之職，本分「賒」「貸」，其所謂「賒」，系指政府握有滯貨，而可先賒售予人民，屬於信用融通，似無利息給付，但還款仍有一定期限。「貸」者直接涉及金錢的借貸，在貸款之前，政府仍須審查貸款人信用狀況，然後才決定是否給予貸款，借款人還需負擔一定的利息。《周禮》所規劃的市場交易制度十分完善，除了「司市」「賈師」「泉府」之外，尚有「質人」掌契約、「廛人」掌課稅，「胥師、「司虣」、「司稽」等職掌管市場秩序。然而王莽的「五均」「賒貸」，未見其它制度或官職的配合，以致於最終仍是「奸吏猾民並侵，眾庶各不安生」、「制度失中，奸軌弄權，官民俱竭」（《漢書‧食貨志》）。

《漢書‧食貨志》言王莽：「性躁擾，不能無為，每有所興造，必欲依古得經文。」是言王莽之意欲托古改制，但趙翼在《二十二史箚記‧王莽之敗》中則稱王莽：「銳意于稽古之事，以為制定則天下自平，乃日夜講求制禮作樂，附會六經之說，不復省政事，制作未畢而身已為戮矣。」觀乎上述六事，我們也可以知道王莽的托古改制，對於古代典籍，與其說是重視，不如說是利用。既然是利用，只要在典籍中記載的制度合乎所用的，王莽就會加以採用，並沒有嚴謹的學術立場。事實上，王莽對於經說的採擇，是不分今古文的。我們不能以他的部分主張中，出現了《周禮》之說，就認為他與《周禮》關係密切。更重要的是，王莽對於經典的運用，常常只是「表象」，看似引用某部經典，必須仔細深究，才能發現真相。總之，「王莽據古文經改

制之說，確實是一種很片面的見解，是不能成立的。」[39]若言劉歆作《周禮》以濟莽之惡，或言王莽、劉歆共作《周禮》以成其私，就更是違背歷史事實的偏見了。

✎ 四、結語

　　《周禮》的來歷及在西漢之前的流傳狀況，迄今眾說紛紜，加上王莽、劉歆對《周禮》的重視，常使得《周禮》成為經學史上今古文家攻防之處。根據本文的研究，《周禮》是在西漢之前就已存在的典籍，漢成帝年間即被劉向、劉歆父子著錄，在漢平帝年間開始受到王莽的重視；在王莽居攝年間從原來的書名《周官》改名《周禮》；在王莽即真後立於學官。另王莽的托古改制，雖看似與《周禮》關係密切，實則其改制依據，或用今文經傳，或用古文經傳，或雜用今古文，王莽雖然對東漢之後的古文經發展有一定的貢獻，但他本身並沒有很明顯的今古文立場，對於《周禮》也沒有特別的偏好。也正因為如此，在新莽敗亡後，《周禮》的傳衍並未受到影響，至今延綿不絕。

---

[39] 楊天宇〈論王莽與今古文經學〉，見其著《經學探研錄》，上海：世紀出版集團，2004 年，頁 139。

參考文獻

古籍

〔東漢〕班固 《漢書》 北京 中華書局 2008 年

〔東漢〕鄭玄注 〔唐〕賈公彥疏 《周禮注疏》 臺北 藝文印書
館 1985 年

〔清〕方苞 《周官辨》《續修四庫全書》第 79 冊 上海 古籍出版
社 1995 年

專書

王葆玹 《今古文經學新論》 北京 中國社會科學出版社 1997 年

呂思勉 《秦漢史》 上海 古籍出版社 1983 年

侯家駒 《周禮研究》 臺北 聯經出版事業公司 1987 年

徐復觀 《周官成立之時代及其思想性格》 臺北 學生書局 1980
年

湯志鈞、華友根、承載、錢杭 《西漢經學與政治》 上海 上海古
籍出版社 1994 年

楊天宇 《經學探研錄》 上海 世紀出版集團 2004 年

楊向奎 《西漢經學與政治》 獨立出版社 1945 年

錢 穆 《漢劉向、歆父子年譜》 臺北 臺灣商務印書館 1987 年

賈公彥《儀禮》、《周禮》本末始終說考述

✏一、前言

　　《說文・禮》:「禮，履也。所以事神致福也。」說明禮的起源與祭祀神祇相關。《禮記・表記》談到夏、商、周三代文化思想異同時，則說道殷人的特點是:「殷人尊神，率民以事神，先鬼而後禮，先罰而後賞，尊而不親。」說明殷商文化即是「尊神」文化。若從卜辭來看，殷人尊神，所尊的神包羅萬象:有屬天神的上帝、風、雲、雨、雪等;屬地祇的社、四方、山、岳、河、川等;很明顯地，這是原始宗教自然崇拜的延續。而卜辭中有「帝其令夕雨」、「帝其降饉」等，帝既能「令」、又能「降」，表示天神與地祇都歸上帝統管，帝是大自然的主宰。古代人們的生存有賴於大自然，大自然同時又是人類生存的敵人，對於大自然所帶來的災害如洪水、雷電、乾旱等天災，以及瘟疫甚至猛獸。對此人既束手無策，也莫可奈何，因此對於「上帝」，人們是畏懼的。由於畏，所以敬。事神從敬畏大自然而來。從敬畏「上帝」而產生事神的「禮」，有禮就有儀式，則行禮如儀;再將各種事神的儀式制度化，最後成為祭天的標準作業流程。

　　若從另一個角度來探討，即以三綱五常人倫的關係類比，敬上位者，亦有各個階級需要的事君事上之禮儀，在上位者對下屬亦然，最後形成政治制度。在宗法社會，政治關係就是依附在同姓同宗的家族群體上，受著「親親」、「尊尊」的宗法關係所制約，若混淆血緣關係上的遠近，同樣受到「禮」的制約。禮為核心，制度為邊界，不論是

從事神、或是從事君來看，禮都是源於個人的敬畏，最終透過各項儀式、制度而獲得確定。

　　禮既是維繫整個宗法社會的紐帶，也是對社會關係的規定，因為有禮制才能讓每個人接受一定的約束，秩序上各安其位。在禮教社會裡，貴族的人生儀式、社會關係、任官朝聘等不同的規範與準則，記載於《儀禮》。《儀禮》雖無明確的成書年代，然而《儀禮》所象徵的，即是為「人生秩序」提供完整的規範與體系，使個人合乎禮儀矩範，社會邁向禮儀之邦。此外，宗法制度則為《周禮》的核心，主要是包括國家的政治制度結構形式及官職運作等內容，可以視作「秩序」的擴展。就此而言，《儀禮》與《周禮》的內容當有一定聯繫。孔穎達在〈禮記正義序〉中言：「《禮記‧明堂位》云周公攝政六年，制禮作樂，頒度量於天下。但所制之禮，則《周官》《儀禮》也。」賈公彥在〈序周禮廢興〉中則言：「鄭玄徧覽群經，知《周禮》者乃周公致大平之迹，故能答臨碩之論難，使《周禮》義得條通。」可見賈公彥與鄭玄、孔穎達等儒者相同，都以《儀禮》、《周禮》為周公攝政時所作。「似乎在唐人眼裡，認為二《禮》俱出自周公之手無疑。」[1]但孔穎達在〈禮記正義序〉中曾言：「鄭作序云：『禮者，體也，履也。統之於心曰體，踐而行之曰履。』……禮雖合訓體、履，則《周官》為體，《儀禮》為履。……是《周禮》、《儀禮》有體、履之別也。所以《周禮》為體者，《周禮》是立治之本，統之心體，以齊正於物，故為禮。……其《儀禮》但明體之所行踐履之事，物雖萬體，皆同一履，履無兩義也。……《周禮》為本，則聖人體之；《儀禮》為末，賢人履之。故鄭序云『體之謂聖，履之為賢』是也。」孔氏混同了鄭玄所提出的「體、履」之別，而將《周禮》為「體」、《儀禮》為「履」，再以「體」為「本」、「履」為末，而導出「《周禮》為本，《儀禮》為末」之說。且

---

[1] 李洛旻《賈公彥《儀禮疏》研究》，臺北：萬卷樓圖書股份有限公司，2017年11月，頁280。

因為「體之為聖，履之為賢」，則《周禮》、《儀禮》價值地位之高下亦似有辨。再進一步細繹孔氏之說，不難發現其說深受鄭玄以《周禮》為三《禮》之首的影響，鄭玄在《禮記・禮器》「經禮三百，曲禮三千」下注曰：「經禮謂《周禮》也，《周禮》六篇，其官有三百六十。曲猶事也，事禮謂今《禮》也，禮篇多亡，本數未聞，其中事儀三千。」王靜芝言：

> 實則〈禮器〉一篇，根本不涉及《周禮》，而鄭玄故為附會，以合其三《禮》以《周禮》為首的安排。這一說法，是鄭玄有意的，並非鄭玄的錯誤。但後世受此影響，信以為真，以為《周禮》是記政治制度的，應當居前，應當是正經。⋯⋯鄭玄之說實在是專為自己尊《周禮》而設的，不足信。[2]

楊天宇則言：

> 鄭玄不僅雜糅今古文經學以注三禮，且欲調和今古文的對立，消除其矛盾，以溝通其說。此蓋其所謂「思整百家之不齊」的一個重要方法。鄭玄的調和法，說來也很簡單，就是以《周禮》為周制，凡不與《周禮》合者，便以殷制或夏制解之。⋯⋯然而，鄭玄這種調和之說，純屬臆說。[3]

華喆在分析敦煌吐魯番出土之唐寫本鄭玄《論語注》時，認為鄭玄注《論語》也尊用《周禮》，其言曰：

---

[2] 王靜芝《經學通論》，臺北：環球書局，1992 年 11 月，頁 5-6。
[3] 楊天宇《鄭玄三禮注研究》，北京：中國社會科學出版社，2008 年 2 月，頁 163-165。

鄭玄將《周禮》奉為禮學圭臬。依據《周禮》確定周禮，成為其禮學核心，也是他注經時主要的文獻依據。《論語》鄭注中多次依據《周禮》設解，其中既有明引，也有暗用。……鄭玄尊用《周禮》，一方面體現在對同一經文存在有多種不同解釋可能情況下，鄭玄只以《周禮》的解釋為準；另一方面又體現在，鄭玄最重視的仍是《周禮》在《論語》中的反映，在解釋時甚至有可能會離開《論語》本身的語義。……欲了解鄭玄經學思想體系的構成，必須對《周禮》及《周禮》鄭注有比較充分的認識。[4]

有了這樣的「認識」，孔穎達在論述《周禮》及《儀禮》時，以《周禮》為體、為本，而以《儀禮》為履、為末，也就不足為奇了。

　　賈公彥在《儀禮疏・序》中則言：「《周禮》、《儀禮》，發源是一，理有終始，分為二部，並是周公攝政太平之書。《周禮》為末，《儀禮》為本，本雖難明，末便易曉。是以《周禮》注者，則有多門；《儀禮》所注，後鄭而已。」賈公彥所提出的「《周禮》為末，《儀禮》為本」說，與孔穎達之說正好相反。賈氏此說之重點似乎是為了說明《儀禮》難明，故作注者少；《周禮》易曉，故作注者多，從而證明自己為《儀禮》作疏的必要性，並未對《儀禮》、《周禮》的本末始終說多作詮解。不過賈氏說二《禮》「發源是一，理有終始，分為二部，並是周公攝政太平之書。」可見他並未像孔穎達那樣認為《儀禮》從屬於《周禮》，而認為這是兩本獨立的著作，只是其根源相同，在禮

---

[4] 華喆《禮是鄭學－漢唐間經典詮釋變遷史論稿》，北京：三聯書店，頁30-40。

義的發展上也有關連。[5]本文認為賈公彥是從二《禮》「發源是一，理有終始」來談二禮本末，而之所以會有這樣的主張，則或許與賈公彥的學術立場有關，以下略而論之。

✎二、《儀禮》、《周禮》「發源是一，理有終始」說

胡培翬《儀禮正義・士冠禮一》云：

> 《禮記・明堂位》曰「周公攝政六年，制禮作樂」，故崔氏靈恩、陸氏德明、孔氏穎達及賈氏皆云《儀禮》周公所作。……《周官》一書固為禮之綱領，至其儀法度數，則《儀禮》乃其本經，而《禮記》、〈郊特牲〉、〈冠義〉等篇乃其義疏耳。……據此諸說，《三禮》唯《儀禮》最古，亦唯《儀禮》最醇矣。《儀禮》有經、有記、有傳，記傳乃孔門七十子之徒所為，而經非周公莫能作。其間器物陳設之多、行禮節次之密、升降揖讓裼襲之繁，讀之無不條理秩然。[6]

胡培翬認為《儀禮》在三禮中最古，也最能代表西周社會之禮樂文化，《禮記》諸篇可視為《儀禮》之義疏，且《儀禮》亦為《周禮》之本經。關於禮樂制度的發展，陳來提到殷禮以宗教禮儀比重最大，

---

[5] 賈公彥在〈士冠禮疏〉下又云：「《周禮》是統心，《儀禮》是履踐，外內相因，首尾是一。」雖也引用鄭玄之意，將《周禮》視為統心的「體」，儀禮則是踐行的「履」，但他並沒有混淆「體履」與「本末」，也沒有推導出《周禮》為本的結論。說見李洛旻《賈公彥《儀禮疏》研究》，頁283。

[6] 〔清〕胡培翬《儀禮正義》，南京：江蘇古籍出版社，1993年7月，卷一，頁4-5。

今本《禮記》所載，除冠制外幾乎都與祭祀有關，或許可以說明這樣的現象。然而《儀禮》中大部份內容在殷商文化資料中很難找到其來源，因為是到了周代，人際禮儀的內容才大幅增加，因此我們可以將《儀禮》視為西周禮樂文化的代表。[7]《禮記‧禮運》云：「是故夫禮必本於天，殽於地，列於鬼神，達於喪、祭、射、御、冠、昏、朝、聘，故聖人以禮示之，故天下國家可得而正也。」禮起源於事神，早在原始社會，即有祭祀對象即有天神、人鬼、地祇，為宗教祭祀的活動。到了周代，逐漸衍生出人文教化的意義，人由原本對神的依賴轉向對自己德性及行為要求。喪祭、射御、冠昏、朝聘之禮才是體現貴族生活中禮的主體，關於祭祀的活動也從充滿神秘未知的天，轉化為有道德及教化意義的祭祖，通過祭祖與祭祀儀式來教化子孫，讓禮與人的品德教育產生接軌、融合。[8]《禮記‧昏義》云：「夫禮，始於冠，本於昏，重於喪祭，尊於朝聘，和於鄉射，此禮之大體也。」這顯示了禮從原始社會發展到周代，人際禮儀重於宗教禮儀。在禮儀與封建制度與宗法制度配合之後，禮也轉化為新的意義；在政治功能上，禮的不同代表著社會身份地位不同，禮在當時能夠成為維繫政治階層的一種不可言喻的力量。在社會功能方面，禮對婚喪嫁娶與社交等禮俗擁有倫常規範，亦有維繫社會秩序的力量。《禮記‧檀弓》記：「墟墓之間，未施哀於民而民哀；社稷宗廟之中，未施敬於民而民敬。」勾承益言：

　　這句話從人類心理學的角度揭示了儀式形態的禮學活動在人們心理上的作用過程的特徵：一般的說，儀式是一種物質性的行

---

[7] 陳來《古代宗教與倫理：儒家思想的根源》，北京：三聯書店，2017 年 5 月，頁 257。

[8] 參林安弘《儒家禮樂之道德思想》，臺北：文津出版社，1988 年 11 月，頁 27。

為，而且總是具有眼、耳、鼻、身多方面的可感知性。當人們參與儀式活動的時候，這些物質形勢所烘托出的一種明確的氣氛往往直接作用於人的感官，從而使人受到一種情感的薰陶。……從現代的研究角度來看，《儀禮》之所以備受古代禮學家重視，關鍵在於書中禮儀程序對於增強社會成員的禮儀關係場（即「禮場」）意識以及等級宗法等社會意識具有積極意義。換言之，《儀禮》的價值主要在於其推行禮教過程的可操作性質。正是通過儀式的形態，諸如等級、宗法、秩序、規則等抽象的禮法意識，終於得到了最為生動直觀的表現形式，從而使抽象的禮獲得了廣泛的實踐價值，成為社會成員日常生活中的具體規則。[9]

透過《儀禮》的可操作性儀式、情感薰陶及最終形成的禮法意識，我們可以得到完善的人生秩序指引。對於個人而言，《儀禮》揭示了貴族在不同的人生階段，應具備的儀式規範及精神氣度；對於家庭社會而言，《儀禮》也提示了與他人良善互動的積極模式。而這些儀式與情感、意識，最終仍歸諸源於祭祀的「敬」，也就是「禮」共同起源。[10]

將這樣的人生秩序加以擴展，則國家的政治制度、組織運作，也可以在穩定的架構下進行。章潢〈三禮總敘〉言：

> 禮莫大乎倫。雖官制、儀節，皆所以品節乎五倫，而人性自然之條理。所以恭敬撙節退讓者，一皆其性情不容自已者也。善

---

[9] 勾承益《先秦禮學》，成都：巴蜀書社，2002 年 9 月，頁 39-41。

[10] 《禮記》開宗明義言「毋不敬」，鄭注云「禮主於敬。」，孔疏言：「人君立治，先當肅心，謹身慎口之事。」有提綱挈領之用，其意庶幾於此。

> 乎〈皋陶〉篇曰「天叙有典，勑我五典有敦哉；天秩有禮，自
> 我五禮有庸哉。」自天子至庶人同此五典也。其不同者，五禮
> 之等殺耳。可見五禮之庸也，雖至於經禮三百曲禮三千，而要
> 不出於五倫之外，凡五服五章五刑五用皆此禮也，皆所以敦此
> 典也。然典曰天叙，禮曰天秩，其等殺不齊，豈作而致其情
> 哉。天理之節文，人心所自有者也。[11]

　　《周禮》的結構，分為天官、地官、春官、夏官、秋官、冬官六
大系統，冬官失傳，由《考工記》替補。這六大系統相當於政府六大
部門，每個部門之下又有一個副級部門，每個部門下設有官職，官職
的職責為何，官職之間的聯繫等，《周禮》都規劃得非常詳實，是以劉
歆、鄭玄、孔穎達、賈公彥等都相信《周禮》是周公制定的政治藍圖。
今人黃玉順認為《周禮》有兩個正義原則，分別為制度設計的公正與
公平。[12]正義原則首先是要求制度的公正性，為公與私兩者間的關係
問題，然而公私的體現不是在字義上，而是在「禮」這個層面上。如
《夏官司馬・大司馬》云：「大獸公之，小禽私之。」另《秋官司寇・
朝士》云：「凡得貨賄、人民、六畜者，委于朝，告于士，旬而舉之，
大者公之，小者庶民私之。」從制度面看必須是克私奉公。另一個正
當性原則為制度設計的公平性，不論是《天官・大宰》中的九式「均
節財用」，《地官・大司徒》中的「土均之法」，《地官・均人》所提
「均人掌均地政、均地守、均人民、牛馬、車輦之力政。」《周禮》的
均平並非是平均主義之意，不是現代所謂平等之概念，而是在所建立
的秩序結構中，人們都分別獲得份內合適的利益分配。在《周禮》的

---

[11] 〔明〕章潢《圖書編》，《四庫全書》子部 11，第 13 卷〈三禮總敘〉。
[12] 黃玉順〈「周禮」的現代價值究竟何在－《周禮》社會正義觀念詮譯〉，
　　《學術界》，總第 157 期，2011 年第 6 期，頁 122-126。

適宜性原則中，從全本《周禮》出現 49 次「宜」字，即得知《周禮》十分重視制度設計是否合乎適宜性。如《地官・大司徒》、《地官・遂人》及《夏官・土方氏》等中「土宜之法」的地宜性，以及《天官・食醫》、《地官》中的〈閭會〉、〈遂會〉、〈鄭長〉、〈川衡〉、〈林衡〉、〈角人〉、〈羽人〉、〈掌葛〉、〈掌炭〉、〈掌荼〉、〈場人〉、〈媒氏〉等的時宜性，《周禮》出現「時」字共 131 次，《周禮》對得時與否非常關注。但正當的制度、適宜的組織要能順暢的運作，其關鍵仍在於個人是否為道德完善的君子，是否能依禮而行，否則徒法亦不足以自行。因此，我們可以說「五禮」來自於「五倫」之擴充，國家的典章制度有範，來自於人生有序，政府的組織運作流暢，來自於良善的人際互動。「《周禮》把周人的禮法、禮教和禮治精神充分貫徹到了對各種官職的配置之中。」[13]清王步青在〈《儀禮經傳內外編》序〉中則說：

> 「《周禮》為本，《儀禮》為末」，此鄭氏說也；唐賈氏則曰「《周禮》為末，《儀禮》為本」。夫《大學》之序，自修身齊家，放之國與天下，竊以此指按此二書，蓋賈說為長。[14]

以《大學》「古之欲明明德於天下者，先治其國；欲治其國者，先齊其家；欲齊其家者，先修其身；欲修其身者，先正其心；欲正其心者，先誠其意；欲誠其意者，先致其知，致知在格物。」、「物有本末，事有終始，知所先後，則近道矣。」之意，說解賈氏之說。蓋以《儀禮》為論，其本源在心之「敬」，而其內容則為個人修身齊家、立身處世之論；以《周禮》為論，則其內容擴充為安治國家的典章制

---

[13] 勾承益《先秦禮學》，成都：巴蜀書社，2002 年 9 月，頁 61。
[14] 〔清〕王步青《已山先生文集》，乾隆 17 年敦復堂刻本，頁 37。

度，其要義仍歸之於敬謹合宜。也就是說，就二《禮》之本源論，我們可說《周禮》、《儀禮》「發源是一，理有終始，分為二部」；就二《禮》之內容論，則「《周禮》為末，《儀禮》為本」。

✒三、賈公彥的學術立場

欲論述賈公彥的學術立場，應先了解其生平或成學歷程。賈公彥雖為唐代禮學大家，對三《禮》均撰有義疏，[15]《儀禮疏》與《周禮疏》尤為後人所習，唯揆諸史志，關於賈氏之學術淵源記載甚少。僅能從新、舊《唐書》的儒學傳中，得知他師事張士衡，「受其業擅名於時」[16]，為「當時顯者」[17]。張士衡為隋唐時期精通三《禮》的儒者，幼時居母喪，哀慕過禮，北齊博士劉軌思乃親授之《毛詩》、《周禮》，又曾從熊安生、劉焯學《禮記》，在學術脈絡上屬於北學一脈，因此賈氏之學術淵源，亦可視為北學一路。據《新唐書・藝文志》之記載，賈公彥曾參與《禮記正義》之編撰，[18]但當時賈公彥是「國子助教」，與時任「國子祭酒」的主編孔穎達有一定的地位差距，且孔穎達之學

---

15 《舊唐書・卷 189・儒學上》記賈公彥撰《周禮義疏》50 卷、《儀禮義疏》40 卷，《新唐書》儒學傳未記賈公彥著作。但《舊唐書・卷 46・經籍上》錄賈公彥撰《禮記疏》80 卷。可知賈公彥兼疏三《禮》。本文徵引史書，俱參北京：中華書局，2008 年 9 月點校本，下同。

16 《舊唐書・卷 189・儒學上》。

17 《新唐書・卷 198・儒學上》。

18 《新唐書・卷 57・藝文一》錄「禮記正義 70 卷 孔穎達、國子司業朱子奢、國子助教李善信、賈公彥、柳士宣、范義頵、魏王參軍事張權等奉詔撰，與周玄達、趙君贊、王士雄、趙弘智覆審。」

術脈絡偏南學，[19]李洛旻認為這樣的地位差距及學術脈絡的不同，可能造成賈公彥在協助編撰《禮記正義》時，與孔穎達產生意見齟齬，或者在《禮記正義》編撰時，無法表述自己的意見，也可能是賈公彥在《禮記正義》編撰完成後，又再私撰《禮記疏》的原因。且賈公彥之所以在《禮記正義》之外，還要撰寫《儀禮疏》、《周禮疏》，或許也是對初唐偏重《禮記》的學術環境不滿。[20]

但孔、賈二人的學術地位差距，與其年歲與歷練有關，未必會形成對禮書觀念的差異。孔穎達生於北齊後主武平五年（574），賈公彥的生年並無明確記載，按岑仲勉對羅振玉《芒洛冢墓遺文四編·賈玄贊墓志》考辨進行考證補充、楊學東依岑仲勉《賈玄贊殯記辨偽》所言以及依據北周男性適婚年齡規定所進行的補正，賈公彥長子賈玄贊出生的時間約唐武德八年（625），賈公彥出生時間在隋煬帝大業年間約（605-610）的可能性較大，[21]可知孔穎達本就略長於賈公彥。且《五經正義》於唐太宗貞觀 12 年（638）奉敕編寫，孔穎達已近耆老，並擔任國子監祭酒，侍講東宮，學術地位崇高，賈公彥無法與之抗顏匹

19　《新唐書·卷 198·儒學上》言孔穎達「八歲就學，誦記日千餘言，暗記《三禮義宗》。」《三禮義宗》為南朝宋崔靈恩所著，可見孔穎達之學術淵源於南學。又其〈禮記正義序〉言：「爰從晉、宋，逮於周、隋，其傳《禮》業者，江左尤盛。其為義疏者，南人有賀循、賀瑒、庾蔚、崔靈恩、沈重、範宣、皇甫侃等；北人有徐遵明、李業興、李寶鼎、侯聰、熊安生等。其見於世者，唯皇、熊二家而已。熊則違背本經，多易茆義，猶之楚而北行，馬雖疾而去逾遠矣。又欲釋經文，唯聚難義，猶治絲而棼之，手雖繁而絲益亂也。皇氏雖章句詳正，微稍繁廣，又既遵鄭氏，乃時乖鄭義，此是木落不歸其本，狐死不首其丘。此皆二家之弊，未為得也。然以熊比皇，皇氏勝矣。」雖然對於南北朝研究《禮記》的代表學者都有批評，但顯然在其學術取擇上，孔穎達最終仍以南學為宗。

20　李洛旻《賈公彥《儀禮疏》研究》，臺北：萬卷樓圖書股份有限公司，2017年 11 月，頁 27-30。

21　楊學東《賈公彥《周禮疏》研究》，西北大學博士論文，2015 年，頁 9。

敵，實為人情之常。再者，南學、北學雖有不同的研經方式，[22]但「南北分立，至隋統一。學術政教，於焉混同。」[23]自隋朝開始，南、北學已有混同之勢，其時大儒，眾所共推劉炫、劉焯，二劉受詩於劉軌思，問禮於熊安生，應屬於北學系統，然實則兩人是「拔萃出類，學通南北，博極今古，後生鑽仰，莫之能測。」[24]這種現象，到了唐代應該更為明顯，如前已言之，賈公彥師從劉軌思、熊安生、劉焯，屬「北學」一脈，孔穎達之學術脈絡偏「南學」，但他卻也「嘗造同郡劉焯，焯名重海內，初不之禮，及請質所疑，遂大畏服。」[25]可見對於這些博學鴻儒而言，「南學」、「北學」界線漸泯。要之，我們似乎不宜以賈公彥與孔穎達在年歲、地位上的差距，或「南學」、「北學」路徑的不同，就論斷他們對於經書會有不同的見解或主張。

筆者以為，賈公彥與孔穎達對於《儀禮》、《周禮》本末問題的看法不同，或許是與其立論的角度不同有關。賈公彥是從「百官事君」的立場來談論《儀禮》為本，《周禮》為末；孔穎達則是從「聖王治國」的立場來談論《周禮》為本《儀禮》為末，兩說並無高下，只是立場不同。唐太宗貞觀初期，由魏徵等人為唐太宗方便閱讀經典所編著的《群書治要》中，收有《禮記》與《周禮》，卻未收錄《儀禮》，由於《群書治要》的讀者就是唐太宗本人，未將《儀禮》收入《群書治要》，也就表示在魏徵等重臣的認知中，皇帝並不需要讀《儀禮》。在唐初的科舉制度設計下，《禮記》的重要性本來就高於《儀禮》、《周禮》，而就政治氛圍來看，《儀禮》的重要性又不如《周禮》及《禮

---

[22] 《北史·卷81·儒林上》：「南人約簡，得其英華；北學深蕪，窮其枝葉。考其終始，要其會歸，其立身成名，殊方同致矣。」

[23] 馬宗霍《中國經學史》，臺北：臺灣商務印書館，1986年2月，頁89。又李威熊亦言：「隋代的經學，隨著南北朝政局的結束，也復歸一統。」見氏著《中國經學發展史論》，臺北：文史哲出版社，1988年12月，頁242。

[24] 《隋書·卷75·儒林》。

[25] 《新唐書·卷198·儒學上》。

記》。因此，就孔穎達的地位與立場而言，他的學術地位崇高，本人又受到當政者重用，其學術主張受到政治影響，在疏解經書時，站在統治者治理天下的視角考量，而主張《周禮》為本《儀禮》為末，是可以理解的。賈公彥雖通達三《禮》，但就目前的史料來看，他並未擔任過政治要職，在《周禮》與《儀禮》的本末關係上，會站在教導臣民應如何立身處世及以禮事君的標準規範上，刻意強調《儀禮》由卑到長的次序，[26]主張《儀禮》為本、《周禮》為末，也是說得通的。

此外，陳寅恪《隋唐制度淵源略論稿·叙論》云：

> 凡西魏、北周之創作有異於山東及江左之舊制，或陰為六鎮鮮卑之野俗，或遠承魏、（西）晉之遺風，若就地域言之，乃關隴區內保存之舊時漢族文化，所適應鮮卑六鎮勢力之環境，而產生之混合品。所有舊史中關隴之新創設及依託《周官》諸制度皆屬此類。[27]

隋唐開國君王均是來自陳寅恪所謂「關隴集團」的後人，有鑑於北魏末年發生導致北魏亡國的六鎮之亂，宇文泰於西魏設立了八位柱國將軍，這八位柱國將軍有宇文泰、元欣、李虎、李弼、獨孤信、趙貴、于謹、侯莫陳崇，其中宇文泰是八人之首，統領百官，元欣則是西魏皇族地位崇高而掛名，其餘六柱國就是比附《周禮》的六軍之

---

[26] 《儀禮·士冠禮疏》：「《儀禮》見其行事之法，賤者為先，故以士冠為先，無大夫冠禮，諸侯冠次之，天子冠又次之。其昏禮亦士為先，大夫次之，諸侯次之，天子為後。諸侯鄉飲酒為先，天子鄉飲酒次之。鄉射、燕禮已下皆然。」

[27] 陳寅恪《隋唐制度淵源略論稿》，北京：三聯書店，2015 年 7 月，頁 4。陳寅恪認為隋唐制度來源有三：一為北魏、北齊。二為南梁、南陳。三為西魏、北周。

制。[28]李虎是唐高祖李淵的祖父，李弼是推翻隋朝有功的瓦崗軍首領李密的曾祖父，獨孤信是唐高祖李淵的外祖父，也是隋文帝楊堅的岳父、隋煬帝楊廣的外祖父。隋文帝一統天下乃高度依賴關隴集團這些軍事貴族們的支持，然而隋煬帝即位後欲擺脫關隴集團的約束，新的軍事力量就需有新的財政來源，不得不透過對外發動戰爭，想要改造國內政治結構，同時又從外部獲取新的經濟資源，結果隋煬帝另起軍事爐灶的理想以失敗告終，國家亡於遠征高麗之舉。有了隋煬帝的前車之鑑，唐高祖李淵、唐太宗李世民再次回到關中本位，接受關隴集團軍事貴族們的約束以求堅固國本，同時與屬下的柱國大將軍們及草原部落酋長們便是盟友關係，帝國不再發生內耗。[29]從北魏孝文帝所推行比附《周禮》田制的均田制，西魏時宇文泰仍繼續推動均田制，軍事制度也順勢發展為府兵制，到了唐代前期仍然沿用。唐代的政治制度既與《周禮》關係密切，擁有一定政治地位的孔穎達主張「《周禮》為本」，也是很自然的事了。

四、結語

　　賈公彥之所以主張「《周禮》、《儀禮》，發源是一，理有終始，分為二部，並是周公攝政太平之書。《周禮》為末，《儀禮》為本。」本文推論有兩種可能：一是前述所言賈公彥是以禮的內涵廣狹為論，《儀禮》是先秦時期的禮經，以形式禮儀為主，雖然將士以上之貴族社會的生活禮儀制度化，規定著貴族們的生活及社會交往關係之形式，卻非政典及官制。《周禮》雖為三《禮》之一，然而《周禮》實非狹義的「禮」，它的內容是一個國家政權在組織結構上的規劃，及各

---

[28] 陳寅恪《隋唐制度淵源略論稿・兵制》，頁 142。
[29] 施展《樞紐》，桂林：廣西師範大學，2018 年 1 月，頁 178-179。

部門、官職的全盤理想化設計方案，涉及政體、政權、等級、機構與官職、中央與地方之關連性。禮源於敬畏之心，是所有制度的起源，到了周代，人由原本對神的依賴轉向對自己德性及行為要求，始將士以上之貴族社會的生活禮儀制度化，對貴族們的生活及社會交往關係形成規範，各守本份各安其位，使國家社會安定及增加統治階層的穩定性，所以禮的影響涉及天人、政治、人倫三個部份。行遠必自邇，一個國家內部沒有秩序，沒有安定，日後何來發展之有？因此，國家欲求安定，前提是一個擁有權力的人能對自己德性高標準要求及行為上有所節制。因此「理有終始」的始，乃是始於修身；以《儀禮》為本，《周禮》為末，則可以視作一個秩序結構的發展歷程。二是賈公彥是以卑事上的立場談《儀禮》的重要性。自漢到唐，《禮記》的研究備受學者們重視；隋唐國家制度的創設，與《周禮》有一定聯繫，是以《周禮》在唐初亦獲得宣揚。《儀禮》所記，是特定時空、特定身份的行為模式，後人常苦其難讀，而以其無所用於世。賈公彥認為《儀禮》的內容編寫，有一定階級次序，符合其「百官事君」的政治立場，故而加以提倡。

參考文獻

古籍

〔東漢〕許慎撰　〔清〕段玉裁注　《說文解字注》　上海　上海古籍出版社　1993 年 11 月

〔東漢〕鄭玄注　〔唐〕賈公彥疏、彭林整理　《周禮注疏》　上海　上海古籍出版社　2016 年 6 月

〔北齊〕魏收著　《魏書》　北京　中華書局　2016 年 6 月

〔唐〕魏徵、虞世南、褚亮、蕭德言等撰　《群書治要》　北京　團結出版社　2013 年 9 月

〔唐〕魏徵　《隋書》　北京　中華書局　1973 年 8 月

〔唐〕李延壽撰　《北史・周本紀上》　北京　中華書局　2013 年 7 月

〔後晉〕劉昫撰、許嘉璐等編譯　《二十四史全譯・舊唐書》　上海　漢語大詞典出版社　2004 年 1 月

〔宋〕歐陽修等撰、許嘉璐等編譯　《二十四史全譯・新唐書》　上海　漢語大詞典出版社　2004 年 1 月

〔宋〕王溥　《唐會要》　北京　中華書局　1985 年

〔宋〕薛居正　《舊五代史》　北京　中華書局　2016 年 8 月

〔宋〕司馬光編著　〔元〕胡三省音註　《資治通鑑》　北京　中華書局　1987 年 4 月

〔宋〕朱熹　《四書章句集註》　新北　鵝湖月刊社　2014 年 10 月

〔明〕章潢　《欽定四庫全書・圖書編》　上海　上海古籍出版社　1987 年

〔清〕阮元校勘　《十三經注疏・儀禮》　臺北　藝文印書館　2007年8月

〔清〕阮元校勘　《十三經注疏・周禮》　臺北　藝文印書館　2007年8月

〔清〕阮元校勘　《十三經注疏・禮記》　臺北　藝文印書館　2007年8月

〔清〕阮元校勘　《十三經注疏・孝經》　臺北　藝文印書館　2007年8月

〔清〕阮元校勘　《十三經注疏・春秋公羊傳》　臺北　藝文印書館2007年8月

〔清〕胡培翬　《儀禮正義》　南京　江蘇古籍出版社　1993年7月

〔清〕王步青　《已山先生文集》　乾隆17年敦復堂刻本

專書

勾承益　《先秦禮學》　成都　巴蜀書社　2002年9月

王國維　《觀堂集林》　北京　中華書局　1959年6月

王靜芝　《經學通論》　臺北　環球書局　1992年11月

李洛旻　《賈公彥《儀禮疏》研究》　臺北　萬卷樓圖書股份有限公司2017年

周德清　《先秦儒家人格美思想研究》　西安　西安交通大學出版社2017年9月

林安弘　《儒家禮樂之道德思想》　臺北　文津出版社　1988年11月

施　展　《樞紐》　桂林　廣西師範大學　2018年1月

胡平生　《孝經譯注》　北京　中華書局　2015年3月

馬宗霍　《中國經學史》　臺北　臺灣商務印書館　1986年2月

張榮明、董志廣　《中國政治思想通史・魏晉南北朝卷》　北京　中

國人民大學出版社　2014 年 9 月

許倬雲　《西周史》　臺北　聯經出版社　1976 年 11 月

陳正雄　《荀子政治思想研究》　臺北　文津出版社　1983 年 8 月

陳　來　《古代宗教與倫理：儒家思想的根源》　臺北　允晨文化實
業股份有限公司　2005 年 6 月

陳寅恪　《隋唐制度淵源略論稿》　北京　生活‧讀書‧新知三聯書
店　2015 年 7 月

喬秀岩　《義疏學衰亡史論》　臺北　萬卷樓圖書股份有限公司
2013 年 4 月

華　喆　《禮是鄭學》　北京：生活‧讀書‧新知三聯書店　2018 年 3
月

楊天宇　《鄭玄三禮注研究》　北京　中國社會科學出版社　2008 年
2 月

楊伯峻　《春秋左傳注》　高雄　高雄復文圖書出版社　1991 年 9 月

謝淑熙　《禮學思想的新探索》　臺北　萬卷樓圖書股份有限公司　2017
年 2 月

論文

王　鍔　〈《儀禮注疏》版本考辨〉　《古籍整理研究學刊》　1996
年第 6 期

王　鍔　〈賈公彥《儀禮疏》版本考辨〉　《古籍研究》　1997 年第
3 期

宋金華　《《儀禮疏》的體例及其特點研究》　南京師範大學碩士學位
論文　2011 年

李文娟　《《儀禮》倫理思想研究》　中央民族大學碩士論文　2006
年

彭　林　〈沈文倬的歲時祭考辨及其特色〉　《河北學刊》　第 36

卷第 4 期　2016 年 7 月

程艷梅　〈從《周禮義疏》、《儀禮義疏》看賈公彥的語境研究〉　《廣東教育學院學報》　第 30 卷第 6 期　2010 年 12 月

程艷梅　〈淺析賈公彥《周禮義疏》、《儀禮義疏》中對修辭手法的闡釋〉　《古籍整理研究學刊》　2007 年 1 月第 1 期

楊學東　《賈公彥《周禮疏》研究》　西北大學博士論文　2015 年

賈齊華　〈「五經」中的《禮》糾誤〉　《信陽師範學院學報》　第 26 卷第 3 期　2006 年 6 月

鄭顯文　〈唐代禮學的社會變革〉　《人文雜誌》　1995 年第 2 期

饒益波　《《儀禮義疏》解經研究》　廣西大學碩士論文　2015 年

小戴《禮記》的成書及其在兩漢時期的流傳——洪業《禮記引得・序》商榷

✎ 一、前言

　　唐孔穎達奉敕撰《五經正義》，於「禮」獨取小戴《禮記》，使《禮記》在三《禮》中，取得後來居上的地位。《禮記・郊特牲》云：「禮之所尊，尊其義也。失其義，陳其數，祝史之事也。故其數可陳也，其義難知也。知其義而敬守之，天子之所以治天下也。」[1]相對於《儀禮》和《周禮》，《禮記》的重點就在強調禮的作用和精神實質，換言之，《禮記》更偏重揭示包藏在形形色色儀文制度內部的「義」，等於是貫通《儀禮》和《周禮》內在意蘊的鑰匙。也因此，歷來有關三《禮》的研究論著，不論是專著或論文，針對《禮記》的研究數量，都高於《儀禮》和《周禮》。[2]

　　前賢針對《禮記》的研究數量雖多，研究成果也很豐碩，但由於《漢書・藝文志》和《儒林傳》都未提到戴德、戴聖纂輯《禮記》之

---

[1] 見《禮記注疏・卷廿六》，臺北：藝文印書館，1985年12月，頁504。

[2] 據王鍔《三禮研究論著提要》著錄，由漢至2004年，研究《周禮》的專著有551部，研究《儀禮》的專著有1093部，研究《禮記》（含大戴《禮記》）的專著則有2025部，若不含大戴《禮記》，則亦有1874部。另由1900年至2004年，研究《周禮》的論文有3137篇，研究《儀禮》的論文有3415篇，研究《禮記》（含大戴《禮記》）的論文則有4290篇，若不含大戴《禮記》，則亦有4204篇。見氏著《三禮研究論著提要》，蘭州：甘肅教育出版社，2007年9月。

事,歷來關於《禮記》的成書和演變問題:包括編纂者和編纂年代、《禮記》四十九篇的來源及戴聖之後《禮記》流傳等,學者們仍有不同的意見。洪業於 1936 年 11 月 5 日撰就《禮記引得·序》,「考證漢人傳授編訂禮經記之史料,……諏詳業所自疑於《禮記》者」[3],對於小戴《禮記》之成書與流傳,致疑尤多。事實上,學者們產生不同見解的關鍵,常在於《敘錄》、《漢書》、《後漢書》、《經典釋文》、《隋書·經籍志》等典籍中部分章句的解釋。若試著仔細耙梳這些書籍中關於小戴《禮記》之成書與流傳的線索,或許仍可以釐清一些觀念。

✎ 二、「《禮》小戴」、「《小戴記》」與「小戴《禮記》」

(一)「《禮》小戴」

　　《漢書·儒林傳》言:「漢興,魯高堂生傳《士禮》十七篇,而魯徐生善為頌。……而瑕丘蕭奮以《禮》至淮陽太守。諸言《禮》為頌者由徐氏。孟卿,東海人也。事蕭奮,以授后倉、魯閭丘卿。倉說《禮》數萬言,號曰《后氏曲臺記》,授沛聞人通漢子方、梁戴德延君、戴聖次君、沛慶普孝公。孝公為東平太傅。德號大戴,為信都太傅;聖號小戴,以博士論石渠,至九江太守。由是《禮》有大戴、小戴、慶氏之學。通漢以太子舍人論石渠,至中山中尉。普授魯夏侯敬,又傳族子咸,為豫章太守。大戴授琅邪徐良斿卿,為博士、州牧、郡守,家世傳業。小戴授梁人橋仁季卿、楊榮子孫。仁為大鴻臚,家世傳業,榮琅邪太守。由是大戴有徐氏,小戴有橋、楊氏之學。」[4]《史記·儒林列傳》所載與此略同,是以西漢一代禮學傳授大略已具。

3　見洪業《禮記引得》,臺北:成文書局,1966 年,頁 40。
4　見〔東漢〕班固《漢書·卷八十八》,臺北:新陸書局,1964 年 1 月,頁 1183。

戴聖雖「行治多不法」[5]，但曾與聞人通漢一起參與石渠閣經議，且兩度為《禮》經學博士[6]，擁有一定的學術地位，也是繼后蒼之後，西漢官方禮學的主要代表人物，其授橋仁、楊榮的「《禮》小戴」之學，則可知應為受自后蒼的《士禮》十七篇之學。[7]可惜的是，橋仁、楊榮之後的「《禮》小戴」之學，並無傳人可考，東漢官學雖亦設有今文《禮》，但《後漢書・儒林列傳》亦云：「中興以後，亦有大、小戴博士，雖相傳不絕，然未有顯於儒林者。」[8]《儀禮》在東漢經學史上的傳承遂成為「空白點」[9]。

---

[5] 《漢書・何武王嘉師丹傳》記曰：「九江太守戴聖，《禮經》號小戴者也，行治多不法，前刺史以其大儒，優容之。及武為刺史，行部隸囚徒，有所舉以屬郡。聖曰：『後進生何知，乃欲亂人治！』皆無所決。武使從事廉得其罪，聖懼，自免，後為博士，毀武於朝廷。武聞之，終不揚其惡。而聖子賓客為群盜，得，系廬江，聖自以子必死。武平心決之，卒得不死。自是後，聖慚服。武每奏事至京師，聖未嘗不造門謝恩。」臺北：新陸書局，1964 年 1 月，頁 1139。

[6] 沈文倬認為「戴聖與公孫弘在武帝建元中、師丹在元、成之際先後兩度擔任博士一樣，他在甘露中以其師后蒼師法立為博士，至陽朔二年以後，別起小戴《禮》師法，復為博士。」見氏著《宗周禮樂文明考論》，杭州：浙江大學出版社，2001 年 6 月，頁 232。王鍔亦認為「戴聖先以博士官論禮石渠閣經學會議，後遷為九江太守，再由九江太守，轉為博士一職。」見氏著《禮記成書考》，北京：中華書局，2007 年 3 月，頁 313。

[7] 「《禮》小戴」之稱，極易與「《小戴記》」混淆。「《禮》小戴」之學，指的是戴聖受之於后蒼的今文《儀禮》，而非「《小戴記》」。此在皮錫瑞《經學通論》已辨之（臺北：台灣商務印書館，1989 年 10 月，頁 8）。並引毛奇齡《經問》之言以證，甚為精要。可參見。又今見之《儀禮》篇次，係鄭玄注《儀禮》時，依劉向《別錄》所定，另鄭玄《三禮目錄》尚載有戴德、戴聖所傳《儀禮》的不同篇次，亦可作為戴聖曾重新編次《儀禮》之證。

[8] 見《後漢書・卷六十九》，臺北：新陸書局，1964 年 1 月，頁 944。

[9] 沈文倬《宗周禮樂文明考論》，杭州：浙江大學出版社，2001 年 6 月，頁 243。

（二）「《小戴記》」

今傳《儀禮》十七篇中，有十二篇附有〈記〉[10]，扣除性質相近的禮文，幾乎是每類禮均有〈記〉文，〈記〉長短不一，大抵均為補充說明禮意、禮文之作，〈喪服〉篇尚有「子夏傳」，是如今仍然確可考見有關孔門弟子論禮的著述。可以推知其餘各篇的記文，可能也是七十二子之徒所作。除此之外，因為「禮」很早就成為我國先民行為的規範，故自周秦以來，乃至於秦漢之際或漢代，必定也還有很多儒者寫下有關禮這個問題的論述。除了補充說明禮文、禮意外，對於某些禮文節目，由於時代、環境等因素而有所改變，或者是某些人行禮之得失，也都一一記載下來，當作後人的參考。或因《儀禮》已成定本，無法附入，或因意見太多，餘簡有限，後人遂只能另取他簡以抒己意，於是乃脫離了附於經後的型態，而有了獨立成篇的「禮」之「記」。

此類獨立成篇論述「禮」的文字，究竟有多少篇，今日已不能確知。劉向《別錄》說有古文《記》二〇四篇[11]，《漢書・藝文志》列「禮」有十三家、五百五十五篇，含《記》一百三十一篇、《明堂陰陽》三十三篇、《王史氏》二十一篇、《曲臺后蒼》九篇、《明堂陰陽說》五篇、《周官經》六篇等[12]。《隋書・經籍志》則說：「漢初，河間獻王又得仲尼弟子及後學者所記一百卅一篇獻之，時亦無傳之者。至劉向考校經籍，檢得一百三十篇，向因第而敘之。而又得《明堂陰陽記》卅三篇、《孔子三朝記》七篇、《王史氏記》二十一篇、《樂記》二十三篇，凡五種，合二百十四篇。」[13]大、小戴在學官中講授禮經，都是一些冠婚喪祭的禮儀條文，如果照本宣科，可以想見其乏味。於

---

[10] 〈士冠禮〉第一、〈士昏禮〉第二、〈鄉飲酒禮〉第四、〈鄉射禮〉第五、〈燕禮〉第六、〈聘禮〉第八、〈公食大夫禮〉第九、〈覲禮〉第十、〈喪服〉第十一、〈既夕禮〉第十三、〈士虞禮〉第十四、〈特牲饋食禮〉第十五。

[11] 見《經典釋文・敘錄》，上海：上海古籍出版社，1985 年 10 月，頁 41。

[12] 見《漢書・卷三十》，臺北：新陸書局，1964 年 1 月，頁 578。

[13] 見《隋書經籍志》，北京：中華書局，1985 年。

是兩人各依照自己講授的需要，分別選編歷來儒者有關論禮的篇章，當成教材，用來闡明儀文制度的意義。戴德選了八十五篇，戴聖選了四十九篇，此蓋即後人所謂《大戴記》、《小戴記》。

　　大、小戴《記》的資料來源及篇章數，尚有兩個問題必須釐清：

1. 大、小戴受《禮》自后蒼，均為今文《禮》學家，是否可能選輯古文篇章以成家法？

2. 《隋書‧經籍志》在前引文「凡五種，合二百十四篇。」後續云：「戴德刪其煩重，合而記之，為八十五篇，謂之《大戴記》。而戴聖又刪大戴之書，為四十六篇，謂之《小戴記》。漢末，馬融……又足〈月令〉一篇、〈明堂位〉一篇、〈樂記〉一篇，合四十九篇。」《小戴記》刪《大戴記》八十五篇而為四十九篇之說，本出於陸德明《經典釋文‧敘錄》所引晉司空陳邵《周禮論‧序》「戴德刪古禮二百四篇為八十五篇，謂之《大戴禮》；戴聖刪《大戴禮》為四十九篇，是為《小戴禮》。後漢馬融盧植考諸家同異，附戴聖篇章，去其繁重及所敘略而行於世，即今之《禮記》是也。鄭玄亦依盧馬之本而注焉。」[14]清代以來學者多辨其非是，似已成定論，不再贅述。[15]但戴德、戴聖應為漢宣帝至漢成帝時期人，略早於劉向，如何能刪劉向所校得之資料？[16]

---

14 同註11，頁43。

15 史應勇認為對清代學者否定小戴刪大戴之說，當加以重新審視。清代學者如戴震等人，只注意到「刪」字，而沒有注意到這種「刪訂」只是一種「重新編訂」，既然是重新編訂整理，小戴禮的篇章數較大戴禮減少，或大小戴禮篇名相同，內容卻不同，就是很有可能的事了。故清人的疑議不必輕信，晉唐人屢說小戴刪大戴，也不會沒有根據。其說亦可參。見氏著〈兩部儒家禮典的不同命運—論大、小戴禮記的關係及大戴禮記的被冷落〉，《學術月刊》，2000年第4期。

16 王鍔曾考訂戴聖編纂《小戴禮》之時間，當在漢宣帝甘露三年（51B.C.）至漢成帝陽朔四年（21B.C.）間，其說精審，可參見氏著《禮記成書考》，北京：中華書局2007年3月，頁321-324。又據《漢書‧成帝紀》：「（河平）三年……光祿大夫劉向校中祕書。」可知劉向於漢成帝河平三年（26B.C.）始受詔校書。

又戴聖所編《小戴記》究竟有幾篇？

關於第一個問題，學者們的看法歧異。有些學者主張今古文經界線分明，二戴既為今文《禮》學者，則應嚴守師法，絕無選編古文《記》之可能，今小戴《禮記》中所雜有之古文經，必為東漢以後不守家法之傳《禮記》者所摻入，如洪業《禮記引得‧序》云：

> 小戴所執者《士禮》，東漢謂之《今禮》，其文皆今文也。倘於
> 《士禮》之外，小戴別傳有《禮記》以補益其所傳之經，則其
> 《記》亦當皆從今文，而不從古文。今試以《儀禮》鄭《注》
> 所舉之今文、古文，就《禮記》校之。其從今文者固多，然而
> 亦不盡然。……今《禮記》既收有《明堂陰陽》中之〈月令〉
> 及〈明堂位〉，復有《逸禮》如〈奔喪〉、〈投壺〉及〈釁廟之
> 禮〉等篇，此等豈似戴聖所輯錄以傳世者哉？……夫《周官》
> 之出，眾儒共排以為非是，小戴傳授《士禮》者也，何為又傳
> 授不合於《士禮》而合於《周官》之「記」乎？合以上諸點觀
> 之，故曰後漢之《小戴記》者，非戴聖之書也。……此輩殆起
> 於劉歆之後，收輯赤眉餘燼，不守家法之嚴也。[17]

---

[17] 見洪業《禮記引得》，臺北：成文書局，1966 年，頁 35。另錢玄亦認為：「二戴為西漢禮學今文大師，立于學官，不可能輯取《古文記》作為今文家之學。」「光武中興，古文經學官又廢，仍立今文經于學官。但朝廷要創建新制，必須博通古今。今文禮家不能再抱殘守缺。古今文的界限較寬，家法不嚴。因此揉合古今，已成當時風尚。」「當時傳大小戴《禮》者，亦在大小戴原有散篇《記》的基礎上，廣泛搜輯。有輯自《禮古經》（《逸禮》）者，……有輯自其他古文書者，……有輯自秦漢之作者，……其中必也有輯自《古文記》者。」見氏著《三禮通論》，南京：南京師範大學出版社，1996 年 10 月，頁 39-41。楊成孚《經學概論》（天津：南開大學出版社，1994 年 5 月，頁 71-72）亦有類似看法，不再贅引。

另有學者主張今古文之爭起自漢末，與二戴無關，[18]戴聖既立為博士，講學於學官，當然更有機會「看到內外藏書，尤其是外界不易見到的若獻王劉德于武帝時獻上的『古文先秦舊書《禮記》』等，這恰好為其編選《禮記》創造了條件。」[19]故二戴「是以輯錄古『記』替代解說來建立家法」[20]，而「家法之不同取決于解說經文之義的不同而不在經本文字之有異。固然，所持經本文字的不同會引起解說的不同，但不等於說解說不同都是經本文字不同所引起的。」[21]愚意以後說為是。蓋二戴既受《禮經》，因撰禮《記》，對於可以補充說明《禮經》的「記」文，容或以今文為主，但應是不別古今，廣泛蒐集，尤其是號為「七十子後學者所記」卻難得一見的古文《記》，既有機會親炙，應無視而不見之理。且古文《記》在流傳的過程中，傳習「禮」的學者也有可能已經將部分轉寫為今文，則今古文的界限亦不明。漢人說經，固然重師法，但若二戴解《禮經》之說，未違背后蒼之學，即使所編選之授課講義中，雜有部分古文經作，亦不能算是有違師法。

　　第二個問題，則應該只是文獻解讀上的差異。二戴講《禮》於學官，固然稍早於劉向校書，但二戴未及見劉向所校之書，未必代表他們無法見到劉向所整理的中秘書，原因已見上述。故《隋書‧經籍志》所云「戴德刪『其』煩重」，句中的「其」，指的應該不是劉向所校的資料，而是指當時流傳的各種關於禮的「記」。陳邵直言「戴德刪古

---

[18] 如楊天宇認為：「其實，認為漢代今古學兩派處處立異，『互為水火』，不過是清代學者的看法。……古文經的提出以及今古文之爭，發生在哀帝建平元年劉歆奏朝廷為古文經立博士之後，前此並無今古學的概念，更無今古文之爭。……由此可見，今古文之爭未起，而生當武、宣時期的大、小二戴所鈔輯的《禮記》，混有古文經記，並不足為奇。」見氏著《禮記譯著》（上冊），上海：上海古籍出版社，2004 年 7 月，頁 9-15。

[19] 見王鍔《禮記成書考》，北京：中華書局，2007 年 3 月，頁 322。

[20] 見沈文倬《宗周禮樂文明考論》，杭州：浙江大學出版社，2001 年 6 月，頁 240-241。

[21] 同註 20，頁 240。

禮」，反而比較清楚明晰。至於《小戴記》的篇數問題，觀《後漢書‧橋玄傳》云：「七世祖仁，從同郡戴聖學，著《禮記章句》四十九篇，號為橋君學。」[22]橋仁為戴聖弟子，所撰《禮記章句》已為四十九篇，可見《小戴記》原為四十九篇。又陸德明《經典釋文‧敘錄》於引陳邵之言後自注：「漢劉向《別錄》有四十九篇，其篇次與今《禮記》同。名為他家書拾撰所取，不可謂之《小戴禮》。」[23]，亦可知《小戴記》原為四十九篇。馬融增補《小戴禮》四十六篇為四十九篇之說，則《四庫全書總目》《禮記正義》題要辨之甚詳，其言云：「三篇皆劉向《別錄》所有，安得以為馬融所增。《疏》又引玄六藝論》曰：『戴德傳《記》八十五篇，則《大戴禮》是也。戴聖傳《禮》四十九篇，則此《禮記》是也。』玄為馬融弟子，使三篇果融所增，玄不容不知，豈有以四十九篇屬於戴聖之理？況融所傳者乃《周禮》，若小戴之學，一授橋仁，一授楊榮。後傳其學者有劉祐、高誘、鄭玄、盧植。融絕不預其授受，又何從而增三篇乎？知今四十九篇實戴聖之原書，《隋志》誤也。」[24]是可知《小戴記》原為四十九篇，不待馬融增補。然馬融增補《小戴記》之說，仍可能與《小戴記》在東漢的流傳有關，說詳下。

（三）小戴《禮記》

《小戴記》出現之後，雖然隨即被《別錄》著錄，但或許因為只是講義類的著作，並未正式成書，所以《七略》、《漢書‧藝文志》均未著錄，以致《小戴記》在東漢的流傳不明。《四庫全書總目》言在橋仁、楊榮後傳小戴之學者，尚有劉祐、高誘、鄭玄、盧植等人，惜除了鄭玄所注《禮記》尚存，其餘各家著作今亦亡佚，僅散見《禮記》

[22] 見《後漢書‧卷八十一》，臺北：新陸書局，1964 年 1 月，頁 678。
[23] 同註 11，頁 44。
[24] 見《四庫全書總目‧卷二十一》，臺北：臺灣商務印書館，1983 年 10 月，第一冊，頁 434。

孔《疏》或《通典》等籍，無法窺得全貌。[25]唐晏《兩漢三國學案》
於「禮大小戴學派」下，尚列有淳于登、荀爽、蔡邕、張恭祖、申屠
蟠等人，亦多僅能列其名，無法論其說，[26]故總其言曰：「它經咸盛，
惟《禮》無傳。不全不備，偏議曲說，何足以傳孔門之宏業也哉！」[27]
然觀諸經學歷史，可知東漢一朝，受劉歆及王莽推尊古文經的影響，
古文經學漸為當時學術重心，且能與官學系統中的今文經抗衡，導致
經學中「綜合學派」的產生[28]。此時《禮記》或即如洪業所言：

> 竊疑二戴之後，鄭玄之前，今禮界限漸寬，家法之畛域漸泯，
> 而記文之鈔合漸多，不必為一手之所輯，不必為一時之所成。
> 故經說之牴牾，不必整剔；文字之重疊，不曾剪芟。[29]

是以原已採編古文《記》的《小戴記》，此時當雜入更多的古文經傳，
雖仍用原《小戴記》四十九篇的形貌，但各篇內文章句可能因揉合今
古文而有了很多的改易。故東漢的大、小戴《禮記》「這兩部書只可以
說是掛著西漢禮學大師戴德、戴聖牌子的兩部儒學資料雜編，它們既不
是大戴、小戴所分別傳習的《士禮》，也不是二戴各自附《士禮》而傳

---

[25] 馬國翰《玉函山房輯佚書》（揚州：江蘇廣陵古籍刻印社，1990 年 2 月）
曾輯得盧植《禮記解詁》121 條，見該書第 2 冊，頁 379-388。王鍔並從
中歸納盧植註解《禮記》之例，有「解釋字義」、「闡釋禮義」、「記作者和
時代」、「講解禮制」等，詳見《禮記成書考》，北京：中華書局，2007 年
3 月，頁 329。

[26] 《兩漢三國學案》，臺北：華世出版社，1987 年 9 月，頁 324。

[27] 同註 26，頁 323。

[28] 章權才於《兩漢經學史》言：「所謂『綜合學派』，就是自覺拆除今文經學
和古文經學的藩籬，突破『師法』和『家法』的限制，用特定的思想體系
把各家各派緊緊地糅和在一起。綜合學派是時代的、政治的產物，它是東
漢時期、尤其是東漢後期經學發展的主流，也是當時經學家的思想動向的
最本質的體現。」見氏著《兩漢經學史》，臺北：萬卷樓圖書有限公司，
1995 年 5 月，頁 277。

[29] 洪業《禮記引得‧序》，臺北：成文書局，1966 年，頁 40。

習的《記》的彙編本的原貌。」[30]愚意尚以為陸德明《經典釋文‧敘錄》所引晉司空陳邵《周禮論‧序》之言,因其前段「小戴刪大戴」之說,學者多有批判,其後段提示之《禮記》成書歷程遂為所掩。實則「後漢馬融盧植考諸家同異,附戴聖篇章,去其繁重及所敘略而行於世。」就已經說明了今之《禮記》乃後漢儒者考訂今古文經說,並加以適當刪補,但最終仍「依附」原《小戴記》篇章而成的作品。又《隋書‧經籍志》所稱「馬融『足』〈月令〉一篇、〈明堂位〉一篇、〈樂記〉一篇」之說,《通典》引《隋志》時曰馬融是「定」〈月令〉等篇章[31],則與陳邵所言之「考諸家同異」、「去其繁重及所敘略」的整理工作相符,最終鄭玄就依馬融盧植考訂的小戴《禮記》定本,並為之作注。

由以上論述可知,今小戴《禮記》之成書,應經歷三個階段,為了避免產生混淆,筆者以為可將此三階段分別以「《禮》小戴」、「《小戴記》」、「小戴《禮記》」名之,茲再作簡表以明之:

名	今古文	篇數	性質說明
《禮》小戴	今文	17	戴聖師承后蒼習《禮》,故《禮》有小戴之學。
《小戴記》	今文為主,輔以古文	49	戴聖編選的講義類教材,以今文為主,但亦可能參用與禮相關的古文篇章。且已具49篇之雛形。
小戴《禮記》	今古文揉合	49	戴聖之後到東漢末年,傳《小戴記》者,在原來《小戴記》的基礎上,廣泛搜輯。且東漢之後,今古文畛域漸泯,古文篇章附入《小戴記》之中,形式仍49篇之舊,各篇篇名亦同於《小戴記》,稱小戴《禮記》,後省稱《禮記》。

---

30 見王聘珍著、王文錦點校《大戴禮記解詁》「本書前言」,北京:中華書局,1992年1月。

31 見《通典‧禮典‧序》,北京:中華書局,1988年12月,第一冊。

三、《敘錄》之「四十九篇」即為《小戴記》

前已言之，陸德明《經典釋文・敘錄》於引陳邵之言後自注：「漢劉向《別錄》有四十九篇，其篇次與今《禮記》同。名為他家書拾撰所取，不可謂之《小戴禮》。」又今小戴《禮記》孔《疏》，輒於篇目下引鄭玄別著之《三禮目錄》，述及《禮記》各篇於劉向《別錄》中屬某類。如〈曲禮上〉第一：「鄭《目錄》云：『名曰〈曲禮〉者，以其篇記五禮之事。祭祀之說，吉禮也。喪荒去國之說，凶禮也。致貢朝會之說，賓禮也。兵車旌鴻之說，軍禮也。事長敬老、執贄納女之說，嘉禮也。此於《別錄》屬《制度》。』」〈檀弓上〉第三：「鄭《目錄》云：『名曰〈檀弓〉者，以其記人善於禮，故著姓名以顯之。姓檀名弓，今山陽有檀氏。此於《別錄》屬《通論》。』」〈月令〉第六：「鄭《目錄》云：『名曰〈月令〉者，以其記十二月政之所行也，本《呂氏春秋・十二月紀》之首章也，以禮家好事抄合之，後人因題之名曰《禮記》，言周公所作，其中官名、時事多不合周法。此於《別錄》屬《明堂陰陽記》。』」〈明堂位〉第十四：「鄭《目錄》云：『名曰〈明堂位〉者，以具記諸侯朝周公於明堂之時，並陳列之位也。在國之陽，其制東西九筵，南北七筵，堂崇一筵，五室，凡室二筵。此於《別錄》屬《明堂陰陽》。』」〈樂記〉第十九：「鄭《目錄》云：『『名曰〈樂記〉者，以其記樂之義。此於《別錄》屬《樂記》。』」〈奔喪〉第卅四：「鄭《目錄》云：『名曰〈奔喪〉者，以其居他國聞喪奔歸之禮。此於《別錄》屬《喪服》之禮矣，實逸《曲禮》之正篇也。漢興後得古文，而禮家又貪其說，因合於《禮記》耳。奔喪禮屬凶禮也。』」〈投壺〉第四十：「鄭《目錄》云：『名曰〈投壺〉者，以其記主人與客燕飲，講論才藝之禮。此於《別錄》屬《吉禮》，亦實《曲禮》之正篇。』」〈喪服四制〉第四十九：「鄭《目錄》云：『名曰〈喪服四制〉者，以

其記喪服之制，取於仁、義、禮、知也。此於《別錄》舊說屬《喪服》。』」等。洪業《禮記引得・序》遂曰：

> 竊疑劉向《別錄》中並未著錄四十九篇之《戴記》。〈漢志〉之「《記》一百三十一篇」本出於劉歆之《七略》，而《七略》殆沿《別錄》耳。《別錄》於《記》一百三十一篇下，容或繫以敘錄，類別而區分之，為通論若干篇，制度若干篇，祭祀若干篇，吉禮若干篇，喪服若干篇等耳。鄭玄沿舊說盡隸《戴記》四十九篇於向所著錄各書，其隸〈月令〉及〈明堂位〉於《明堂陰陽》，隸〈樂記〉於《樂記》，蓋指三十三篇之《明堂陰陽》及《樂》類二十三篇之《樂記》也。推求鄭及舊說之意，殆亦知此三篇者不在一百三十一篇之內，不然者，〈月令〉及〈明堂位〉當屬於《制度》，而〈樂記〉當屬《通論》也。[32]

洪氏之意，蓋以《別錄》並無「四十九篇」之敘錄，但有《記》一百三十一篇之敘錄，且可能已依禮之內涵加以分類，其他如《明堂陰陽》、《樂記》等在《別錄》中亦有敘錄。而鄭玄又依《禮記》各篇之內容，分別將各篇歸之於劉向對於《記》一百三十一篇、《明堂陰陽》、《樂記》等敘錄中。洪氏此說，頗得近代學者贊同[33]，然仍似有數點可待商榷：

1. 鄭玄於《三禮目錄》分別言《禮記》各篇屬《敘錄》之某，並未言《禮記》各篇與《記》一百三十一篇及其他禮書之關係。不宜直接加以比附。

---

[32] 見洪業《禮記引得》，臺北：成文書局，1966 年，頁 31。

[33] 如錢玄《三禮通論》言「其說可信」，南京：南京師範大學出版社，1996 年 10 月，頁 44。王鍔《三禮研究論著提要》言「洪言可信」，蘭州：甘肅教育出版社，2007 年 9 月，頁 217。

2. 據學者考證，《別錄》當亡於南宋末年。[34]則陸德明應尚能窺得《別錄》全貌，「漢劉向《別錄》有四十九篇，其篇次與今《禮記》同。」之言，應非虛語。

3. 陸德明所稱「漢劉向《別錄》有四十九篇，其篇次與今《禮記》同。」正可以作為《禮記》在劉向之前已有成書之證。且我們對於陸氏之言，尚可關注「名為他家書拾撰所取，不可謂之《小戴禮》。」這段話，陸氏此言應係針對「今《禮記》」四十九篇而發，是陸氏亦以為今之《禮記》四十九篇，已是戴聖之後的「他家書」，雖仍用小戴《禮記》之名，但「不可謂之《小戴禮》」。[35]

於此，則又衍生另一疑義。若劉向《別錄》已錄有《小戴記》，何以劉歆《七略》、《漢書·藝文志》均未言及？這或許是因為上述推論的《小戴記》只是講義類著作，並未正式成書之故。又觀諸《漢書·藝文志》序有言：「成帝時，以書頗散亡，使謁者陳農求遺書于天下。詔光祿大夫劉向校經傳諸子詩賦，步兵校尉任宏校兵書，太史令尹咸校數術，侍醫李柱國校方技。每一書已，向輒條其篇目，撮其指意，錄而奏之。會向卒，哀帝復使向子侍中奉車都尉歆卒父業。歆于是總群書而奏其《七略》，故有《輯略》，有《六藝略》，有《諸子略》，有《詩賦略》，有《兵書略》，有《術數略》，有《方技略》。今刪其要，以備篇輯。」則可知《七略》之「總群書」而分略，〈漢志〉之「刪其要」以成篇，均非對《別錄》的直接繼承。且劉歆力倡古文經，與

---

[34] 見蔣伯潛《校讎目錄學纂要》，北京：北京大學出版社，1990年5月，頁16。

[35] 洪業《禮記引得·序》亦留意於此。其言曰：「陸謂《別錄》所著錄者，乃他家書掇取《小戴》篇名，而依次撰成者歟？抑謂今《禮記》乃他家書，非《小戴禮》歟？……然則陸殆謂今《禮記》非《小戴》而乃是他家書，附《別錄》所載篇名，而拾撰以成者歟？……陸氏所謂今《禮記》非《小戴禮》，則似可置信。」臺北：成文書局，1966年，頁34-35。

劉向重視今文經不同，[36]則劉歆將出於今文系統之《小戴記》省削，
亦是極有可能的事。

✎ 四、鄭玄未將小戴《禮記》誤為《小戴記》

洪業《禮記引得・序》又言：

> 或曰：「鄭玄固以《禮記》為小戴所傳，而《大戴禮》為大戴所
> 傳矣。豈以康成之博學精思，而亦誤乎？」答曰：「《大戴禮》
> 之不得為大戴之書，孔沖遠已疑之矣。……今觀其書中亦收《逸
> 禮》，且引《周官》而稱之曰《禮》，此豈后倉門徒戴德所為者
> 哉？康成殆誤會《大戴禮》之稱，為是大戴之記耳。……其至
> 多而濫之《大戴禮》，以遍注三《禮》及禮緯之鄭玄，且不為之
> 注，顧尚信其為大戴所傳，則其於篇幅較小之四十九篇，遂亦
> 誤會其為小戴所傳者耳。若謂博學通儒如玄，所言必信而有
> 徵，則試觀其於三《禮》之注，輒左右牽合，勉強穿鑿焉，如
> 注《周禮・天官・九嬪》，乃牽合《禮記・昏義》：「天子后立六
> 宮，三夫人，九嬪，二十七世婦，八十一御妻。」之數，且為
> 之說曰：「凡群妃御見之法，月與后妃其象也，卑者宜先，尊者
> 宜後。女御八十一人，當九夕；世婦二十七人，當三夕；九嬪
> 九人，當一夕；三夫人當一夕；后當一夕，亦十五日而遍。」
> 夫附會穿鑿如此，且不害其為通儒。則其偶沿舊誤，抑自誤會
> 其所注之四十九篇為傳自小戴，亦何足怪。[37]

---

36 見〔東漢〕班固《漢書・卷三十六》，北京：中華書局，2008 年，頁 504。
37 見洪業《禮記引得》，臺北：成文書局，1966 年，頁 40。

鄭玄於《六藝論》曾言「戴聖傳禮四十九篇，則此《禮記》是也。」故洪氏於此認為鄭玄將四十九篇之《禮記》，誤為小戴所傳之《小戴記》。但洪氏此說，亦恐有未確。據《後漢書‧張曹鄭列傳》[38]，鄭玄先後師事第五元先、張恭祖、馬融等人，通《京氏易》、《公羊春秋》、《三統曆》、《九章算術》、《周官》、《禮記》、《左氏春秋》、《韓詩》、《古文尚書》等書，「念述先聖之元意，思整百家之不齊」[39]，重前人的研究成果，更重兼聽並收各家之長，故能去門戶之見，而和同古今。且亦如洪氏所言，東漢時「今禮界限漸寬，家法之畛域漸泯」，鄭玄所見之小戴《禮記》，若仍《小戴記》四十九篇形式之舊，就學術承傳而言，小戴《禮記》亦屬《小戴記》脈絡，即「《禮記》為小戴所傳」，雖然小戴《禮記》已是今古文混雜的版本，並非原本的《小戴記》，但這在鄭玄眼中，本是極其自然的事，且鄭玄對今古文無所軒輊，所以也就並未特別加以說明。又觀諸前引鄭玄《三禮目錄》之文，則康成確知傳世之小戴《禮記》中，有「禮家好事抄合」、「漢興後得古文，而禮家又貪其說，因合於《禮記》」之跡。鄭玄之注三《禮》，以《周禮》為核心，且以之辨析三代之制，並常引《儀禮》、《禮記》證成《周禮》，其中注釋固然不能無誤，但鄭玄不容不知《禮記》於兩漢之流傳，洪氏以鄭注偶有之錯誤，論說鄭玄不知經書之傳承，則未免有厚誣古人之嫌。

五、結語

五四之後，學術界瀰漫著疑古反古思潮，至今仍餘波不斷。近代的疑古思潮雖可視作宋代以來疑古傳統的繼續，但疑古不能過疑，也

---

[38] 見《後漢書‧卷六十五》，臺北：新陸書局，1964年1月，頁527-529。
[39] 同註39，頁528。

不宜只破不立。洪業正處於疑古風氣大盛的年代，對前儒聚訟紛紜的《禮記》編纂及流傳問題，提出許多懷疑，但某些部分似乎未必有合理的解釋。綜合以上研究，我們應該可以推論《禮記》的成書，經歷了「《禮》小戴」（今文）、「《小戴記》」（以今文為主，但可能參用與禮相關的古文篇章），與「小戴《禮記》」（今古文揉合）三個階段；而西漢末年劉向《別錄》中所言之「四十九篇」，即指戴聖原編之《小戴記》而言；又戴聖原編之《小戴記》，在東漢時期已明顯糅入古文經，漸成今之《禮記》樣貌，但鄭玄本以調和今古文名家，是以為《禮記》作注時，並未特別加以說明，故不能視為鄭玄不知經書之傳承，而將小戴《禮記》誤為《小戴記》。

參考文獻

古籍

〔東漢〕班固　《漢書》　臺北　新陸書局　1964 年 1 月

〔東漢〕鄭玄注　〔唐〕孔穎達疏　《禮記注疏》　臺北　藝文印書
　　館　1985 年 12 月

〔東漢〕鄭玄注　〔唐〕賈公彥疏　《儀禮注疏》　臺北　藝文印書
　　館　1985 年 12 月

〔南朝宋〕范曄　《後漢書》　臺北　新陸書局　1964 年 1 月

〔唐〕陸德明　《經典釋文》　上海　上海古籍出版社　1985 年 10
　　月

〔唐〕杜佑　《通典》　北京　中華書局　1988 年 12 月

〔唐〕長孫無忌等　《隋書經籍志》　北京　中華書局　1985 年

〔清〕甘鵬雲　《經學源流考》　臺北　維新書局　1983 年 1 月

〔清〕皮錫瑞　《經學歷史》　臺北　漢京文化事業有限公司　1983
　　年 9 月

〔清〕紀昀等　《四庫全書總目》　臺北　臺灣商務印書館　1983 年
　　10 月

〔清〕廖平　《今古學考》　臺北　學海出版社　1986 年

〔清〕唐晏　《兩漢三國學案》　臺北　華世出版社　1987 年 9 月

〔清〕皮錫瑞　《經學通論》　臺北　臺灣商務印書館　1989 年 10
　　月

〔清〕馬國翰　《玉函山房輯佚書》　揚州　江蘇廣陵古籍刻印社
　　1990 年 2 月

〔清〕王聘珍　王文錦點校　《大戴禮記解詁》　北京　中華書局　1992 年 1 月

專書

王啟發　《禮學思想體系探源》　鄭州　中州古籍出版社　2005 年 1 月

王葆玹　《西漢經學源流》　臺北　東大圖書公司　1994 年 6 月

王靜芝　《經學通論》　臺北　國立編譯館　1992 年 11 月

王　鍔　《三禮研究論著提要》　蘭州　甘肅教育出版社　2007 年 9 月

王　鍔　《禮記成書考》　北京　中華書局　2007 年 3 月

李威熊　《中國經學發展史論》（上冊）　臺北　文史哲出版社　1988 年 12 月

沈文倬　《宗周禮樂文明考論》　杭州　浙江大學出版社　2001 年 6 月

周　何　《說禮》　臺北　萬卷樓圖書有限公司　1998 年 9 月

周　何　《禮學概論》　臺北　三民書局　1998 年 1 月

洪　業　《禮記引得》　臺北　成文書局　1966 年

章權才　《兩漢經學史》　臺北　萬卷樓圖書有限公司　1995 年月 5

華友根　《西漢禮學新論》　上海　上海社會科學院出版社　1998 年 2 月

黃彰健　《經今古文學問題新論》　臺北　中央研究院歷史語言研究所　1982 年 11 月

楊天宇　《禮記譯注》　上海　上海古籍出版社　2004 年 7 月

楊成孚　《經學概論》　天津　南開大學出版社　1994 年 5 月

葉國良　《經學側論》　新竹　清華大學出版社　2005 年 11 月

劉松來　《禮記漫談》　臺北　頂淵文化事業有限公司　1997 年 8 月

蔣伯潛　《校讎目錄學纂要》　北京　北京大學出版社　1990 年 5 月
錢　玄　《三禮通論》　南京　南京師範大學出版社　1996 年 10 月

論文

史應勇　〈兩部儒家禮典的不同命運－論大、小戴禮記的關係及大戴
　　　禮記的被冷落〉　學術月刊　2000 年第 4 期
陳志信　〈禮制國家的組構－以二戴記的論述形式剖析漢代儒化世界
　　　的形成〉　台大文史哲學報　2004 年 5 月第 60 期
丁　鼎　〈齊魯文化與兩漢禮制及禮學〉　煙台師範學院學報（哲學
　　　社會科學版）　2004 年 6 月第 21 卷第 2 期
黃娜、潘斌、鄭雨欣　〈禮記成書再考〉　四川教育學院學報　2007
　　　年 11 月第 23 卷第 11 期

《禮記‧檀弓》中的孔子形象──兼論《禮記‧檀弓》可能的成篇時代

✎一、前言

　　《史記‧孔子世家》言：「孔子布衣，傳十余世，學者宗之。自天子王侯，中國言六藝者折中于夫子，可謂至聖矣。」[1]梁啟超在《中國歷史研究法》中亦言：「試思中國全部歷史如失一孔子，失一秦始皇，失一漢武帝，……其局面當何如？……此等人得名之曰『歷史的人格者』。何以謂之『歷史的人格者』？則以當時此地所衍生之一群史實，此等人實為主動－最少亦一部分的主動－而其人面影之擴大，幾於掩覆其社會也。」[2]我國文化，至周而具規模，然自平王東遷，王官失守，禮崩樂壞，而魯為周公之後，凡百禮文，擬於王室，其文物之盛，舉世無兩。孔子適生斯土，環境薰陶，為兒嬉戲，即常陳俎豆，設禮容；及長，好古敏求，學無常師，道德、學問優入聖域；老於洙泗之間，以詩書執禮，傳授百代，是孔子之影響，又不僅止于一時之社會矣。夫子思想以「仁」與「禮」為核心，「仁」與「禮」又互為表裡，「仁」為「禮」的本質，「禮」為「仁」的外顯。故孔門的教育內涵，雖以成仁成聖為終極目標，而實以克己復禮為具體方法。也因此，孔子一生慎重行禮，以為立身行事之準據，即使在顛沛流離之

---

[1] 〔西漢〕司馬遷《史記‧孔子世家》，北京：中華書局，2008年9月，頁494。

[2] 梁啟超《中國歷史研究法》，臺北：里仁書局，1994年12月，頁163。

際，亦堅持傳授禮、依禮行事，視聽言動一遵於禮，「齊之以禮」也就成為孔子重要的形象表徵之一。

在孔子之前，「禮」猶「儀」也，且隨著儀文的蹕事增華，禮的精神內涵可能越來越隱微，繁瑣的禮儀多成為空洞僵化的形式。《左傳·昭公五年》有記：「公如晉。自郊勞至於贈賄，無失禮。晉侯謂女叔齊曰：『魯侯不亦善於禮乎？』對曰：『魯侯焉知禮！』公曰：『何為？自郊勞至於贈賄，禮無違者，何故不知？』對曰：『是儀也，不可謂禮。禮，所以守其國，行其政令，無失其民者也。」〈昭公二十五年〉又記：「子大叔見趙簡子，簡子問揖讓周旋知禮焉。對曰：『是儀也，非禮也。』簡子曰：『敢問，何謂禮？』對曰：『吉也聞諸先大夫子產曰：夫禮，天之經也，地之義也，民之行也。』」外在的禮文，本應彰顯內在的禮義，但禮文易學，禮義難曉，行禮者極易將禮數、禮器之陳列，誤以為禮之全貌，是以女叔齊、子大叔有「是儀非禮」之歎。孔子處於禮章蕩佚的時代，他最關切的也是重新發現和賦予禮實質的意義，所以林放問「禮之本」的時候，他稱讚為「大哉問」，其回答卻是「禮，與其奢也，寧儉。喪，與其易也，寧戚。」（《論語·八佾》）在夫子看來，唯有減損不必要的虛文儀節，才能真正接近禮的本質。他甚而感慨的說：「禮云禮云，玉帛云乎哉！」（《論語·陽貨》）試圖把形式化的具文和真正的禮分開。儒家禮學專著，今傳者有三《禮》，《周禮》為序官分職之法典，《儀禮》為貴族儀文之記錄，二者所記，皆禮之具體事項，屬禮之數。而《禮記》的重點就在強調禮的作用和精神實質，偏重揭示包藏在形形色色儀文制度內部的「義」，等於是貫通《儀禮》和《周禮》內在意蘊的鑰匙，也應該是三《禮》中最能彰顯孔子的禮學思想的著作。

但今傳《禮記》之成書，可能經歷過「《禮》小戴」、「《小戴

記》」與「小戴《禮記》」三個階段[3]，而其中的篇章資料「不是由一個人完成的，也不是完成於同一個時期、同一個社會環境之中，它是春秋末年至秦漢之際關於『禮』的解說、補充文字和有關論文的彙編。」[4]故關乎《禮記》各篇的作者及著成年代問題，一直是學者們關注的焦點，前賢透過「史事比對」、「典籍比對」、「文字比對」等方式，對於這個問題已經有了傑出的研究成果。愚意以為正因為《禮記》的原始資料時空跨度頗大，《禮記》諸篇中的孔子形象，與其它儒家經典有一些不同，其中尤以〈檀弓〉最為明顯。透過《禮記‧檀弓》中孔子形象的探討，或可補證〈檀弓〉的成篇年代。

✎ 二、《禮記‧檀弓》中的孔子形象

〈檀弓〉是《禮記》中的長篇，因卷帙繁重，因而分為上、下兩篇。孔《疏》於篇目下引鄭玄之《三禮目錄》云：「名曰檀弓者，以其記人善於禮，故著姓名以顯之。姓檀，名弓，今山陽有檀氏。此於《別錄》屬通論。」關於〈檀弓〉之名篇，清儒孫希旦已辨鄭說非是，其言曰：「篇首記檀弓事，故以檀弓名篇，非因其善禮著之也。」[5]後代學者多從之。[6]而〈檀弓〉的內容則是以借著春秋戰國時期的人物言

---

3 參本書第一編「五、〈小戴《禮記》的成書及其在兩漢時期的流傳－洪業《禮記引得‧序》商榷〉」。

4 趙逵夫《禮記成書考‧序》，北京：中華書局，2007 年 3 月，序 5。

5 〔清〕孫希旦《禮記集解》，臺北：文史哲出版社，1984 年 10 月，頁 146。

6 如夏炘《檀弓辨誣‧辨證檀弓篇》云：「古書篇目，每撮舉篇首數自以為名，如《論語》〈泰伯〉、〈微子〉、〈季氏〉、〈陽貨〉之類，不一而足，此記篇首有檀弓免焉，故以名篇。」見氏著《檀弓辨誣》，收入《景紫堂叢書》第一冊，臺北：藝文印書館，1969 年。又今人王鍔《禮記成書考》亦云：「因首章有檀弓免焉，記檀弓事，故以檀弓名篇。」見氏著《禮記成書考》，北京：中華書局，2007 年 3 月，頁 251。

行，記載當時的喪禮、葬禮為主，且多言其中之變禮，兼記三代喪葬禮之差異，以及當世人行禮之得失。故關於〈檀弓〉之性質，宋末吳澄作《禮記纂言》，將《禮記》重新分類編纂，把〈檀弓〉入「喪禮」類；孫希旦《禮記集解》亦云：「篇中多言喪事，可以證〈士喪禮〉之所未備。」[7]高明詳考是篇內容，參稽前代學者論述，列其為「專禮類」中「喪禮」之「變禮」項[8]，甚為精審，可從。若以〈檀弓〉中出現的人物次數分析，王鍔《禮記成書考》以楊天宇《禮記譯注·檀弓》所分節數計算，孔子在〈檀弓〉中的 53 小節中出現，頻率最高，其下則依次是曾子、子游、子夏、子路、子貢、有子、子思等人。[9]

〈檀弓〉中的孔子，自然有符合夫子「齊之以禮」形象者。如：孔子在衛，有送葬者，而夫子觀之，曰：「善哉為喪乎！足以為法矣，小子識之。」子貢曰：「夫子何善爾也？」曰：「其往也如慕，其反也如疑。」[10]子路曰：「吾聞諸夫子：喪禮，與其哀不足而禮有餘也，不若禮不足而哀有餘也。祭禮，與其敬不足而禮有餘也，不若禮不足而敬有餘也。」[11]子游問喪具，夫子曰：「稱家之有亡。」子遊曰：「有亡惡乎齊？」夫子曰：「有，毋過禮；苟亡矣，斂首足形，還葬，縣棺而封，人豈有非之者哉！」[12]子路曰：「傷哉貧也！生無以為養，死無以為禮也。」孔子曰：「啜菽飲水盡其歡，斯之謂孝；斂首足形，還葬而無椁，稱其財，斯之謂禮。」[13]等章，我們看到孔子極重視禮的內在精神意涵，主張人的道德感情和思想，才是禮樂真正的內

7　〔清〕孫希旦《禮記集解》，臺北：文史哲出版社，1984 年 10 月，頁 146。
8　高明《禮學新探》，臺北：學生書局，1977 年，頁 79。
9　王鍔《禮記成書考》，北京：中華書局，2007 年 3 月，頁 258。
10　《禮記注疏》，臺北：藝文印書館，1985 年 12 月，頁 130。
11　同註 10，頁 133。
12　同註 10，頁 148。
13　同註 10，頁 187。

容和靈魂，否則禮將只剩下虛文儀節，而沒有實際意義。又如：子路有姊之喪，可以除之矣，而弗除也，孔子曰：「何弗除也？」子路曰：「吾寡兄弟而弗忍也。」孔子曰：「先王制禮，行道之人皆弗忍也。」子路聞之，遂除之。[14]孔子曰：「之死而致死之，不仁而不可為也；之死而致生之，不知而不可為也。是故，竹不成用，瓦不成味，木不成斲，琴瑟張而不平，竽笙備而不和，有鐘磬而無簨虡，其曰明器，神明之也。」[15]孔子謂：「為明器者，知喪道矣，備物而不可用也。哀哉！死者而用生者之器也。不殆於用殉乎哉。其曰明器，神明之也。塗車芻靈，自古有之，明器之道也。」[16]孔子謂：「為芻靈者善，謂為俑者不仁－－殆於用人乎哉！」[17]等章，均可見孔子細密論述禮意，以維護儒家喪葬之禮。再如：孔子曰：「拜而後稽顙，頹乎其順也；稽顙而後拜，頎乎其至也。三年之喪，吾從其至者。」[18]伯高之喪，孔氏之使者未至，冉子攝束帛、乘馬而將之。孔子曰：「異哉！徒使我不誠于伯高。」[19]伯高死于衛，赴於孔子，孔子曰：「吾惡乎哭諸？兄弟，吾哭諸廟；父之友，吾哭諸廟門之外；師，吾哭諸寢；朋友，吾哭諸寢門之外；所知，吾哭諸野。於野，則已疏；於寢，則已重。夫由賜也見我，吾哭諸賜氏。」遂命子貢為之主，曰：「為爾哭也來者，拜之；知伯高而來者，勿拜也。」[20]孔子及門人立，拱而尚右，二三子亦皆尚右。孔子曰：「二三子之嗜學也，我則有姊之喪故也。」二三子皆尚左。[21]孔子曰：「延陵季子，吳之習於禮

---

14 同註 10，頁 120。
15 同註 10，頁 144。
16 同註 10，頁 172。
17 同註 16。
18 同註 10，頁 111。
19 同註 10，頁 128。
20 同註 19。
21 同註 10，頁 130。

者也。」往而觀其葬焉。其坎深不至於泉，其斂以時服。既葬而封，廣輪揜坎，其高可隱也。既封，左袒，右還其封且號者三，曰：『骨肉歸復於土，命也。若魂氣則無不之也，無不之也。』而遂行。孔子曰：『延陵季子之於禮也，其合矣乎！』」[22]諸章，則可見孔子敬慎行禮，且合乎《禮記・禮器》：「禮，時為大，順次之，體次之，宜次之，稱次之。」[23]之義。整體而言，我們可以透過〈檀弓〉中的這些篇章，看見孔子建立儒家禮學思想的縝密思維，也可以看到孔子推行儒家禮制的良苦用心，更可見孔子以禮自律、以禮教人，開創儒學規模的經典形象。

但是，〈檀弓〉中也記載著一些特殊的孔子形象。舉其犖犖大者，如：

（一）孔子不知父墓

> 孔子少孤，不知其墓。殯于五父之衢。人之見之者，皆以為葬也。其慎也，蓋殯也。問于郰曼父之母，然後得合葬於防。[24]

章句大意約為：孔子年少，叔梁紇即已過世，孔子及至長成，都不知道自己的父親埋葬之處。後來，孔子的母親過世，孔子打算把母親與父親合葬，但又不知道父親的墓在哪兒，所以只好把母親暫時停殯在路上。之後，孔子詢問郰人曼父之母，得知父親葬在防山，遂得將母親與父親合葬。此章句中孔子的可疑之處，約有兩點：一為孔子至孝，何以至年長仍不知父墓？二為孔子何忍將母親殯于衢路？但鄭

---

[22] 同註 10，頁 194。
[23] 同註 10，頁 450。
[24] 同註 10，頁 113。

玄注解此段經文時，並未置疑。[25]孔穎達作《正義》，雖已感覺「講者誼誼，競為異說。」但仍曲成鄭說，言：「不知其墓者，謂不委曲適知柩之所在，不是全不知墓之去處。」「若殯母於家，則禮之常事，他人無由怪已，故殯于五父之衢，欲使他人怪而致問於己。」[26]陳澔《禮記集說》則不贊成鄭、孔之說，其言曰：「顏氏之死，夫子成立久矣。聖人人倫之至，豈有終母之世，不尋求父葬之地，至母殯而猶不知父墓乎？且母死而殯于衢路，必無室盧而死于道路者，不得已之為耳，聖人禮法之宗主，而忍為之乎？……終身不知父墓，何以為孔子乎？其不然審矣。此非細故，不得不辨。」[27]方苞《禮記析疑》則主鄭《注》為非，而孔《疏》為是，並批駁陳澔之說：「司馬遷野合之誣，鄭康成以注此記。……遷以身被宮刑，為百世之垢，乃于自古聖賢，皆傳誣妄語以汙之。……至聖身無可庇，而重誣其父母，何足怪哉？自漢唐以來，群儒皆欲辨其誣，而未得其要領。……聖母少寡，謹于禮法，無為數適墓所，久而失迷，此事理之無足怪者。五父之衢，必聖父平生游處熟習之地，度當年送葬者必多，故殯焉以發人之疑而啟問端，卒於此焉得之。陳氏謂必無殯于路衢之理，不知遭事之變，不可以循故常。」[28]邵泰衢《檀弓疑問》又力主陳澔之說，而曰：「夫子不詢之母在之日，迨母亡而殯之道路，而僥倖于耶曼父之母之

---

[25] 陳澔《論語集說》言：「馬遷為野合之誣，謂顏氏諱而不告。鄭注因之以滋後世之惑。」（臺北：世界書局，1990 年 6 月，頁 29）蓋由於孔子的這段經歷，《史記‧孔子世家》也有類同的記載：「丘生而叔梁紇死，葬於防山。防山在魯東，由是孔子疑其父墓處，母諱之也。孔子為兒嬉戲，常陳俎豆，設禮容。孔子母死，乃殯五父之衢，蓋其慎也。耶人挽父之母誨孔子父墓，然後往合葬於防焉。」陳澔以為這是鄭玄對〈檀弓〉經文並未置疑的原因。

[26] 同註 10，頁 113。

[27] 〔元〕陳澔《禮記集說》，臺北：世界書局，1990 年 6 月，頁 29。

[28] 〔清〕方苞《禮記析疑》，文淵閣四庫全書版第 128 冊，臺北：商務印書館，1986 年 7 月，頁 23-24。

一問，可乎？今日既可問之，又何不先殯而問之，乃殯于五父之衢而始問之？夫子之所以為夫子者，如此乎？宜亟辯而正之。」[29]江永《禮記訓義擇言》則另出新解云：「此章為後世大疑，本非記者之失，由讀者不得其句讀文法而誤也。近世高郵孫邃人謂：『『不知其墓殯于五父之衢』十字當連讀為句，而『蓋殯也』『問于耶曼父之母』為倒句。』有裨於禮經者不淺。蓋古人埋棺于坎為殯，殯淺而葬深。孔子父墓實淺葬于五父之衢，因少孤不得其詳，但見墓在五父之衢，不知其為殯也。……至是母卒，欲從周人合葬之禮，卜兆於防，惟以父墓淺深為疑。如其殯而淺也，則可啟而遷之；若其葬而深也，則疑體魄已安，不可輕動。其慎也，蓋謂夫子再三審慎，不敢輕啟父墓也。後乃知其果為殯而非葬，由問其耶曼父之母而知之，蓋唯耶曼父之母能道其葬之詳，是以信其言，啟殯而合葬於防。」[30]江永之說雖巧，但謬誤也顯而易見，其一依《儀禮‧士喪禮》，周人殯於堂上西階，絕無殯于衢路之理。且殯時棺木僅一半入「坎」（《儀禮‧士喪禮》經文曰「肂」），棺蓋仍在地面之上，與葬時截然不同，深淺一望可知，豈得有疑？其二，《史記‧孔子世家》已明言「叔梁紇死，葬於防山。」不待顏徵在卒始卜兆而葬防山。其三，孔子十七歲喪母[31]，距喪父已十餘年，叔梁紇為一大夫，豈能停殯十餘年不葬？故夏炘《檀弓辨誣》力辨江永之非，徑指「〈檀弓〉之欲誣孔子不能盡其孝道，而造此不知父墓之事也。」「禮經背繆無過於此，亟當刪之。」「〈檀弓〉之無往非誣」[32]。孫希旦《禮記集解》亦謂此章「不可據以為實」、「蓋事

---

[29] 〔清〕邵泰衢《檀弓疑問》，文淵閣四庫全書版第 128 冊，臺北：商務印書館，1986 年 7 月，頁 276。

[30] 〔清〕江永《禮記訓義擇言》，文淵閣四庫全書版第 128 冊，臺北：商務印書館，1986 年 7 月，頁 307。

[31] 此從《史記‧孔子世家》之說。

[32] 〔清〕夏炘《檀弓辨誣‧卷中》，收入《景紫堂叢書》第一冊，臺北：藝文印書館，1969 年，頁 2、頁 4、頁 6。

理之所必無者」。[33]

（二）孔子行商制並預知周遊列國事

> 孔子既得合葬於防，曰：「吾聞之：古也墓而不墳；今丘也，東
> 西南北人也，不可以弗識也。」於是封之，崇四尺。孔子先
> 反，門人後，雨甚；至，孔子問焉曰：「爾來何遲也？」曰：「防
> 墓崩。」孔子不應。三。孔子泫然流涕曰：「吾聞之：古不修
> 墓。」[34]

　　章句大意約為：孔子將母親與父親合葬于防之後，認為雖然古代
墓地上不作墳丘，但自己是四處奔走的人，還是應該在墳上做個記
號。遂在墓上加上積土，有四尺高。之後孔子先回家，弟子們落在後
頭，且防地下了大雨，弟子們回來之後，孔子問他們何以晚歸，學生
們回答說剛剛修好的墓又坍了，孔子聽了卻沒有什麼反應，學生又連
說了幾次。最後孔子才傷心流淚的說：「古人在墓修成之後，是無須再
整治的。」此章句中孔子可疑之處，亦有兩點：一為鄭《注》言：「古
謂殷時也。」[35]但孔子為周人，《論語・八佾》尚記有：「子曰：『周監
於二代，鬱鬱乎文哉！吾從周。』」可見孔子對成周禮制的推崇。則孔
子何以在墓葬時主殷商之制？二為孔子時年十七，何以言自己「東西
南北之人」？又何以已有門人？關於第一個問題，鄭、孔均未置疑，
吳澄、陳澔也未提出異說，方苞《禮記析疑》則言：「墓而不墳，蓋殷
道，故曰古也。惟興之日，從新國之法，自防叔奔魯，未有起家為大

---

[33] 〔清〕孫希旦《禮記集解》，臺北：文史哲出版社，1984 年 10 月，頁 154。
[34] 同註 10，頁 112。又此段經文與「孔子不知父墓」章同記一事，但在〈檀
　　弓〉原文中，卻被其它章句隔開，而且本章在前，前章在後，似有倒置。
[35] 同註 10，頁 112。

夫者，當從殷禮。」[36]孔子先世雖為殷商王室，但防叔奔魯之時，早已入周，且叔梁紇即曾為鄹邑大夫，何以孔子當行殷禮？江永《禮記訓義擇言》又曰：「夫子之先宋人，固得用殷之禮，自防叔去宋遷魯，至夫子已在三世之外，則亦可以從新國之法。是以夫子于殷禮周禮從違之事，……皆斟酌古今而行之，從周者多，而從殷者亦間有也。」「竊謂記者微旨，在乎殷周從違之間，故總合夫子一生從周從殷之志而備論之。如此讀者當于言外得之。」[37]果如斯言，則不知孔子如何教人「禮以時為大」之義？弟子又如何依循夫子之從違？至於第二個疑問，吳澄《禮記纂言》稱：「按舊聞孔子喪母，時年十七歲，葬於防，必在數年之後，其時孔子已有門人也。」[38]不知其所據，亦不明其所謂「數年之後」，實指幾年？崔述《洙泗考信錄》則總合本章與「孔子不知父墓」章加以考證，言曰：「〈世家〉載此事無年月，而在十七歲前，是以孔子為尚幼也。果幼耶？孔子何以預自命為東西南北之人乎？而又何以有門人乎？〈年譜〉（筆者案：指《闕里志‧年譜》）蓋亦疑之，故以合葬之事載之二十四歲之時。孔子曰：『吾十有五而志於學。』至二十四歲而尚不知其父之墓，然則十年之所學者何事乎？孔子為魯司寇，不用，去而適衛、宋、陳、蔡諸國，不得已焉耳，當二十四歲時，何以預知其至是？孔子僅二十四，則門人長者不過十餘歲，恐亦不能為孔子修墓。」[39]夏炘《檀弓辨誣》則仍直言「此〈檀弓〉誣孔子葬親大事不能致其敬謹也」、「於是乎世所謂聖人者，乃不能慎終之人矣！甚矣！〈檀弓〉之誣也。」「〈檀弓〉之言，其害

---

[36] 〔清〕方苞《禮記析疑》，文淵閣四庫全書版第 128 冊，臺北：商務印書館， 1986 年 7 月，頁 22。

[37] 〔清〕江永《禮記訓義擇言》，文淵閣四庫全書版第 128 冊，臺北：商務印書館，1986 年 7 月，頁 306。

[38] 〔元〕吳澄《禮記纂言》，文淵閣四庫全書版第 121 冊，臺北：商務印書館， 1986 年 7 月，頁 380。

[39] 〔清〕崔述《洙泗考信錄》，北京：中華書局，1985 年，頁 8-9。

於世教大矣。」[40]

（三）孔子脫驂於舊館人

> 孔子之衛，遇舊館人之喪，入而哭之哀。出，使子貢說驂而賻
> 之。子貢曰：「于門人之喪，未有所說驂，說驂於舊館，無乃已
> 重乎？」夫子曰：「予鄉者入而哭之，遇於一哀而出涕。予惡夫
> 涕之無從也。小子行之。」[41]

　　章句大意約為：孔子到衛國去，遇到之前在衛國時的館舍主人的
喪事，孔子進入喪宅憑弔且哭得很傷心。出來後，他要子貢解下驂馬
作為助喪家辦喪的物品，子貢卻有不同的意見。因為之前有學生過世
時，孔子都不曾解下驂馬為贈，現在卻解下驂馬作為舊時館舍主人之
賻，似乎太多了些。孔子則認為自己進入喪宅憑弔時，因為很哀傷，
所以涕泗縱橫，因此要解下驂馬以為賻，才能符合自己剛剛哀傷的程
度。此章句中孔子之可疑處，在於若參《禮記‧檀弓》中子思言：「先
王之制禮也，過之者俯而就之，不至焉者，跂而及之。」[42]《禮記‧
禮器》云：「先王之制禮也，不可多也，不可寡也，唯其稱也。」[43]是
以「適度」「有節」為行禮之準則，不應一任性情為之。子貢之疑，或
為顏淵之喪而發，《論語‧先進》篇記載顏淵過世時，孔子雖然傷
慟，但對於顏淵的喪事，孔子秉持「適度」「有節」的原則，顏路請孔
子賣車為顏淵置槨，孔子沒有同意；其它的學生想厚葬顏淵，孔子仍
然沒有同意。且師徒之情應重於舊時館舍主人之恩，今孔子卻因為擔

---

[40]〔清〕夏炘《檀弓辨誣‧卷中》，收入《景紫堂叢書》第一冊，臺北：藝
　文印書館，1969 年，頁 7-8。
[41] 同註 10，頁 129。
[42] 同註 10，頁 127。
[43] 同註 10，頁 456。

心自己涕泗之無從，而要解驂馬以賻喪家，則似純任性情行之，而不能守禮也。鄭玄為此章作注時，言「遇於一哀而出涕」為「主人為我盡一哀，是以厚恩待我，我為出涕，恩重宜有施惠。」[44]孔《疏》則強調「舊館之恩，不得比顏回之極，而脫驂於舊館，惜車于顏回者，但舊館情疏，厚恩待我，須有贈賻，故脫驂賻之；顏回則師徒之恩親，乃是常事，必當以物與之。」[45]吳澄、陳澔、方苞、江永、孫希旦之說，均類同鄭、孔。但《朱子語類》云：「脫驂於舊館人之喪，惡其涕之無從也。今且如此說，萬一無驂可脫時又如何？」[46]則朱子對此章句似亦有疑。邵泰衢《檀弓疑問》則言：「哀本至情。雖曰：『予惡夫涕之無從也。』既為過情之痛，又為過情之賻，不兩失乎？子淵慟矣，視猶子也，而顏路請車則不可，……胡為乎一館人而即脫驂也？且痛失其情之正，賻失其禮之正，夫子而如是乎？」[47]夏炘《檀弓辨誣》則仍言「〈檀弓〉記此，誣孔子不必出涕而出涕，為用情之失正；不必賻而行賻，為用財之不稱也。」[48]

（四）孔子自言其聖並預知死期

> 孔子蚤作，負手曳杖，消搖於門，歌曰：「泰山其頹乎？梁木其壞乎？哲人其萎乎？」既歌而入，當戶而坐。子貢聞之曰：「泰山其頹，則吾將安仰？梁木其壞、哲人其萎，則吾將安放？夫子殆將病也。」遂趨而入。夫子曰：「賜！爾來何遲也？夏后氏殯於東階之上，則猶在阼也；殷人殯於兩楹之間，則與

---

44 同註 10，頁 129。
45 同註 10，頁 130。
46 〔宋〕黎德靖《朱子語類》，臺北：正中書局，1982 年 6 月，頁 3545。
47 〔清〕邵泰衢《檀弓疑問》，文淵閣四庫全書版第 128 冊，臺北：商務印書館，1986 年 7 月，頁 278。
48 〔清〕夏炘《檀弓辨誣・卷中》，收入《景紫堂叢書》第一冊，臺北：藝文印書館 1969 年，頁 14。

賓主夾之也；周人殯於西階之上，則猶賓之也。而丘也殷人也。予疇昔之夜，夢坐奠於兩楹之間。夫明王不興，而天下其孰能宗予？予殆將死也。」蓋寢疾七日而沒。[49]

　　章句大意約為：某天孔子早起，背著手，拖著手杖，逍遙的走到門前，還唱著歌說：「泰山就要崩坍了吧？棟樑就要毀壞了吧？哲人就要凋零了吧？」唱完歌後，就進入屋裡，對著門坐下。子貢聽到了歌聲，說：「泰山若是崩塌，則我們還可以仰望什麼？梁木壞了、哲人凋零，我們還有什麼可以依靠？老師大概是要生病了。」便快步走向孔子。孔子對子貢說：「夏代把死者停殯在東階之上，是把死者仍當作家中的主人；商代把死者停殯在東西兩楹之間，是把死者視為主、賓之間；周人則把死者停殯在西階之上，已經是把死者當作賓客了。我是殷商之後，前幾天夢到自己坐在兩楹之間，沒有聖明的君主出現，天下誰會尊崇我呢？我大概快要死了吧！」後來孔子臥病七天就去世了。《史記‧孔子世家》中對此亦有類同的記載。[50]但此章句中的孔子形象，歷來學者置疑頗多，其一為孔子周旋中禮，豈會「負手曳杖，消搖於門」？二為孔子一向自謙，豈會稱自己為哲人？暗喻自己為泰山？第三則為孔子應樂天知命，不應自為悲歌，暗示死期。鄭玄批註此章，仍是「注不破經」，隨文註解，且謂孔子之「負手曳杖，消搖於門」，是「欲人之怪已」，且稱孔子之預言死期，是「聖人知命」[51]。孔疏則大致依循鄭注，但進一步說明「杖曳於後，示不復用；消搖寬縱，示不能以禮自持。並將死之意狀。」[52]吳澄《禮記纂言》則力言此章句之妄：「此文所載事辭皆妄。聖人德容，始終如一，至死不

---

[49] 同註10，頁130-131。

[50] 〔西漢〕司馬遷《史記‧孔子世家》，北京：中華書局，2008年9月，頁493。

[51] 同註10，頁130。

[52] 同註10，頁131。

變，今負手曳杖，消搖于門，盛德之至，動容周旋中禮者不如是，其妄一也。聖人樂天知命，視死生如晝夜，豈自為歌辭以悲其死？且以哲人為稱，又以泰山梁木為比。若是他人悲聖人之將死，而為之歌辭則可，聖人自為此歌而自稱自比乃若是，其妄二也。聖人清明在躬，志氣如神，生死固所自知，又豈待占夢而知其將死哉？其妄三也。蓋是週末七十子以後之人撰造為之，欲表明聖人之預知其死，將以尊聖人而不知適以卑之也。記者無識而採取其言，記文既妄，而諸家解人謬不足論也。」[53]《朱子語類》亦言：「每疑夫子言『我非生而知之』『若聖與仁，則吾豈敢？』及至夢奠兩楹之間，則曰『泰山其頹乎？梁木其壞乎？哲人其萎乎？』由前似太謙，由後似太高。曰〈檀弓〉出於漢儒之雜記，恐未必得其真也。」[54]方苞《禮記析疑》以《禮記·祭義》「全受全歸」之說解之，而駁孔《疏》之非：「消搖于門，蓋全其所受而歸，故知將死，而志氣甚自得也。《疏》乃云放蕩以自寬縱，示不能以禮自持，謬矣。」[55]邵泰衢《檀弓疑問》亦參孔子之言行而論此章之可疑：「子路請禱，子曰禱久；門人為臣，子曰欺天。疾病之持正如此。今以夢奠示死，開後人以夢寐杳冥之端。自命哲人，殊有悖於『若聖豈敢』『聖則吾不能』之語。……況夫子曳杖逍遙之際，賜居何地而得聞？且眾弟子俱不聞，而獨賜聞之，且曰：『賜！爾來何遲？』而又唯賜之可告乎？甚者，夫子曳杖而逍遙矣，則身之無疾可知矣，又胡為乎寢疾乎？疾胡從來乎？豈一夢之所由乎？所未喻也。」[56]崔述《洙泗考信錄》也以《論語》所載之言論此章之附會：

---

[53] 〔元〕吳澄《禮記纂言》，文淵閣四庫全書版第 121 冊，臺北：商務印書館，1986 年 7 月，頁 383。

[54] 〔宋〕黎德靖《朱子語類》，臺北：正中書局，1982 年 6 月，頁 3545。

[55] 〔清〕方苞《禮記析疑》，文淵閣四庫全書版第 128 冊，臺北：商務印書館，1986 年 7 月，頁 26。

[56] 〔清〕邵泰衢《檀弓疑問》，文淵閣四庫全書版第 128 冊，臺北：商務印書館，1986 年 7 月，頁 279。

「《論語》所記孔子之言多矣，大抵皆謙遜之辭，而無自聖之意。皆明民義所當為，而不言禍服之將至。獨此歌以泰山、梁木、哲人自謂，而預決其死於夢兆，殊與孔子平日之言不類。恐出於後人傳聞附會之言，故不敢載。」[57]江永《禮記訓義擇言》以吳澄之疑為非：「杖有拄時，亦有曳時，負手曳杖而消搖，固非有意為之，亦不可謂變其常度，有損於動容周旋中禮也。夫子他時有感而作歌，如〈龜山〉、〈猗蘭〉者多矣，此感於夢而作歌，情理有之，非自悲其死也。聖人固知命安死，而死者人之終，自是大事，必謂以晝夜視死生，泊然不一動念，則亦老莊之見耳。夫子固不自聖，然嘗言『天生德於予』，又云『文不在茲乎』，其自知自任不淺矣。于將終而自比泰山梁木、稱哲人，何足病乎？聖人固清明如神，然於死生非別有前知之術，其能前知者，正因有所感耳，必謂不待占夢而後知，將為聖人亦同二氏之知死乎？吳氏之疑過矣。」[58]孫希旦《禮記集解》之說，與江永類同。[59]夏炘《檀弓辨誣》則仍斥言此章「誣聖人于死生之際未能釋然，自夢奠而後，動止輒改乎其度也。」、「不足信」。[60]

（五）孔子默許原壤失禮

> 孔子之故人曰原壤，其母死，夫子助之沐槨。原壤登木曰：「久矣！予之不托於音也。」歌曰：「狸首之斑然，執女手之卷然。」夫子為弗聞也者而過之，從者曰：「子未可以已乎？」夫子曰：「丘聞之：親者毋失其為親也，故者毋失其為故也。」[61]

---

[57] 〔清〕崔述《洙泗考信錄》，北京：中華書局，1985年，頁86-87。

[58] 〔清〕江永《禮記訓義擇言》，文淵閣四庫全書版第128冊，臺北：商務印書館，1986年7月，頁313。

[59] 〔清〕孫希旦《禮記集解》，臺北：文史哲出版社，1984年10月，頁178。

[60] 〔清〕夏炘《檀弓辨誣‧卷中》，收入《景紫堂叢書》第一冊，臺北：藝文印書館，1969年，頁21、23。

[61] 同註10，頁199。

　　章句大意約為：孔子的老朋友原壤的母親過世了，孔子幫他準備槨材。原壤說自己好久沒借著歌聲抒發情感，竟敲著槨木唱起歌來，歌辭的內容也不是抒發哀思，而是歌頌槨木之質材，孔子卻假裝沒聽到。弟子們問孔子何以不跟原壤絕交？孔子的回答是：「親人畢竟是親人，老朋友畢竟是老朋友。」此章句中孔子形象之可疑，甚為明確，蓋《論語》載原壤夷俟，孔子即責其非而叩其脛，今原壤母死而不能致哀，孔子以全交為念，縱不能絕之，竟不能責之而默許其失禮？則弟子恐真不能知夫子行禮之標準，而禮經居喪之禮，亦形同具文。又孔子交友之道，《論語》所載多矣[62]，亦無隱惡全交之理也。鄭《注》仍隨文批註，不能發疑，孔《疏》言原壤之過並非「大故」，且其中有夫子誨人不倦之深意：「原壤是夫子故舊，為日已久，或平生舊交，或親屬恩好，苟無大惡，不可輒離。故《論語》云故舊無大故，則不相遺棄。彼《注》云大故謂惡逆之事，殺父害君，乃為大故，雖登木之歌，未至於此。且夫子聖人，誨人不倦，……志在攜獎，不簡善惡，原壤為舊，何足怪也？」[63]吳澄、陳澔亦承孔《疏》之說。但《朱子語類》云：「如原壤之歌，乃是大惡，若要理會，不可但已，且只得休。至於夷俟之時，不可不教誨，固直責之，復叩其脛，自當如此。若如今之說，則是不要管他，卻非朋友之道矣。」邵泰衢《檀弓疑問》則直言孔子為非：「里有殯，不巷歌。吊之日，不樂。況於親執母喪之子乎？久矣不托於音，母死而托於音，亦病狂所為耳。夫子不能正之，乃曰：『故者毋失其為故也。』斯人已忘親矣，又安有于友，而夫子尚以之為故乎？夷俟叩脛是也；夫子為勿聞也者而過之，

---

[62] 如〈學而〉：「主忠信；無友不如己者。」〈衛靈公〉：「居是邦也，事其大夫之賢者，友其士之仁者。」〈季氏〉：孔子曰：「益者三友，損者三友：友直，友諒，友多聞，益矣；友便辟，友善柔，友便佞，損矣。」等。

[63] 同註 10，頁 199。

非也。」[64]孫希旦《禮記集解》則引《莊子・大宗師》典，說明此為當時老氏之學者的常態，認為原壞之心仍有悲痛，只是無法拘守禮法，其言曰：「原壞母死而歌，與子桑戶死，孟子反、琴張臨喪而歌相類，蓋當時為老氏之學者多如此。然壞之心，實非忘哀也，特以為哀痛在心，而禮有所不必拘耳。夫子原其心而略其跡，而姑以是全其交也。」[65]夏炘《檀弓辨誣》則疑此章與道家之學類同，乃〈檀弓〉造為以誣原壞、孔子，為必無之事。其言曰：「當母喪未葬之先，遽爾發歌，併發歌于聖人之前，絕不知衰絰之在身也者，此必無之事也。春秋之末，禮教廢弛，如莊周之于妻喪，鼓盆而歌；子皮（筆者案：應為子反）琴張之于友喪，鼓琴而歌，已為名教之罪人，然猶施之于妻與朋友也。……原壞既係聖人之友，想必與聞洙泗之教，吾于聖人之友卜之，斷其必無是事也。」[66]

綜上所論，可知《禮記・檀弓》中的孔子形象，固有合乎傳統經典者，但亦有特殊、可疑者。且前儒每於孔子形象之特殊、可疑處，聚訟紛紜，莫衷一是。本文僅臚列眾說，而不加論斷，所留意者，乃何以此類不合乎傳統經典的孔子形象，或如孫希旦所言之「傳聞失實之言」[67]、邵泰衢所言之「誣聖之言」、「自相抵牾」[68]之說，會堂而皇之的出現在儒家的禮學代表著作中？筆者以為或許與《禮記・檀弓》的成篇時代有關。

---

[64] 〔清〕邵泰衢《檀弓疑問》，文淵閣四庫全書版第 128 冊，臺北：商務印書館，1986 年 7 月，頁 285。

[65] 〔清〕孫希旦《禮記集解》，臺北：文史哲出版社，1984 年 10 月，頁 274。

[66] 〔清〕夏炘《檀弓辨誣・卷中》，收入《景紫堂叢書》第一冊，臺北：藝文印書館 1969 年，頁 17。

[67] 〔清〕孫希旦《禮記集解》，臺北：文史哲出版社，1984 年 10 月，頁 146。

[68] 〔清〕邵泰衢《檀弓疑問》，文淵閣四庫全書版第 128 冊，臺北：商務印書館，1986 年 7 月，頁 274。

✍三、《禮記・檀弓》成篇時代的考察

　　《禮記・檀弓》解題孔《疏》曰：「此檀弓在六國之時。知者，以仲梁子是六國時人，此篇載仲梁子，故知也。」[69]這應該是對《禮記・檀弓》成篇時代最早的考察。依《漢書・古今人表》[70]，仲梁子約與鄒衍、田駢同時，時為戰國中晚期，〈檀弓〉既載有仲梁子之言，則其成篇年代不會早于戰國中期。朱子以為「檀弓恐是子游門人作，其間多推尊子游。」[71]但〈檀弓〉中尚載有縣子瑣斥子游「專以禮許人」事[72]，若為子游門人所作，當不錄此類譏諷子游之語。孫希旦言「此篇蓋七十子之弟子所作」[73]，所說模糊籠統。今人林政華在〈禮記檀弓篇之性質與著成年代〉一文中，以「由篇中所記人物，證明作于戰國中葉之後」、「由引用古書古語，證明作于戰國晚年之後」、「由所用語法、語辭，證明作于秦末」、「由《淮南子》之引用，證明作于漢武帝之前」諸項，論證〈檀弓〉「係秦末（亦即戰國末年）至漢初（武帝建元之前）間儒者所編撰」[74]，所見甚卓，可供參考。王鍔在《禮記成書考》中，更從〈檀弓〉中所出現的人物時代、與其它古籍文獻比對、與新近出土文獻資料比對等法，提出九點論證，主張「《檀弓》上下篇，是經過孔子及其弟子、再傳弟子先後寫定一些章節，直到戰國晚期，才有人參考《左傳》、《國語》和其它儒家

---

[69] 同註 10，頁 109。

[70] 〔東漢〕班固《漢書》，北京：中華書局，2008 年 9 月，頁 247。

[71] 〔宋〕黎德靖《朱子語類》，臺北：正中書局，1982 年 6 月，頁 3542。

[72] 〈檀弓上〉：司士賁告于子遊曰：「請襲於床。」子遊曰：「諾。」縣子聞之曰：「汰哉叔氏！專以禮許人。」見《禮記注疏》，臺北：藝文印書館，1985 年 12 月，頁 148。

[73] 〔清〕孫希旦《禮記集解》，臺北：文史哲出版社，1984 年 10 月，頁 146。

[74] 林政華〈禮記檀弓篇之性質與著成時代〉，國立編譯館館刊（臺灣），1976 年 12 月，第 5 卷第 2 期，頁 183-191。

文獻，整理編纂成目前我們看到的面貌。」更是昭然有據，的然可從。
則〈檀弓〉成篇于戰國末年，幾乎已成為定論。

　　愚意以為〈檀弓〉中孔子的「多元形象」，亦可作為〈檀弓〉成
篇年代考察的補證。孔子真正的形象，屬於他自己，二千五百多年前
的那位教育家、思想家，才是「真孔子」；後人經由他的言行、思
想、著作中所勾勒出的形象，固然不宜逕指為「假孔子」，但不免有主
觀詮釋、闡發的可能。就如《論語・述而》載孔子自言「若聖與仁，
則吾豈敢？抑為之不厭，誨人不倦，則可謂云爾已矣！」或許是孔子
對自己抱負的真實敘述，沒有任何驕矜與自負，但公西華聽了卻說：
「正唯弟子不能學也！」弟子敬仰之情，溢於言表。又如《孟子・公
孫丑上》記載，子貢問過孔子「夫子聖矣乎？」這樣的問題，孔子的
回答與《論語》中相仿：「聖則吾不能，我學不厭而教不倦也。」這應
該也是孔子對自己真實情狀的描述，但子貢聽了之後，卻詮解為：「學
不厭，智也；教不倦，仁也。仁且智，夫子既聖矣。」孔子屢言自己
不是聖人，弟子卻總是認為他是聖人，孔門中這種「孔子非聖而聖」
的現象，或許是一個「亞文化群體」[75]宗師偶像的必然，但這樣的現
象，在孔門內外，卻反而可能造成「孔子聖而非聖」的爭議。就孔門
內部而言，由《論語》來看，孔子就曾把儒者分為「君子儒」、「小人
儒」，亦可見某些弟子對夫子的道德學問體會不同，甚至偶而會懷疑夫
子的主張。《荀子・儒效》也把儒者分為「俗儒」、「雅儒」、「大儒」三
類，〈非十二子〉更直接指斥子張氏「禹行而舜趨」、子夏氏「嗛然而
終日不言」、子遊氏「無廉恥而耆飲食」，故為「賤儒」；《韓非子・顯
學》也說孔子去世後，儒分為八，取捨相反、不同，但皆自謂是「真
孔」。戰國中葉之後，各家思想趨於成熟，儒者們的思想中，本來就
極有可能摻雜他家之說，故依附孔門的俗儒們對於孔子思想的掌握出

75　林存光《歷史上的孔子形象》，濟南：齊魯書社，2004 年 3 月，頁 52。

現歧異，應該是很正常的事，儒家的文獻中也就很自然的出現了不同
的孔子形象。就孔門外部而言，「孔子非聖」的主張就更為明顯。孔子
在世時，《論語》中隱者的譏諷，以及《史記‧孔子世家》中所載老子
的教誨、晏嬰的評論等，均是明例；戰國之後，「諸子書中對孔子的主
觀化，是百家爭鳴的需要。」[76]《墨子》、《列子》、《莊子》、《韓非子》
等書中，常見諸子一方面批駁孔子，一方面又記載孔子最終化於己
說，而成為自家學派的代言人。事實上，戰國時期各家對孔子的批評
或利用，正足以證明孔子的思想與形象在當世的影響力，但如此一
來，「真孔子」離人們越來越遠，孔子的形象也就益加紛亂。舉例而
言，林存光曾以「聖俗之間的君子人物」來說明《莊子》中孔子形象
之一端，並言：「站在道家的立場、觀點或視野上，老莊『至道』自是
博大精深、淵深似海，而孔子孜孜以求的『君子之道』則只是些皮毛
而已。由此而言，孔子實不過是一個道家意義上的聖人之徒似的人
物。這是站在道家的理論立場上審視『躬行君子』的孔子所得的一種
頗具典型意義的孔子形象，這一形象既不像直接將孔子改造成莊學的
代言人那樣一廂情願，也不像莊子後學的那些激進主義者極力撻擊和
詛咒孔子那樣憤激。或者可以說，這一形象正介乎二者之間而最近於
老子眼中的孔子。」[77]這樣的孔子形象，應該也能被受到道家學說影
響的戰國中後期儒者所接受，孔子既是在「聖」與「俗」之間的賢人
君子，成于戰國後期的〈檀弓〉中出現「非聖化」的孔子形象，也就
不足為奇了。

---

[76] 張宏生《孔子的形象及其文學精神》，高雄：麗文文化事業，1995 年 2 月，
頁 15。

[77] 同註 75，頁 71-72。又，曾昭旭言孔子是「兩邊不著的邊緣人」，說亦可
參，見氏著《孔子和他的追隨者》，臺北：漢光文化事業，1993 年 7 月，
頁 83。

✎四、結語

〈檀弓〉中還有一些篇章，其中的孔子形象耐人尋味。如：子夏問於孔子曰：「居父母之仇如之何？」夫子曰：「寢苫枕干，不仕，弗與共天下也；遇諸市朝，不反兵而鬥。」曰：「請問居昆弟之仇如之何？」曰：「仕弗與共國；銜君命而使，雖遇之不鬥。」曰：「請問居從父昆弟之仇如之何？」曰：「不為魁，主人能，則執兵而陪其後。」[78]明言親疏報仇之法，與儒家「仁民愛物」的思想不類，但若比對可能同樣成書于戰國時期的《周禮》思想，即可理解依親疏關係而有「報仇差等」，可能是戰國時期普遍的主張[79]。又如《論語》載孔子對衛靈公言：「俎豆之事，則嘗聞之矣；軍旅之事，未之學也。」可知孔子不欲言兵陣殺伐，但〈檀弓〉中卻有以下的記載：工尹商陽與陳棄疾追吳師，及之。陳棄疾謂工尹商陽曰：「王事也，子手弓而可。」手弓。「子射諸。」射之，斃一人，韔弓。又及，謂之，又斃二人。每斃一人，揜其目。止其御曰：「朝不坐，燕不與，殺三人，亦足以反命矣。」孔子曰：「殺人之中，又有禮焉。」[80]亦可視為戰國時期儒者藉由孔子形象的調整，以適應征戰不斷的戰國社會。如果我們再擴大範圍，審視〈檀弓〉中未直接記載孔子言行的篇章，則其記國子高言：「生有益於人，死不害於人。吾縱生無益於人，吾可以死害於人乎哉？我死，則擇不食之地而葬我焉。」、「葬也者，藏也；藏也者，欲人之弗得見

---

[78] 同註 10，頁 133。又此章可與《禮記‧曲禮》：「父之讎，弗與共戴天。兄弟之讎不反兵。交遊之讎不同國。」合看。

[79] 《周禮‧地官‧調人》：「父之讎，辟諸海外；兄弟之讎，辟諸千里之外；從父兄弟之讎，不同國；君之讎視父，師長之讎視兄弟，主友之讎視從父兄弟。弗辟，則與之瑞節而以執之。」又《秋官‧朝士》：「凡報仇讎者，書於士，殺之無罪。」主張只要事先報准，就可以殺人報仇。

[80] 同註 10，頁 190。

也。是故，衣足以飾身，棺周於衣，槨周於棺，土周於槨；反壤樹之哉。」[81]又與墨家的節葬主張相近，可以視為七十子之後徒吸取墨家思想的證明。因此，透過孔子形象或思想的比對，來考察〈檀弓〉的成篇年代，應該是有意義的。

---

[81] 同註10，頁149。

參考文獻

古籍

〔西漢〕司馬遷　《史記》　北京　中華書局　2008 年 9 月

〔東漢〕班固　《漢書》　北京　中華書局　2008 年 9 月

〔東漢〕鄭玄注　〔唐〕孔穎達疏　《禮記注疏》　臺北　藝文印書館　1985 年 12 月

〔宋〕黎德靖　《朱子語類》　臺北　正中書局　1982 年 6 月

〔元〕陳澔　《禮記集說》　臺北　世界書局　1990 年 6

〔清〕毛奇齡　《檀弓訂誤》　臺北　藝文印書館　1967 年

〔清〕夏炘　《景紫堂叢書》　臺北　藝文印書館　1969 年

〔清〕孫希旦　《禮記集解》　臺北　文史哲出版社　1984 年 10 月

〔清〕崔述　《洙泗考信錄》　北京　中華書局　1985 年

〔清〕方苞　《禮記析疑》　臺北　商務印書館影印文淵閣四庫全書版　1986 年 7 月

〔清〕邵泰衢　《檀弓疑問》　臺北　商務印書館影印文淵閣四庫全書版　1986 年 7 月

〔清〕江永　《禮記訓義擇言》　臺北　商務印書館影印文淵閣四庫全書版　1986 年 7 月

〔清〕郭嵩燾　《禮記質疑》　長沙　嶽麓書社　1992 年 4 月

〔清〕朱彬　《禮記訓纂》　北京　中華書局　1996 年 9 月

專書

王　民　《孔子的形象與思想》　臺北　臺灣商務印書館　1988 年 4

月

王　鍔　《三禮研究論著提要》　蘭州　甘肅教育出版社　2007 年 9 月

王　鍔　《禮記成書考》　北京　中華書局　2007 年 3 月

李滌生　《荀子集釋》　臺北　臺灣學生書局　1986 年 10 月

林存光　《歷史上的孔子形象》　濟南　齊魯書社　2004 年 3 月

林素英　《禮學思想與應用》　臺北　萬卷樓圖書股份有限公司　2003 年 9 月

侯家駒　《周禮研究》　臺北　聯經出版事業公司　1987 年 6 月

高　明　《禮學新探》　臺北　臺灣學生書局　1977 年

張宏生　《孔子的形象及其文學精神》　高雄　麗文文化事業股份有限公司　1995 年 2 月

梁啟超　《中國歷史研究法》　臺北　里仁書局　1994 年 12 月

梁啟超　《孔子》　臺北　臺灣中華書局　1981 年 6 月

陳奇猷　《韓非子集釋》　高雄　高雄復文圖書出版社　1987 年 8 月

曾昭旭　《孔子和他的追隨者》　臺北　漢光文化事業股份有限公司　1993 年 7 月

楊天宇　《禮記譯注》　上海　古籍出版社　2004 年 7 月

錢　遜　《先秦儒學》　瀋陽　遼寧教育出版社　1992 年 6 月

錢　穆　《孔子傳》　臺北　東大圖書股份有限公司　1991 年 4 月

顧頡剛　《秦漢的方士與儒生》　臺北　里仁書局　1995 年 2 月

論文

林政華　〈禮記檀弓篇之性質與著成時代〉　《國立編譯館館刊（臺灣）》　1976 年 12 月第 5 卷第 2 期

史應勇　〈兩部儒家禮典的不同命運－論大、小戴禮記的關係及大戴禮記的被冷落〉　《學術月刊》　2000 年第 4 期

丁　鼎　〈齊魯文化與兩漢禮制及禮學〉　《煙台師範學院學報（哲學社會科學版）》　2004 年 6 月　第 21 卷第 2 期

薛柏成　〈論禮記有關篇章與墨家思想的關係〉　《社會科學戰線》　2004 年第 5 期

黃娜、潘斌、鄭雨欣　〈禮記成書再考〉《四川教育學院學報》　2007 年 11 月第 23 卷第 11 期

第二編

禮儀制度與內涵

《周禮》廉政思想與主張探析

✎一、前言

　　《說文解字》云：「官，吏事君也。從宀自。自，猶眾也。」段玉裁《注》曰：「治眾之意也。」[1]可知「官」為體現君王之意而治理百姓的關鍵人物。是以《孟子・梁惠王上》言：「庖有肥肉，廐有肥馬，民有飢色，野有餓莩，此率獸而食人也。獸相食，且人惡之。為民父母，行政不免於率獸而食人。惡在其為民父母也？」[2]《大學》亦引《詩・小雅・南山有臺》「樂只君子，民之父母。」而言：「民之所好好之，民之所惡惡之，此之謂民之父母。」[3]期盼為政者能以「民之父母」自許，能時刻以人民為念，為之就利避害。《漢書・循吏傳》曾記召信臣為南陽太守時，「勤力有方略，好為民興利，務在富之。躬勸耕農，出入阡陌，止舍離鄉亭，稀有安居時。行視郡中水泉，開通溝瀆，起水門提閼凡數十處，以廣溉灌，歲歲增加，多至三萬頃。民得其利，畜積有餘。信臣為民作均水約束，刻石立於田畔，以防分爭。禁止嫁娶送終奢靡，務出於儉約。府縣吏家子弟好游敖，不以田作為事，輒斥罷之，甚者案其不法，以視好惡。其化大行，郡中莫不耕稼力田，百姓歸之，戶口增倍，盜賊獄訟衰止。」故「吏民親愛信臣，

---

[1] 〔東漢〕許慎著，〔清〕段玉裁注《說文解字注》，臺北：天工書局，1987年9月，頁730。
[2] 〔宋〕朱熹《四書章句集注》，臺北：大安出版社，2005年8月，頁284。
[3] 同上引書，頁13。

號之曰『召父』。」在其歿後，南陽民眾尚為之立祠。[4]時隔約六十年後，杜詩為南陽太守，亦「性節儉而政治清平，以誅暴立威，善於計略，省愛民役。造作水排，鑄為農器，用力少，見功多，百姓便之。又修治陂池，廣拓土田，郡內比室殷足。時人方於召信臣，故南陽為之語曰：『前有召父，後有杜母。』」[5]可見地方官吏果能廉潔平直，愛民如子，為民興利，則百姓亦莫不感恩戴德，逕稱之為父母。

　　古代各朝任官之法，雖略有不同，[6]但百姓對於主治地方的官員，大抵只能被動接受，而無法主動選擇。地方官吏是否能成為人民的「父母官」，則端視該官吏的任官之道，以及國家的制度規範而定。《周禮》是我國第一部記載國家政權組織機構及其職能的書籍，對於為官者應有的德性規範及管理考核，有嚴密的設計，且其中特別突出「廉政」的重要性，很值得後世參考。本文即針對《周禮》的廉政思想與主張進行探討。

✐ 二、周禮的廉政思想

　　先秦諸子論政，均有「倡廉」的思想。如儒家論政，以德為本，強調為政者的內在德性，以化民成俗。《尚書・皋陶謨》言為政者當有「九德」，便以「簡而廉」為「九德」之一。孔《傳》釋為「性簡大而有廉隅」，孔《疏》從之，即以「守分」為「廉」之梗概。[7]孔子雖未直接提及廉政思想，但「他的『仁政』學說以及『為政以德』觀已經

4　〔東漢〕班固《漢書・卷八十九》，北京：中華書局，2008 年，頁 925。
5　〔南朝宋〕范曄《後漢書・卷三十一》，北京：中華書局，2008 年，頁 295。
6　各代任官之法，雖有差異，但大抵而言，以「恩派」、「薦舉」、「考選」三途為主。此非本文探討主旨，故不贅言。
7　〔西漢〕孔安國傳、〔唐〕孔穎達疏《尚書正義》，臺北：藝文印書館，1985 年，頁 60。

反映出其宣導廉政的主題」[8]，孟子則曾說：「可以取，可以無取，取傷廉。」（《孟子・離婁下》）朱子認為此章「先言可以者，略見而自許之辭也；後言可以無者，深察而自疑之辭也。……蓋過猶不及之意也。」[9]強調在兩可之間，我們當深刻體認自己的本分，不取身外之物、不貪不義之財。否則，即是傷害了「廉」的本性。在《孟子・滕文公下》，孟子還批評了一位過份強調「一介不以取諸人」而罔顧人倫的齊國廉士陳仲子。[10]在這裡，我們可以看出傳統儒家對於「廉」的定義，以「守分」為重；而「守分」之方，又以慎財貨之取予為要。法家同樣也重「廉」，韓非子認為「所謂廉者，必生死之命也，輕恬資財也。」（《韓非子・解老》）[11]，則「廉」除了淡泊名利，還應守死要節。韓非子還認為「賢士者修廉，而羞與姦臣欺其主」，更不會與「無令而擅為，虧法以利私，耗國以便家，力能得其君」的「重人」

8　說見唐賢秋〈從傳統廉政文化淵源談為政之德〉，廣西民族大學學報第 29 卷第 2 期，2007 年 3 月，頁 143。

9　〔宋〕朱熹《四書章句集注》，臺北：大安出版社，2005 年 8 月，頁 414。

10　《孟子・滕文公下》記匡章曰：「陳仲子豈不誠廉士哉？居於陵，三日不食，耳無聞，目無見也。井上有李，螬食實者過半矣，匍匐往將食之，三咽，然後耳有聞、目有見。」孟子曰：「於齊國之士，吾必以仲子為巨擘焉。雖然，仲子惡能廉？充仲子之操，則蚓而後可者也。夫蚓上食槁壤，下飲黃泉。仲子所居之室，伯夷之所築與？抑亦盜跖之所築與？所食之粟，伯夷之所樹與？抑亦盜跖之所樹與？是未可知也。」曰：「是何傷哉？彼身織屨、妻辟纑，以易之也。」曰：「仲子，齊之世家也。兄戴，蓋祿萬鍾。以兄之祿為不義之祿而不食也，以兄之室為不義之室而不居也，避兄、離母，處於於陵。他日歸，則有饋其兄生鵝者，己頻顣曰：『惡用是鶃鶃者為哉？』他日其母殺是鵝也，與之食之。其兄自外至，曰：『是鶃鶃之肉也。』出而哇之。以母則不食，以妻則食之；以兄之室則弗居，以於陵則居之。是尚為能充其類也乎？若仲子者，蚓而後充其操者也。」朱子引范祖禹之言注曰：「天之所生，地之所養，惟人為大。人之所以為大者，以其有人倫也。仲子避兄離母，無親戚君臣上下，是無人倫也。豈有無人倫而可以為廉哉？」〔宋〕朱熹《四書章句集注》，臺北：大安出版社，2005 年 8 月，頁 383。

11　陳奇猷《韓非子集釋》，高雄：高雄復文圖書出版社，1987 年 8 月，頁 345。

為伍，[12]則知廉德之士，尚須潔身自愛，不同流合污。韓非子更主張以法律規範來積極實現廉政，如《韓非子・守道》言：「古之善守者，以其所重禁其所輕，以其所難止其所易。故君子與小人俱正，盜跖與曾、史俱廉。」[13]《韓非子・六反》亦言：「明主之治國也眾其守、而重其罪，使民以法禁而不以廉止。」[14]可見法家擴充了「廉」的解釋，並希望透過明法來要求君子與小人俱廉。《墨子・修身》以「廉、義、愛、哀」為君子之道的「四行」，並認為此四行必須「反之身者」，不可虛假。[15]《墨子・明鬼下》則主張鬼神能賞賢罰暴，故「吏治官府之不絜廉，男女之為無別者，鬼神見之。……是以吏治官府，不敢不絜廉，見善不敢不賞，見暴不敢不罪。」[16]強調官吏必須廉潔自持，信賞必罰，才能得到鬼神庇佑。雜家著作《呂氏春秋》中，則有〈忠廉〉、〈誠廉〉兩篇關於「廉」的專論，其中〈忠廉〉言：「故臨大利而不易其義，可謂廉矣。廉故不以貴富而忘其辱。」[17]是以「義利之辨」審視是否有廉；〈誠廉〉則以伯夷、叔齊事蹟，言「人之情莫不有重，莫不有輕。有所重則欲全之，有所輕則以養所重。」[18]強調為人處事自當有為有守，然立身之大節尤為重要。其他如〈離俗〉言：「故布衣人臣之行，潔白清廉中繩，愈窮愈榮。」、「人主之欲得廉士者，不可不務求。」[19]；〈恃君〉言：「忠臣廉士，內之則諫其君之過

---

[12] 俱見《韓非子・孤憤》。同上引書，頁 206-209。
[13] 同註 11，頁 491。
[14] 同註 11，頁 590。
[15] 〔清〕孫詒讓《墨子閒詁》，臺北：中華書局《諸子集成》第四冊，1954 年，頁 7。
[16] 同上註，頁 219。
[17] 〔戰國〕呂不韋《呂氏春秋》，臺北：中華書局《諸子集成》第六冊，1954 年，頁 587。
[18] 同上註，頁 633。
[19] 同註 17，頁 1234。

也，外之則死人臣之義也。」[20]均特別強調了清廉之士對國家的價值。

《周禮》的廉政思想，明顯的吸納了各家之長。《周禮・天官》記「大宰之職」有「以八法治官府：一曰官屬，以舉邦治。二曰官職，以辨邦治。三曰官聯，以會官治。四曰官常，以聽官治。五曰官成，以經邦治。六曰官法，以正邦治。七曰官刑，以糾邦治。八曰官計，以弊邦治。」其中「官計」的部分，鄭玄注曰「謂小宰之六計，所以斷群吏之治。」[21]再觀「小宰之職」有云：

> 以聽官府之六計，弊群吏之治：一曰廉善，二曰廉能，三曰廉敬，四曰廉正，五曰廉法，六曰廉辨。

鄭玄《注》曰：

> 聽，平治也，平治官府之計有六事。弊，斷也，既斷以六事，又以廉為本。善，善其事有辭譽也；能，政令行也；敬，不解于位也；正，行無傾邪也；法，守法不失也；辨，辨然不疑惑也。

賈《疏》從之，而云：

> 既以廉為本，又計其功過多少而聽斷之。
> 此經六事，皆先言廉，後言善、能之等，故知將廉為本。廉者，潔不濫濁也。[22]

---

[20] 同註 17，頁 1322。
[21] 〔東漢〕鄭玄注、〔唐〕賈公彥疏《周禮注疏》，臺北：藝文印書館，1985 年，頁 27。
[22] 同上註，頁 45。

葉時《禮經會元》則云：

> 善，言其有德行也；能，言其有才藝也；敬，以不懈為心；
> 正，以直躬自守；法，則守法不失；辨，則臨事不疑。吏以德
> 行循良為上，而才能次之。敬與正，察其立身行己也。法與
> 辨，觀其蒞位行法也。六者，吏治之所從出也，而皆以廉為
> 本。蓋廉者有天理而無人欲也，六者非廉不能。[23]

強調為官者固當善事而有令聞；又應行事得宜，得以推行政令；亦需
敬其職位，戮力不懈；也應公正無私、依法行政、處事辨然無惑，但
這些能力或德性，都需以「廉」為本。即《周禮》主張「善、能、
敬、正、法、辨」六者，固為官吏之「充分條件」；「廉」則為官吏之
「必要條件」。[24]因為唯有官吏清廉自持，才能行所當行，不為利誘；
也唯有官吏廉潔自重，才能戮力從公，不徇私枉法，剛正公允，明辨
是非。將「廉」的意義面向，由內而外，擴充得十分完整。故《周
禮》的廉政思想「一直成為中國古代統治階級所承傳沿襲的關於廉吏
的六條標準」。[25]至於《周禮》的廉政主張，則同樣透過明文規範來確
認其實現，詳見後述。

---

[23] 〔宋〕葉時《禮經會元·卷一下》，臺北：商務印書館影印文淵閣四庫全
書第 92 冊，1986 年，頁 31。

[24] 參見侯家駒《周禮研究》，臺北：聯經出版事業公司，1987 年 6 月，頁
140。

[25] 楊昶〈廉德探源及古代廉吏標準〉，華中師範大學學報，1996 年第 4 期，
頁 68-71。

三、周禮的廉政主張

上引大宰治官府之「八法」下，孫詒讓《疏》曰：「此八法為治百官之通法，全經六篇，文成數萬，總其大要，蓋不出此八科。」[26]除了以「廉」作為吏官的基本條件的「官計」，可視為《周禮》廉政思想的本原，其餘「官職」、「官常」、「官聯」、「官成」等，則可視為《周禮》以嚴格的法規、法式來督促百官之廉政。另，在官府的財務、用度上，《周禮》設計了「司會」、「職歲」等官職來防範貪腐。最後，《周禮》還設計了「八柄」以為王馭臣之法，亦與官吏之肅貪求廉相關。分論如下：

（一）以「官職」、「官常」、「官聯」督成官吏之賢

所謂「官職」，鄭玄《注》引鄭司農云：「官職謂六官之職，《小宰職》曰：『以官府之六職辨邦治，一曰治職，二曰教職，三曰禮職，四曰政職，五曰刑職，六曰事職。』」賈《疏》認為「官各有職」乃能有「辨」，「辨，別也。官事有分別，故云以辨邦治也。」[27]蓋《周禮》設官分職，極其嚴密，若各官職守不明，無以區辨，則政事廢棄，難以督責。故〈天官〉「小宰之職」言官府六職之職守為：「一曰治職，以平邦國，以均萬民，以節財用。二曰教職，以安邦國，以寧萬民，以懷賓客。三曰禮職，以和邦國，以諧萬民，以事鬼神。四曰政職，以服邦國，以正萬民，以聚百物。五曰刑職，以詰邦國，以糾萬民，以除盜賊。六曰事職，以富邦國，以養萬民，以生百物。」[28]

---

[26] 〔清〕孫詒讓《周禮正義》，臺北：藝文印書館《孫籀廎先生集》第六冊，1976 年，頁 171。

[27] 〔東漢〕鄭玄注、〔唐〕賈公彥疏《周禮注疏》，臺北：藝文印書館，1985 年，頁 27。

[28] 同上註，頁 42。

孫詒讓認為此不過「舉其大者明之」，實際上各官是「各有所職，而百事舉也。」[29]天官及其官屬掌治職，安定國家與人民，調節邦國財用；地官及其官屬掌教職，以德性、禮教教化人民；春官及其官屬掌禮，使君臣民和諧共處，敬事鬼神；夏官及其官屬掌政職，以平服天下各國；秋官及其官屬掌刑職，以制止諸侯國叛逆，督察百姓除滅盜賊；冬官及其官屬掌事職，生產物品，使國家人民富足。各官職守明確，分工細密。

所謂「官常」，鄭玄《注》云：「各自領其官之常職，非連事通職所共也。」賈《疏》從之。[30]孫詒讓《正義》亦云：「各職當官常行之事。……每官各有其專領之職事，不得相侵越。」[31]蓋即各官所司的本職事務必須明確。若膳夫、庖人、內饔、外饔、烹人等，雖同屬食官，但膳夫為長，統領膳事，並職司王、后及世子的飲食；庖人掌禽、獸、畜等各種食品原料的進獻與管理；內饔掌管王、后、世子及祭祀宗廟時的飲食服務；外饔則掌宗廟以外的天地、山川、社稷等祭祀的飲食服務；烹人負責食物的烹煮及裝鼎，各司其職，不相侵越。各官職權明確，亦可督成官吏為自己的工作負責，而不相互推託。

「官聯」是《周禮》職官系統的一大特色，「體現了上古時代，君王專制制度下的民主議事的風尚。」[32]鄭《注》言：「官聯謂國有大事，一官不能獨共，則六官共舉之。聯，讀為連，古書連作聯。聯謂連事通職，相佐助也。」賈《疏》從之。[33]可知所謂的「官聯」，即六

---

[29] 〔清〕孫詒讓《周禮正義》，臺北：藝文印書館《孫籀廎先生集》第六冊，1976 年，頁 174-175。

[30] 〔東漢〕鄭玄注、〔唐〕賈公彥疏《周禮注疏》，臺北：藝文印書館，1985 年，頁 27。

[31] 〔清〕孫詒讓《周禮正義》，臺北：藝文印書館《孫籀廎先生集》第六冊，1976 年，頁 176。

[32] 徐啟庭《周禮漫談》，臺北：頂淵文化事業有限公司，1997 年 3 月，頁 90-91。

[33] 〔東漢〕鄭玄注、〔唐〕賈公彥疏《周禮注疏》，臺北：藝文印書館，1985 年，頁 27。

官聯事會辦的制度。至於需要「官聯」的事務,「小宰之職」曰:「一曰祭祀之聯事,二曰賓客之聯事,三曰喪荒之聯事,四曰軍旅之聯事,五曰田役之聯事,六曰斂弛之聯事。凡小事皆有聯。」[34]意即有關祭祀、招待賓客、大喪救荒、軍旅、田獵、糧食之聚散等六件大事,各官部必須聯合辦理,方能成事。而事實上,《周禮》事無大小,皆有聯事,如貴族子弟的養成教育,在「小學」階段,由〈地官〉「師氏」負責德行之教[35],「保氏」負責道藝之教[36];在「大學」階段,則由〈春官〉「大司樂」主導,教授「樂德」、「樂語」和「樂舞」。[37]「樂師」教國子小舞,瞭解舞蹈種類及其所需使用的道具,[38]「大

---

[34] 同上註,頁 43。

[35] 《周禮・地官》:「師氏:掌以媺詔王。以三德教國子:一曰至德,以為道本;二曰敏德,以為行本;三曰孝德,以知逆惡。教三行:一曰孝行,以親父母;二曰友行,以尊賢良;三曰順行,以事師長。」見〔東漢〕鄭玄注、〔唐〕賈公彥疏《周禮注疏》,臺北:藝文印書館,1985 年,頁210。

[36] 《周禮・地官》:「保氏:掌諫王惡,而養國子以道。乃教之六藝:一曰五禮,二曰六樂,三曰五射,四曰五馭,五曰六書,六曰九數。乃教之六儀:一曰祭祀之容,二曰賓客之容,三曰朝廷之容,四曰喪紀之容,五曰軍旅之容,六曰車馬之容。」見〔東漢〕鄭玄注、〔唐〕賈公彥疏《周禮注疏》,臺北:藝文印書館,1985 年,頁212。

[37] 《周禮・春官》:「大司樂:掌成均之法,以治建國之學政,而合國之子弟焉。凡有道者、有德者,使教焉;死則以為樂祖,祭於瞽宗。以樂德教國子:中和、只庸、孝友。以樂語教國子:興道、諷誦、言語。以樂舞教國子舞《雲門》、《大卷》、《大咸》、《大韶》、《大夏》、《大濩》、《大武》。」見〔東漢〕鄭玄注、〔唐〕賈公彥疏《周禮注疏》,臺北:藝文印書館,1985 年,頁336-338。

[38] 《周禮・春官》:「樂師:掌國學之政,以教國子小舞。凡舞,有帗舞,有羽舞,有皇舞,有旄舞,有干舞,有人舞。教樂儀,行以《肆夏》,趨以《采薺》,車亦如之。環拜,以鐘鼓為節。凡射,王以《騶虞》為節,諸侯以《貍首》為節,大夫以《采蘋》為節,士以《采蘩》為節。」見〔東漢〕鄭玄注、〔唐〕賈公彥疏《周禮注疏》,臺北:藝文印書館,1985 年,頁 350-351。

胥」掌管學籍,「小胥」督導樂舞練習,[39]「籥師」掌教國子舞羽吹籥[40];另外,〈夏官〉「諸子」則負責督促國子學習,負有強制要求國子遵行各種規範的責任。[41]各官既各司其職,又需相互聯合,是以葉時言:「分其職而率其屬,則事權若分而不相混;合其聯而會其治,則事權若分而不相離。」[42]彭林則進一步認為「官聯」的作用有二,作為「官常」的補充,只是「官聯」的第一個作用;其第二個作用「是能制衡百官。一事由數官共舉,往往可以相互牽制,防止舞弊。」[43]政事既然必須相互聯繫,則無某官獨斷專橫之弊,對於官吏的廉能表現,是有積極引導意義的。

(二)以「官成」、「日成」、「月要」、「歲會」考課官吏之責

葉時《禮經會元・卷一下》云:「有功不賞,有罪不誅,雖堯舜不能化天下。故考課之法,自唐虞以來,未之能廢也。」[44]在官吏的考核上,《周禮》設計了一套嚴格的考課制度。考課的依據,主要是「官成」。《周禮・天官》「大宰之職」下,鄭玄注「官成」言:「官成

---

[39]　《周禮・春官》:「大胥:掌學士之版,以待致諸子。」「小胥:掌學士之徵令而比之,觥其不敬者,巡舞列而撻其怠慢者。」見〔東漢〕鄭玄注、〔唐〕賈公彥疏《周禮注疏》,臺北:藝文印書館,1985 年,頁 352-353。

[40]　《周禮・春官》:「籥師:掌教國子舞羽吹籥。祭祀,則鼓羽籥之舞;賓客、饗食,則亦如之。大喪,廞其樂器,奉而藏之。」見〔東漢〕鄭玄注、〔唐〕賈公彥疏《周禮注疏》,臺北:藝文印書館,1985 年,頁 367。

[41]　《周禮・夏官》:「諸子:掌國子之倅,掌其戒令與其教治,辨其等,正其位。」

[42]　〔宋〕葉時《禮經會元・卷一下》,臺北:商務印書館影印文淵閣四庫全書第 92 冊,1986 年,頁 36。

[43]　彭林:《周禮主體思想與成書年代研究》,北京:中國人民大學出版社,2009 年 11 月,頁 83。

[44]　〔宋〕葉時《禮經會元・卷一下》,臺北:商務印書館影印文淵閣四庫全書第 92 冊,1986 年,頁 29。

謂官府之成事品式也。」賈《疏》從之。[45]孫詒讓《周禮正義》言：「謂各官府所掌之事已成，則案其簿書文字，攷其品數成式。……鄭所謂成事品式，即謂凡官事之有文籍可稽校、案驗者。」[46]可知「官成」者，主要是針對官府之施政記錄、檔案等進行查核、比對，以稽其實。其考核的內容，主要為「小宰之職」下所記的「八成」：「以官府之八成經邦治：一曰聽政役以比居，二曰聽師田以簡稽，三曰聽閭里以版圖，四曰聽稱責以傅別，五曰聽祿位以禮命，六曰聽取予以書契，七曰聽賣買以質劑，八曰聽出入以要會。」[47]「政役」即「軍役」，「比居」即「伍籍」，故所謂「聽政役以比居」，即以一地所登載之力役，檢核其賦役狀況是否相符。「簡稽」為記載士卒兵器之簿書，以之查核士卒移動及兵器數量。「版圖」為人民的戶籍及土地的地籍資料，用以檢核閭里的戶口及土地狀況是否正確。「稱責」為款項的貸放，「傅別」為契約書券，意即以契約書券檢核款項之貸放及利息之收入情形。「禮命」為國家的任免文書，用以檢核人事任用狀況。孫詒讓《周禮正義》言「書契」為官府「出予受入之凡要」[48]，可用以檢核官府財物之出入情形。「質劑」指的是市場貨物的價格，用以查核市場交易狀況。「要會」為官府之經費預算，可用以查核官府之收支概況。大抵「八成」所稽，為戶籍、地籍、賦役、貸款、市場交易等與人民生活息息相關的事務，以及官府之人事任用、財貨收支等與

---

[45] 〔東漢〕鄭玄注、〔唐〕賈公彥疏《周禮注疏》，臺北：藝文印書館，1985年，頁 27。

[46] 〔清〕孫詒讓《周禮正義》，臺北：藝文印書館《孫籀廎先生集》第六冊，1976年，頁 177-178。

[47] 〔東漢〕鄭玄注、〔唐〕賈公彥疏《周禮注疏》，臺北：藝文印書館，1985年，頁 44。又以下所論「八成」之意，概用鄭《注》賈《疏》之說者，不再一一加註。

[48] 〔清〕孫詒讓《周禮正義》，臺北：藝文印書館《孫籀廎先生集》第六冊，1976年，頁 428。

官員操守相關的敏感事務。若能落實「官成」考課，則官吏之賢否、吏政之良窳，當無所遁形。

至於考課的頻率，分別是在「旬末」、「月末」及「歲末」，《周禮》稱之為「日成」、「月要」及「歲會」。〈天官〉「宰夫之職」曰：「歲終，則令群吏正歲會；月終，則令正月要；旬終，則令正日成。而以考其治。治不以時舉者，以告而誅之。」[49]為了進一步落實官吏的考課，避免官官相護，徇私舞弊，並維持一定的公平性，《周禮》設計的這三種不同時間點的考核，分別由不同等級的官長負責。十天一次的「日成」，由各官直屬長官評核；每個月末的「月要」，則要由「小宰」評定；每年歲終的「歲會」，則由「大宰」統核。且「大宰」可以根據年終「歲會」的結果「詔王廢置」，賈《疏》云：「有功者，置之進其爵；有罪者，廢之退其爵也。」意即建議君王對官吏進行進爵或降職等處置。每三年，「大宰」還要「大計群吏之治而誅賞之。」鄭《注》云：「事久則聽之。大無功，不徒廢，必罪之；大有功，不徒置，必賞之。」[50]此蓋因每歲終之考核，固然可作為進爵退爵之依據，但仍未可遽為獎懲，必待三年之「大計」結果，才對官吏進行實質獎

---

[49] 〔東漢〕鄭玄注、〔唐〕賈公彥疏《周禮注疏》，臺北：藝文印書館，1985年，頁 50。

[50] 「歲會」、「大計」之說，俱見〔東漢〕鄭玄注、〔唐〕賈公彥疏《周禮注疏》，臺北：藝文印書館，1985 年，頁 37。又，葉時《禮經會元・卷一下》云：「致事於歲終者，考百官也，而其法似密；計治於三歲者，考群吏也，而其法似寬。蓋百官謂卿大夫，太宰之所謂正貳者也，太宰無所分統，故其致事之法，當汲汲於一歲之終。群吏謂群士庶士府史胥徒，太宰之所謂殷輔者也，太宰所不當屑，故其計治之法，宜徐徐於三載之間。是故百官廢置，權之重者，太宰必以詔王；群吏誅賞，權之輕者，太宰得以自行之可也。」以為「歲會」與「大計」的考核對象不同，不知何據。且以廢置權重，誅賞權輕，則顯然有誤。姑錄之以備考。

懲，以求慎重。[51]

要之，《周禮》的考課制度，以「詳密的考核內容」、「頻繁的考核次數」、「明確的考核職權」為其特色，應能發揮「小宰之職」所稱「以法警戒群吏，令修宮中之職事。」[52]的具體功效。

（三）以「司會」、「司書」、「職內」、「職歲」防範官吏之腐

《周禮》的理財思想與主張，甚為閎富，葉時於《禮經會元・卷一上》甚而直稱《周禮》為「理財之書」[53]。此或因若僅有完善政治組織架構，但缺乏充足的財用配合，國家機器仍無法運作。是以〈天官〉「大宰之職」中，與財政相關者，「幾乎居大宰全部官法之半」[54]。《周禮》規劃下的國家政體，其財政收入主要來自於賦稅及貢品。而賦稅收入主要又包含：

1. 九功：〈天官〉記「大宰」「以九職任萬民：一曰三農，生九穀。二曰園圃，毓草木。三曰虞衡，作山澤之材。四曰藪牧，養蕃鳥獸。五曰百工，飭化八材。六曰商賈，阜通貨賄。七曰嬪婦，化治絲枲。八曰臣妾，聚斂疏材。九曰閑民，無常職，轉移執事。」[55]此「九職」之人，各以其所得產品納稅，謂之「九

---

[51] 《周禮》除於〈天官〉設計以百官呈報書狀、長官評核檔案的考課模式，〈地官・司諫〉云：「巡問而觀察之，以時書其德行道藝，辨其能而可任于國事者；以考鄉里之治，以詔廢置，以行赦宥。」透過巡視訪查，考評鄉里之治，則可補徵〈天官〉考課之實。益可見《周禮》考課制度之完善。

[52] 〔東漢〕鄭玄注、〔唐〕賈公彥疏《周禮注疏》，臺北：藝文印書館，1985年，頁37。

[53] 〔宋〕葉時《禮經會元・卷一下》，臺北：商務印書館影印文淵閣四庫全書第92冊，1986年，頁21。

[54] 說見彭林《周禮主體思想與成書年代研究》，北京：中國人民大學出版社，2009年11月，頁94。

[55] 〔東漢〕鄭玄注、〔唐〕賈公彥疏《周禮注疏》，臺北：藝文印書館，1985年，頁29。

功」[56]。

2.九賦：〈天官〉記「大宰」「以九賦斂財賄：一曰邦中之賦，二曰四郊之賦，三曰邦甸之賦，四曰家削之賦，五曰邦縣之賦，六曰邦都之賦，七曰關市之賦，八曰山澤之賦，九曰幣餘之賦。」[57]其中「邦中之賦」到「邦都之賦」六項，可視為土地稅；「關市之賦」是對商人及商品交易徵收的各種賦稅；「山澤之賦」則是山澤之地的農民所交納的各地特產；「幣餘之賦」則指對官府法用所餘之財徵收的賦稅。

各地諸侯邦國的進貢，〈天官〉稱之為「九貢」：「以九貢致邦國之用：一曰祀貢，二曰嬪貢，三曰器貢，四曰幣貢，五曰材貢，六曰貨貢，七曰服貢，八曰游貢，九曰物貢。」鄭《注》引鄭司農之言曰：「祀貢，犧牲包茅之屬。賓貢，皮帛之屬。器貢，宗廟之器。幣貢，繡帛。材貢，木材也。貨貢，珠貝自然之物也。服貢，祭服。斿貢，羽毛。物貢，九州之外，各以其所貴爲摯。」[58]邦國各以其所有為獻，此亦為國家重要的財政收入。

國家的一切收入，均由「大府」負責統籌，也由其依一定的式法支出。故〈天官〉言「大府」：「掌九貢、九賦、九功之貳，以受其貨賄之入，頒其貨于受藏之府，頒其賄于受用之府。凡官府都鄙之吏及執事者，受財用焉。凡頒財，以式法授之。」[59]此與今日國庫的出納

---

[56] 《周禮・地官》「閭師」：「凡任民：任農以耕事，貢九穀；任圃以樹事，貢草木；任工以飭材事，貢器物；任商以市事，貢貨賄；任牧以畜事，貢鳥獸；任嬪以女事，貢布帛；任衡以山事，貢其物；任虞以澤事，貢其物。凡無職者出夫布。」可知「九職」百姓所納之「九功」，以所得實物為主。見（東漢）鄭玄注、（唐）賈公彥疏《周禮注疏》，臺北：藝文印書館，1985 年，頁 203。

[57] 〔東漢〕鄭玄注、〔唐〕賈公彥疏《周禮注疏》，臺北：藝文印書館，1985 年，頁 30-31。

[58] 同上註，頁 32。

[59] 同註 57，頁 95。

系統十分接近。而在《周禮》的理財制度中，與官吏的清廉操守緊密相關者，厥為其獨立特殊的會計系統，此則與今日的主計制度接近。[60]〈天官〉「司會」云：「掌國之官府、郊野、縣都之百物財用，凡在書契版圖者之貳，以逆群吏之治而聽其會計。以參互考日成，以月要考月成，以歲會考歲成。以周知四國之治，以詔王及冢宰廢置。」可知各官百物財用之總理，均為「司會」之職，官府之長執其正本，「司會」則執副本加以核對，並可參考各官所呈報「日成」、「月要」、「歲會」等相關資料，考稽鉤沉，審核是非。「司會」尚有「司書」、「職內」、「職歲」等屬官，共同完成官府的主計工作。「司書」職在「三歲，則大計群吏之治，以知民之財用器械之數，以知田野、夫家、六畜之數，以知山林川澤之數，以逆群吏之徵令。」[61]可知「司書」之職，乃在三年大計時，核計財用器物之數量。「職內」之職為「掌邦之賦入，辨其財用之物而執其總，以貳官府都鄙之財入之數，以逆邦國之賦用。」可知「職內」掌歲入之總，並要量入為出，根據歲入之總編列預算。「職歲」之職則為：「掌邦之賦出，以貳官府都鄙之財出賜之數，以待會計而考之。凡官府都鄙群吏之出財用，受式法于職歲。」可知「職歲」掌歲出，與「職內」相輔相成，對於官府群吏財物之用，名目是否正確？額度是否超支？等問題，都需一一查核。

　　要之，在《周禮》所設計的財政制度下，國家的財務收入，由國庫「大府」牢牢掌控，其支用有一定的程序與法式。而一般官吏之開銷，又由「司會」、「司書」、「職內」、「職歲」等嚴密控管，各職相互制約，極難產生弊端，也應該可以有效防範官吏貪腐。

---

[60] 「出納」、「主計」之說，參見侯家駒《周禮研究》，臺北：聯經出版事業公司，1987 年 6 月，頁 205。

[61] 「司書」、「職內」、「職歲」之職，俱見〔東漢〕鄭玄注、〔唐〕賈公彥疏《周禮注疏》，臺北：藝文印書館，1985 年，頁 99-106。

（四）以「八柄」、「官刑」檢肅官吏之貪

「八柄」是〈天官〉「大宰之職」下明言的「詔王馭群臣之法」，其言曰：「一曰爵，以馭其貴。二曰祿，以馭其富。三曰予，以馭其幸。四曰置，以馭其行。五曰生，以馭其福。六曰奪，以馭其貧。七曰廢，以馭其罪。八曰誅，以馭其過。」[62]〈春官〉「內史」亦言：「掌王之八枋之法，以詔王治，一曰爵，二曰祿，三曰廢，四曰置，五曰殺，六曰生，七曰予，八曰奪。」[63]順序稍異，內容則大致相同。「爵」即「爵位」；「祿」即「俸祿」；「予」即「賜予」，王安石以為「予以馭其幸者，其賢不足爵也，其庸不足祿也，而以私恩施焉，故謂之幸。」[64]「置」即「置賢」，讓有賢能的人任職；孫詒讓《周禮正義》引劉敞釋「生」為「其人本坐死，以親故功貴者，議而免之」[65]，指本獲罪當死者，因親族友朋之功，可赦免死刑；「奪」為「沒奪」，即沒入罪臣家財；「廢」為「廢黜」，即罷免其職位；「誅」為「誅殺」[66]，即誅殺其有重罪者。孫詒讓言：「此經八者，唯爵、祿為賞罰通法。以下六者，則予、置、生為賞之事；奪、廢、誅為罰之事。賞罰文別，而敘次則正相對。」[67]即「八柄」的主張，以「爵」、「祿」為通則，可透過「爵」或「祿」進行「賞」或「罰」，但「予」、「置」、「生」就僅屬於「賞」；「奪」、「廢」、「誅」屬於「罰」。且就

---

[62] 〔東漢〕鄭玄注、〔唐〕賈公彥疏《周禮注疏》，臺北：藝文印書館，1985年，頁 28。

[63] 同上註，頁 407。

[64] 〔宋〕王安石《周官新義》，臺北：臺灣商務印書館，1956 年 4 月，頁 13。

[65] 〔清〕孫詒讓《周禮正義》，臺北：藝文印書館《孫籀廎先生集》第六冊，1976 年，頁 199。

[66] 鄭《注》、賈《疏》均言「誅」為「責讓」，但與〈春官〉「內史」之說不合，故王安石《周官新義》、孫詒讓《周禮正義》均不從，而訓「誅」為「殺」，今從王、孫之說。

[67] 〔清〕孫詒讓《周禮正義》，台灣：藝文印書館《孫籀廎先生集》第六冊，1976 年，頁 194。

「賞」而言,「予」、「置」、「生」是由重到輕;就「罰」而言,「奪」、「廢」、「誅」是由輕而重。以「賞」、「罰」二端為馭臣之要,可視為《周禮》中法家思想之呈顯。[68]蓋以明言獎懲,而使官吏重法求廉,不敢肆意妄為也。

《周禮》對失職官員的懲處,設有一套別於「民刑」的「官刑」系統。〈天官〉「大宰之職」「官刑」下,鄭《注》先引鄭司農之言曰:「官刑謂〈司刑〉所掌墨罪、劓罪、宮罪、刖罪、殺罪也。」但其後鄭玄別引〈秋官〉「大司寇」「官刑」之說云:「官刑,〈司寇〉之職五刑,其四曰官刑,上能糾職。」似乎不從鄭司農以〈秋官〉「司刑」解「官刑」之說。故賈《疏》亦云:「官刑非尋常五刑,謂官中之刑,以糾察邦治。……玄謂『官刑,〈司寇〉之職五刑,其四曰官刑,上能糾職』,是專施於官府之中,於義爲當也。」[69]孫詒讓亦從鄭、賈之說云:「凡百官府黜陟廢置誅賞,並以此為斷,與〈司刑〉五刑異也。」[70]但對於「官刑」的具體內容,經無明文,鄭《注》賈《疏》無言,後代注疏者亦語焉不詳。今觀〈天官〉「宰夫」有言:「掌治法以考百官府、群都縣鄙之治,乘其財用之出入。凡失財用、物辟名者,以官刑詔冢宰而誅之。其足用、長財、善物者,賞之。」[71]可知周禮的刑罰制度中,對官吏之犯法、失職、瀆職者,的確會進行檢查

---

[68] 《韓非子·二柄》言:「明主之所導制其臣者,二柄而已矣。二柄者,刑、德也。何謂刑德?曰:殺戮之謂刑,慶賞之謂德。為人臣者畏誅罰而利慶賞,故人主自用其刑德,則群臣畏其威而歸其利矣。」彭林即以為《周禮》「八柄」之說,全由《韓非子》「二柄」衍化而來。說見彭林《周禮主體思想與成書年代研究》,北京:中國人民大學出版社,2009 年 11 月,頁 90-91。

[69] 〔東漢〕鄭玄注、〔唐〕賈公彥疏《周禮注疏》,臺北:藝文印書館,1985 年,頁 27。

[70] 〔清〕孫詒讓《周禮正義》,臺北:藝文印書館《孫籀廎先生集》第六冊,1976 年,頁 180。

[71] 〔東漢〕鄭玄注、〔唐〕賈公彥疏《周禮注疏》,臺北:藝文印書館,1985 年,頁 48。

糾舉或據法嚴辦。又〈天官〉「甸師」言:「王之同姓有罪,則死刑焉。」[72]〈秋官〉「大司寇」言:「凡卿大夫之獄訟,以邦法斷之。」[73]〈秋官〉「掌囚」言:「掌守盜賊,凡囚者;上罪梏拲而桎,中罪桎梏,下罪梏,王之同族拲,有爵者桎;以待弊罪。及刑殺,告刑于王,奉而適朝士;加明梏,以適士而刑殺之。凡有爵者與王之同族,奉而適甸師氏,以待刑殺。」[74]可知若貴族犯罪,其處理程序雖與平民有別,但同樣要懲治,而且同樣有死刑。又〈秋官〉「大司寇」言:「以肺石達窮民,凡遠近煢獨老幼之欲有復於上而其長弗達者,立於肺石三日,士聽其辭,以告於上而罪其長。」[75]可知即使是司法官員本身瀆職,也一樣要懲處。法刑不可謂不嚴,對於貪官污吏當有儆戒之效。

✎ 四、結語

「廉」應是從政者基本道德要求,它要求為官從政者應該具備「正直」、「公平」、「清白」、「不貪」等基本的道德素養。亦即希望為官之人在執掌政權的過程之中,真正能做到清正廉明,克己奉公,平政愛民,光明磊落。而從政之人的廉潔操守,在地方官吏身上尤為重要。長於民間的漢宣帝,因「興于閭閻,知民事之艱難。」就常稱曰:「庶民所以安其田里而亡歎息愁恨之心者,政平訟理也。與我共此者,其唯良二千石乎!」「以為太守,吏民之本也。」地方官吏果能體現此理,則必「所居民富,所去見思,生有榮號,死見奉祀。」[76]

《周禮》的來歷與真偽,一直是學術史上爭論不休的問題。因

---

[72] 同上註,頁 64。

[73] 同註 71,頁 518。

[74] 同註 71,頁 544。

[75] 同註 71,頁 517-518。

[76] 俱見〔東漢〕班固《漢書‧卷八十九》,北京:中華書局,2008 年,頁 920。

　　《周禮》只有古文經，而沒有今文經，故該書自西漢面世以來，今古文經學者對其流傳及價值便異說分歧。又因為後世《周禮》之研究，常與當時政治局勢、制度變革有關，[77]故看似單純的學術研究，實際上常帶有複雜的政治立場，而未能有持平之論。實則《周禮》的思想與主張，固然有其理想性，未必能完全符合現實，但其中部分官職安排及制度設計，縱使在二千多年後的今日看來，仍有一定的參考價值。如其以「廉」為官吏之本，又以「官職」、「官常」、「官聯」促使官吏「善」、「能」，以「官成」、「日成」、「月要」、「歲會」求官吏之「敬」、「正」，以「司會」、「司書」、「職內」、「職歲」讓官吏能「辨」，以「八柄」、「官刑」使官吏重「法」，管理嚴密，設想周到。在高倡廉政、反貪、肅腐的現代官場，應該是值得借鏡的。

---

[77] 如王莽之託古改制、北周之官制改革、武則天立周、王安石變法、太平天國設官分職等，均在不同程度上參用《周禮》。

參考文獻

古籍

〔戰國〕呂不韋　《呂氏春秋》　臺北　中華書局　1954 年

〔西漢〕孔安國傳　〔唐〕孔穎達疏　《尚書正義》　臺北　藝文印書館　1985 年

〔東漢〕鄭玄注　〔唐〕賈公彥疏　《周禮注疏》　臺北　藝文印書館　1985 年

〔東漢〕許慎著　〔清〕段玉裁注　《說文解字注》　臺北　天工書局　1987 年 9 月

〔東漢〕班固　《漢書》　北京　中華書局　2008 年

〔南朝宋〕范曄　《後漢書・卷三十一》　北京　中華書局　2008 年

〔宋〕王安石　《周官新義》　臺北　臺灣商務印書館　1956 年 4 月

〔宋〕葉時　《禮經會元》　臺北　臺灣商務印書館　1986 年

〔宋〕朱熹　《四書章句集注》　臺北　大安出版社　2005 年 8 月

〔清〕孫詒讓　《墨子閒詁》　臺北　中華書局　1954 年

〔清〕孫詒讓　《周禮正義》　臺北　藝文印書館　1976 年

專書

侯家駒　《周禮研究》　臺北　聯經出版事業公司　1987 年 6 月

徐啟庭　《周禮漫談》　臺北　頂淵文化事業有限公司　1997 年 3 月

陳奇猷　《韓非子集釋》　高雄　高雄復文圖書出版社　1987 年 8 月

彭　林　《周禮主體思想與成書年代研究》　北京　中國人民大學出版社　2009 年 11 月

論文

唐賢秋　〈從傳統廉政文化淵源談為政之德〉　《廣西民族大學學報》
　　　2007 年 3 月第 29 卷第 2 期

楊　昶　〈廉德探源及古代廉吏標準〉《華中師範大學學報》　1996
　　　年第 4 期

鳳凰于飛——我國婚姻禮俗中的 「飛禽」角色及功能探討

✎一、前言

　　《禮記・昏義》言：「昏禮者，將合二姓之好，上以事宗廟，而下以繼後世也。」「敬慎、重正，而後親之，禮之大體，而所以成男女之別，而立夫婦之義也。男女有別，而後夫婦有義；夫婦有義，而後父子有親；父子有親，而後君臣有正。故曰：昏禮者，禮之本也。」正因為婚姻具有如此重要的家庭、社會意義，自古以來，我們莫不將之視為人生中的大事之一。既是大事，就常需要一定的「儀式」來完成。「借助儀式，人們能夠克服社會存在的差異，建構社會秩序和共同的歸屬感。儀式使人們有可能在共同的行動中邂逅、相知並相互融合。儀式傳遞情感上的安全感和社會可靠性。」[1]因此，具有人生重要「過關」意義的婚姻，在我國就形成了一套極具特色的儀式化行為——婚禮儀俗，使人們在面對自己生命的轉折、身份的轉變時，不至於茫然無措，而可以順利的與社會群體融合。

　　儀式性的行為，通常具有高度的象徵。而要觀察某種儀式性的行為，大致可從人物、地點、動作、言語、服裝及器物等面向為之，再從這些面向去思考其象徵的意義。但也正因為是「象徵」，在時、空背景轉換之後，其包含的含義往往不能完全被理解和解釋，甚而可能出

---

[1] （德）洛雷利斯・辛格霍夫（Lorelies Singerhoff）著，劉永強譯《我們為什麼需要儀式》（*Rituale*），北京：中國人民大學出版社，2009 年 1 月，頁 5。

現人言言殊的差異。在我國，發展了數千年之久的婚禮儀俗，也出現了這樣的現象。本文之寫作重點，在探討我國婚禮儀俗中所使用的特殊物品－－飛禽，研究這些飛禽出現的時機、意義，希望能釐清「飛禽」在我國傳統婚姻文化制度上的特殊涵意。

✎二、下達用雁

《儀禮・士昏禮》記載，古代貴族從議婚到成婚的完整過程有六個步驟－－「納采」、「問名」、「納吉」、「納徵」、「請期」、「親迎」。這「六禮」在後世雖略有因革損益，但大致仍具體而微的保留。[2]在婚姻「六禮」中，除「納徵」禮外，其餘五禮均要用雁。[3]用雁之意，《儀禮》鄭玄《注》及賈公彥《疏》均曾明之。在《儀禮・士昏禮》「婚禮下達，納采用雁。」下，鄭《注》云：「達，通也。將欲與彼合昏姻，必先使媒氏下通其言。女氏許之，乃後使人納其采擇之禮。用雁為摯者，取其順陰陽往來。」賈《疏》則更進一步解釋說：「言下達者，男爲上，女爲下，取陽倡陰和之義，故云下達，謂以言辭下通於女氏也。……順陰陽往來者，雁，木落南翔，冰泮北徂，夫為陽，婦為陰，今用雁者，亦取婦人從夫之義，是以昏禮用焉。」又《白虎通・嫁娶》則謂：「用雁者，取其隨時南北，不失其節，明不奪女子之時也。又取飛成行，止成列也，明嫁娶之禮，長幼有序，不相逾越也。」另陳

---

[2] 《宋史・禮志》併「問名」於「納采」，併「請期」於「納徵」，「六禮」簡化為「納采」、「納吉」、「納徵」、「親迎」四禮。《朱子家禮》又將「納吉」併入「納徵」，「六禮」遂簡化為三個步驟，近現代大致沿用《朱子家禮》的規範，但名稱略有不同，將「納采」稱之為「提親」，「納徵」稱之為「下聘」（或「下定」、「落定」、「訂婚」、「文定」等），「親迎」則稱為「結婚」（或仍保留「親迎」之稱）。

[3] 《儀禮・士昏禮》言：「納徵，玄纁束帛、儷皮，如納吉禮。」故「納徵」之所以不用雁，賈公彥《儀禮疏》以為是因為「以其自有幣帛可執故也。」

澔《禮記集說・卷十》引程子說以為「奠雁，取其不再偶。」是以婚禮用雁，後儒認為共有四重意義。一是男先於女，婦人從夫，如同雁順陰陽，強調「婦順」[4]的重要性。二是不失節，不失時。雁是候鳥，秋南飛而春北返，來去定時，從不失信，故以雁象徵男女雙方信守不渝，且婚嫁以時。三是嫁娶長幼有序，不相跨越。雁在飛行途中，老而壯者在前引導，幼而弱者尾隨其後，從不超越，故以雁象徵婚嫁也是長幼循序而行，不越序成婚。四是從一而終，至死不渝。因為雁是雌雄一配而終，即使半途失偶，也不再擇配，不久便哀鳴而死，故有忠貞和白頭偕老之義。單純的候鳥遷移及生物特性，卻被賦予了濃厚的道德意涵，而有了豐富的象徵，從而比附了人們對於婚姻的想望。[5]

事實上，以飛禽為禮，應與古代貴族階級摯見之禮有關。《周禮・春官宗伯》言：「以禽作六摯，以等諸臣：孤執皮帛，卿執羔，大夫執雁，士執雉，庶人執鶩，工商執雞。」《禮記・曲禮下》亦言：「凡摯，天子鬯，諸侯圭，卿羔，大夫雁，士雉，庶人之摯匹，童子委摯而退。」「禮」以「明分」、「貴別」為要[6]，故儀節、名物、服飾等，本依身份之貴賤不同，而有隆殺等差。因此古代貴族相見之時，亦根

---

[4] 《禮記・昏義》言「婦順」共七處，其文如「成婦禮，明婦順，又申之以著代，所以重責婦順焉也。婦順者，順於舅姑，和於室人；而後當於夫，以成絲麻布帛之事，以審守委積蓋藏。是故婦順備而後內和理；內和理而後家可長久也；故聖王重之。」又「是以古者婦人先嫁三月，祖禰未毀，教于公宮，祖禰既毀，教于宗室，教以婦德、婦言、婦容、婦功。教成祭之，牲用魚，芼之以蘋藻，所以成婦順也。」等，均可見儒家言婚姻，特別強調「婦順」之義。

[5] 李時珍《本草綱目・禽之一》言：「雁有四德：寒則自北而南，止於衡陽，熱則自南而北，歸於雁門，其信也；飛則有序而前鳴後和，其禮也；失偶不再配，其節也；夜則群宿而一奴巡警，晝則銜蘆以避矰繳，其智也。」亦可視為將雁鳥生物特性賦予道德內涵的說法。

[6] 《荀子・禮論》言：「禮起於何也？曰：人生而有欲，欲而不得，則不能無求。求而無度量分界，則不能不爭；爭則亂，亂則窮。先王惡其亂也，故制禮義以分之，以養人之欲，給人之求。」又言「君子既得其養，又好其別。曷謂別？曰：貴賤有等，長幼有差，貧富輕重皆有稱者也。」此處從其說。

據自己身份，而致送對方禮物。根據《周禮》、《儀禮》之說，「大夫」之摯為「雁」，而「士」之摯應為「雉」。但《儀禮・士昏禮》卻以「雁」為「士」所執，明顯逾越身份等級，故後世亦有學者認為，婚禮用雁，是「攝盛」之義。如毛奇齡《昏禮辨正》便言：「〈士昏禮〉：『婿爵弁纁裳。』祭服也。『女次純纁袡。』助祭服也。『乘墨車，從車二乘，執燭前馬。』墨車，漆車，大夫車也。皆越等加盛，謂之攝盛。」「古主賓相見，皆有贄物，雁者，大夫所執之贄也。昏禮有攝盛之例，凡所用禮，皆可越一等行之，故士禮用雁，得借大夫禮，謂之攝盛，亦謂之下達。〈士昏禮〉于納采儀，明云『下達用雁』，則意可知也。」其義蓋因婚禮是人生大事，故禮有權宜，於此允許「士」僭越「大夫」之禮行之，以「越等加盛」，謂之「攝盛」；然若就「雁」而言，本為「大夫」所執，此時降為「士」所執，故言「下達」。這層「攝盛」的意義，起初雖然只記載士階層越級用大夫事，後來卻演變為庶人婚禮時的普遍狀況，如《司馬氏書儀》及《文公家禮》雖都未明言，但也均謂新郎應「盛服」，新娘應「盛飾」，《明史・卷五十五》〈禮志三十一〉明訂庶人婚禮，新郎可以借用九品的官服，新娘穿花釵大袖，納采、納徵、請期諸節也都可仿品官觀之儀。《清稗類鈔・服飾類》「鳳冠」項下記清人婚俗則云：「鳳冠為古時婦人至尊貴之首飾，漢代唯太皇太后，皇太后入廟之首服，飾以鳳凰，其後代有沿革。……明時，皇妃常服，花釵鳳冠。其平民嫁女，亦有假用鳳冠者，相傳謂出於明初馬后之特典。婦服花釵大袖，所謂鳳冠霞帔，於典制實無明文也。至國朝，漢族尚沿用之，無論品官士庶，其子弟結婚時，新婦必用鳳冠霞帔，以表示其為妻而非妾也。」都是特許超越身份等級穿著衣飾之例。毛氏之說解符合歷史、民俗，也不違背經義，又無比附之弊，故多為近現代學者所從。[7]

---

[7] 如周何《古禮今談》（臺北：國文天地雜誌社，1992年5月，頁48-52）、葉國良《禮制與風俗》（上海：復旦大學出版社有限公司，2012年8月，頁57）均採此說。

　　若再從文化人類學的角度觀之，婚禮用雁，究其緣故，可能與以獵物為禮的原始習俗有關，此時男方所摯送的獵物，其實是自己的生活（狩獵）能力、經濟能力的象徵，起初應該並不一定要用雁，所以在《左傳》中，「納采」亦稱「委禽」[8]，可為例證。而由男方提出自己的財貨，作為婚姻的保障或條件，則明顯具有「買賣婚」的特質。[9]筆者以為，人民生活情狀的精鍊或鋪陳，可以視為儒禮的來源之一，[10]故而以雁或其他禽獸為禮，也應為上古初民原始生活形態的展現，漸漸形成一種固定的行為模式後，儒家將之普遍運用在「相見禮」與「昏禮」之中，並賦予道德內涵，使之除了行為規範的意義外，還具有一定的教化意義。也因此，以「雁」為婚禮之贄，自先秦時期即開始流傳，並影響了貴族的主要婚姻型態。

✎ 三、奠雁曰鵝

　　貴族婚配以「雁」為禮，似乎直到隋代都未有改變。據《通典·卷五十八》記載，漢惠帝納后時，「納采鴈璧，乘馬束帛，聘黃金二萬斤，馬十二疋。」東漢桓帝納后時，也「悉依孝惠皇帝納后故事，聘黃金二萬斤，納采鴈璧，乘馬束帛，一如舊典。」皇室婚禮如此，公

---

[8] 《左傳·昭公元年》：「鄭徐吾犯之妹美，公孫楚聘之矣，公孫黑又強使委禽焉。」

[9] 劉師培《中國歷史教科書》言：「後世婚姻行納采、納吉、問名、納徵、請期、親迎六禮；納采、納吉皆奠雁，而納徵則用玄纁束帛，所以沿買賣婦女之俗也。」見陳顧遠《中國婚姻史》，臺北：臺灣商務印書館，1992年9月，頁84引。王潔卿《中國婚姻－婚俗、婚禮與婚律》（臺北：三民書局，1988年8月，頁77）也認為「（婚禮）其所用雁者，固表敬意，然仍不外有買賣婚之意也。」另，祝瑞開《中國婚姻家庭史》（上海：學林出版社，1999年8月）亦有類似主張，見該書頁360-363。

[10] 詳見本書第一編〈禮的「俗化」與「宗教化」－以現代中國的婚禮與喪禮為例〉。

侯大夫士的婚禮也踵事增華，納采之禮物有玄、纁、羊、鴈、清酒、白酒、粳米、稷米等三十種，且各有禮辭，說明其象徵意義，其中，「雁」仍取其「隨陽」之義。[11]《宋書・卷十四》記東晉孝武帝納后「其納采、問名、納吉、請期、親迎，皆用白雁白羊各一頭，酒米各十二斛。」且記南朝宋文帝時，皇太子納妃，也依仍「六禮」之舊。《隋書・卷九》則言北齊婚禮「一曰納采，二曰問名，三曰納吉，四曰納徵，五曰請期，六曰親迎。皆用羔羊一口，雁一雙，酒黍稷稻米麵各一斛。自皇子、王以下至於九品皆同，流外及庶人則減其半。」而記隋太子納妃，則言「使者受詔而行。主人俟于廟。使者執雁，主人迎拜于大門之東。使者入，升自西階，立於楹間，南面。納采訖，乃行問名儀。」仍與《儀禮》所記類同。

　　但或許是由於雁鳥捕捉不易，婚禮中的摯見之禮，在唐代出現了以鵝代雁的現象。根據《大唐開元禮》記載，唐代各品及官吏婚嫁，仍遵古禮用雁，[12]但民間未加以規範。今觀段成式《酉陽雜俎・續集・卷四》，「貶誤」云：「至于奠雁曰鵝，稅纓曰合髻，見燭舉樂，鋪

---

[11] 《通典・卷58》記東漢鄭眾「百官六禮辭」言：「其禮物，凡三十種。各內有謁文，外有贊文各一首。封如禮文，篋表訖，蠟封題，用皁帊蓋於箱中，無大囊表，便題檢文言：謁篋某君門下。便書贊文，通共在檢上。禮物按以玄纁、羊、鴈、清酒、白酒、粳米、稷米、蒲、葦、卷柏、嘉禾、長命縷、膠、漆、五色絲、合歡鈴、九子墨、金錢、祿得香草、鳳皇、舍利獸、鴛鴦、受福獸、魚、鹿、烏、九子婦、陽燧，總言物之所眾者。玄象天，纁法地，羊者祥也，群而不黨，鴈則隨陽，清酒降福，白酒歡之由，粳米養食，稷米粢盛，蒲眾多性柔，葦柔仞之久，卷柏屈卷附生，嘉禾頌祿，長命縷縫衣延壽，膠能合異類，漆內外光好，五色絲章采屈伸不窮，合歡鈴音聲和諧，九子墨長生子孫，金錢和明不止，祿得香草為吉祥，鳳皇雌雄伉合，舍利獸廉而謙，鴛鴦飛止須匹，鳴則相和，受福獸體恭心慈，魚處淵無射，鹿者祿也，烏知反哺，孝於父母，九子婦有四德，陽燧成明安身。又有丹為五色之榮，青為色首，東方始。」

[12] 《明集禮・卷二十八》言唐品官昏娶，若無雁可聽用羊。未知所據，可備一說，亦可佐知雁鳥之難得。

母卺童，其禮太紊，雜求諸野。」[13]又敦煌卷子 S.1725《大唐吉凶書
儀》所記親迎成禮，云：「往達婦家門外，婦翁在門東頰，面向西
立，女智（婿）在西畔，面向東立，……女智（婿）抱鵝，向女所伍
（低）跪，放鵝於女前。還向西，迴出門外。」[14]似可見民間婚禮在
「奠雁」時「以鵝代雁」之風。唐末至五代時人李涪所著的《刊誤》
對此現象有了比較完整的說明，其言曰：「夫展禮之夕，婿執雁入
奠，執贄之義也。又以雁是隨陽之禽，隨夫所適。雁是野物，非時莫
能致，故以鵝替之者，亦曰奠雁也。……其有重於嗣續，切于成禮
者，乃以厚價致之。既而獲，則曰：『已有鵝矣，何以雁為？』是以雁
為使代鵝為禮，雁為長物。典故將廢，何不正之？」[15]因生雁不易
得，故「以鵝代雁」應可視為禮之權變，偶有嚴守成法而用雁者，眾
人反以為怪，可知當時民間婚禮以鵝代雁之普遍。又秦蕙田《五禮通
考・卷一五五》引《明會典》之說，記明代天子納后僅親迎禮仍用雁
一隻，其餘「納采」、「問名」合併用鵝四十隻；「納吉」、「納徵」、
「告期」合併用鵝六十四隻，可知明代即使是皇族婚娶，也大量使用
鵝來替代雁。《兒女英雄傳》第二十七回寫安公子迎娶何玉鳳：「『攔
門第一請，請新貴人離鞍下馬，升堂奠雁。請！』屏門開處，先有兩
個十字披紅的家人，一個手裡捧著一彩壇酒，一個手裡抱著一隻鵝，
用紅絨紮著腿，捆得他噶噶的山叫。那後面便是新郎，蟒袍補服，緩
步安祥進來。上了臺階，親自接過那鵝、酒，安在供桌的左右廂，退
下去，端恭肅敬的朝上行了兩跪六叩禮。……這奠雁之禮，諸位聽書
的自然明白，不用說書的表白。那何玉鳳姑娘卻是不曾經過，聽了半

---

[13] 參見上海古籍出版社編《唐五代筆記小說大觀》，2000 年，頁 750。

[14] 參見趙和平《敦煌寫本書儀研究》，臺北：新文豐出版公司，1993 年，頁
420-422。

[15] 李涪《刊誤》，臺北：臺灣商務印書館，1983，影印《景印文淵閣四庫全
書》版第 850 冊，頁 176。

日，心裡納悶道：『怎麼才來就走，也不給人碗茶喝呢？再說，弄隻鵝噶啊噶的，又是個甚麼講究兒呢？』那裡曉得這奠雁卻是個古禮。」則很生動的描繪「以鵝奠雁」的過程，及百姓多不知其所以然的窘況，雖為小說創作，但或可視為當時民間生活情狀的部分展現。直至近代，胡樸安所著《中華全國風俗志》中，〈南京采風記〉記「迎娶有期。約早十餘日先為行禮，將所索之衣飾、聘金、鵝、酒、靴……同送至女家。」〈杭州嫁娶風俗〉則記「擇日則送聘。預令媒氏以鵝、酒，重則羊、酒，至日方行送聘之禮。」〈六安之婚嫁風俗〉記「夫家必須備公鵝一隻，名曰催妝鵝，送至女家。女家配以母鵝，一併送回夫家。此雙鵝永遠不宰殺，蓋以預祝其夫婦之偕老也。」[16]等，則仍可見部分華南地區婚嫁以鵝為贄之遺風。

《爾雅・釋鳥》記：「舒雁，鵝。」邢昺《疏》引李巡云：「野曰雁，家曰鵝。」《本草綱目》言「雁狀似鵝，亦有蒼、白二色。今人以白而小者為雁，大者為鴻，蒼者為野鵝，亦曰鵝。」又言：「（鵝）江東謂之舒雁，似雁而舒遲也。」雁、鵝身形相近，但雁鳥高飛難取，鵝則舒遲易得，故婚娶本以雁為摯，具有「禮」的精神與意義；於此遂變而趨向於「俗」，禮義轉趨浸微。其中「禮」、「俗」相互浸染的脈絡，是很值得我們留意的。

✎ 四、雞有五德

婚娶過程中以鵝代雁的作法，到了宋代又有了變化。《司馬氏書儀・卷三》載：「用雁為贄者，取其順陰陽往來之義。若無生雁，則刻

---

[16] 胡樸安《中華全國風俗志》，上海：上海科學技術文獻出版社，2011 年 2 月。〈南京采風記〉見該書頁 431-446；〈杭州嫁娶風俗〉見頁 497-499；〈六安之婚嫁風俗〉見頁 535-536。

木為之。」朱子《家禮・卷三》亦言：「凡贄用生雁，左首以生色繒交絡之，無則刻木為之，取其順陰陽往來之義。」「書儀」、「家禮」類的著作，是「不下庶人」的「禮」能在民間施行的重要關鍵，不能不考慮民間生活的實情。雁鳥的遷徙特性，雖自漢代就被比附「順陰陽往來」的婚姻之德，而為世人所重，但由於生雁難得，《司馬氏書儀》及朱子《家禮》遂主張可以「木雁」代之，不失為兩全之法。且因「朱子《家禮》一書早在高麗朝末葉，即與性理學一起傳入（高麗），並在當地得以普及，成為自政府以至大夫、庶人的標準禮式。李朝初期，太祖、世宗極力倡行朱子《家禮》，俾成士庶通行的禮範。」[17]故而在朝鮮族傳統婚俗中，「木雁」一直扮演著重要角色。[18]

事實上，宋人婚娶中可用以取代雁的動物頗多。據宋《政和五禮新儀》記載，宋代除了皇室婚禮仍用雁，其他自諸王以下貴族婚嫁，可用羔、羊替代雁[19]，庶人昏儀則「三舍生[20]無雁者，並聽用羊；庶人聽以雉及雞鶩代。」《宋史・卷一一五》〈禮志十八〉亦記「士庶人昏禮」：「其無雁奠者，三舍生聽用羊，庶人聽以雞鶩代。」以「羔」、「雉」、「鶩」、「雞」等為贄，可視為《周禮》、《禮記》摯見之禮的活

---

[17] 王燕均、王光照：朱子《家禮》「校點說明」。收於朱傑人等編《朱子全書》（上海：上海古籍出版社，2002 年 12 月）第七冊，頁 859。

[18] 參見樸尚春〈朝鮮族傳統婚俗中的馬雁雞棗〉，《尋根》，2012 年第 1 期，頁 102-104。

[19] 《政和五禮新儀・卷 176》「諸王以下昏儀」「納采」儀中自注「無雁者聽用羔，下准此。」意即諸王以下昏禮中，除「納采」之儀可以羔代雁外，其餘諸儀也可均用羔代雁。同書卷 177「宗姬族姬嫁儀」「納采」儀中自注「無雁者聽用羊，下准此。」亦同。

[20] 王安石推行新政，改革貢舉，創太學三舍法。將太學生分為上舍生、內舍生和外舍生三個等級。初入學者為外舍生，定額 2000 人，根據品行和成績升內舍。內舍生定額 300 人，根據品行和成績升上舍。上舍生定額 100 人。合稱「三舍生」。其中上舍生又分三等，上舍上等可立即授官；上舍中等免解試和省試，可直接殿試；上舍下等免解試，可直接參加中央省試。見《宋史・卷 157》〈選舉志三〉。

用。而從「木雁」、「羔」、「雉」、「鶩」、「雞」的運用，筆者以為應可看出宋儒努力維持古《禮》的用心。

　　在宋人主張的婚禮代雁之物中，最被後人廣泛使用的是「雞」。《韓詩外傳・卷二》記田饒不滿魯哀公貴遠賤近，遂以雞自況而譬：「君獨不見夫雞乎！首戴冠者，文也；足搏距者，武也；敵在前敢鬥者，勇也；得食相告，仁也；守夜不失時，信也。雞有此五德，君猶日淪而食之者，何也？則以其所從來者近也。」可知雞的生物特性，與雁一樣可以有「道德化」的解釋。另外，《周禮・春官》設「雞人」職，言「凡祭祀、面禳、釁，共其雞牲。」鄭玄《注》說明：「釁，釁廟之屬。釁廟以羊，門、夾室皆用雞。」意為行「釁」禮時，廟堂上用羊血，門及夾室則用雞血。[21]賈公彥《疏》則補充說明：「祭祀，謂宗廟之屬；面禳，謂祈禱之屬。」意即在祭祀天地祖先，或祈禱消災時，都要用到雞。可見雞在古代被視為一種可以溝通天地與鬼神的飛禽，當具有一定的靈性與神聖性。或許正因為雞的「道德性」與「神聖性」，所以在婚禮中以雞代雁，很快就普遍為百姓接受。甚而有部分學者認為，明清兩代民間行「奠雁」禮，都是「以雞或鵝代替」。[22]

　　時至近現代，民間婚嫁中以雞為禮的情形仍很普遍。如魯南地區待嫁女子在離開母親之前吃的「離娘飯」，「頭道主菜是新郎家上午派人送來的一隻公雞和一隻母雞，這道菜『離娘雞』（『吉』），意味著女兒離開娘以後，定會大吉大利。」[23]又「舊時河北、山東等地婚姻習俗中，以長命雞為象徵吉祥如意的聘物。臨近新娶，男方備紅公雞一

---

[21] 《大戴禮記・諸侯釁廟》言：「成廟釁之以羊，君玄服立於寢門內，南向。祝、宗人、宰夫、雍人皆玄服。……門以雞，有司當門北面，雍人割雞屋下當門，郟室，割雞於室中，有司亦北面也。」

[22] 說見鍾敬文主編、蕭放著《中國民俗史（明清卷）》，北京：人民出版社，2008年2月，頁263-264。又見王貴民《中國禮俗史》，臺北：文津出版社，1993年7月，頁257。

[23] 朱道來〈魯南婚俗二題〉，《民俗研究》，1996年第4期（總第40期），頁62。

隻,女方備肥母雞一隻,母雞表示新娘為『吉人』。出嫁時,女方所備的雞一定要由自己未成年的弟弟或其他男孩抱著,隨花轎出發,並要在公雞未啼鳴之前趕到男家,俗信公雞還在睡覺,母雞未睡,寓以氣勢壓倒公雞,及今後不受男人欺侮之意。男家將公雞交給抱雞人,把這兩隻雞一起拴在桌腿上,並不時打公雞,直到公雞有氣無力。民間以為這是妻子以後制服丈夫的象徵。這兩隻雞不得宰殺,故稱長命雞。」[24]閩、臺兩地婚俗中使用「雞」的狀況似乎特別明顯,據《閩臺婚俗》[25]一書所載,福建泰寧、光澤、松溪、長汀等地,在新娘過門時,「要在門口殺一隻公雞,並取雞血塗抹在門檻或轎門,民間傳說凶神惡煞最怕雞血了。」[26]此舉顯然與上述的古釁禮相關。福建沙縣夏茂地區的婚俗中,男方至女方家行納采禮時,女方需回禮「小母雞(快生蛋的)兩隻,生雞蛋十二個(要同一母雞所生,或蛋殼顏色一樣的;如果本年是有閏月,要多一個,十三個)。」[27]大田縣高山區女方要陪嫁一對種雞,名為「帶路雞」。[28]此作法在福建東山及臺灣地區也很常見,在女方歸寧宴後返回男家時,要「攜回帶路雞——公母雛雞一對,連根帶尾葉的兩隻甘蔗。雞、帶尾甘蔗均表示子孫昌盛之徵。」[29]在臺灣早期的婚俗中,「帶路雞」帶回男家後,還可置入新人

---

[24] 見〈中國民間傳統中有關「雞」的習俗〉,http://big5.chinabroadcast.cn/gate/big5/gb.cri.cn/3821/2005/02/07/1385@446754.htm,查詢日期:2014.9.13

[25] 福建省民俗學會編《閩臺婚俗》,廈門:廈門大學出版社,1991年8月。

[26] 見該書頁34。

[27] 見該書頁120-121。

[28] 見該書頁130。

[29] 見該書頁194。另有一說以為「之所以要送雞,是因為『雞』在閩南語中與『家』相似,而且雞有引路的意思,這裡的寓意就是希望雞能夠常帶女兒回來,所以這對雛雞又被稱為『帶路雞』。」說見林仁川主編《臺灣傳統生命禮俗及其變遷》,福州:福建教育出版社,2010年5月,頁67。又,方寶璋著《閩臺民間習俗》(福州:福建人民出版社,2003年7月,頁162)則以為「閩南一帶,新娘出閣,常有一對『引路雞』(『帶路雞』)陪嫁。……因『雞』與『佳』諧音,寓意新郎新娘和睦相處,白頭偕老。」亦可參考。

床下，以先走出者之雌雄，卜新人頭胎之男女。[30]另外，福建東山及臺灣地區在婚宴上，也強調要吃雞，因為「吃雞，才會起家（『雞』與『家』諧音同）。」[31] 等。總的來說，近現代婚禮俗中「用雞」，相較於古時「用雁」或「用鵝」，呈現出幾項特點：

　　1.在婚禮的各個階段都可以使用。

　　2.以雞為禮者不一定是男方。

　　3.此雞可食用。

第一項特點出現的原因，筆者以為應該是自宋以來，原婚禮「六禮」步驟簡併，原本應搭配特定階段出現的摯禮，也就有了變動，終至無法明顯區分。而第二項特點出現的原因，也應該是因為自宋以來，「婚禮論財」的情形很普遍[32]，不只是男方家裡要準備豐厚的聘禮，女方家中也要備妥可觀的妝奩以「回禮」，所以，飛禽類摯禮也就不一定由

---

[30] 說見卓克華《台灣舊慣生活與飲食文化》，臺北：蘭臺出版社，2008 年 12 月，頁 133。又閩西龍岩市亦有類似婚俗，「龍岩的回門，新夫妻必須在當天下午趕回家，臨別時，女方母親會送一對童子雞給女兒養，有時還有趣地叫小舅從雞籠中去抓一頭起來看，如果抓起來是小母雞，大家都不吭氣；如果抓一頭小公雞起來，意味著新郎明年生麒麟。」見福建省民俗學會編《閩臺婚俗》，廈門：廈門大學出版社，1991 年 8 月，頁 249。

[31] 福建省民俗學會編《閩臺婚俗》，廈門：廈門大學出版社，1991 年 8 月，頁 192。

[32] 宋代民間嫁娶論財之風興盛，《司馬氏書儀‧卷三》曾屬詞批評。其言曰：「文中子曰：『婚娶而論財，夷虜之道也。』夫婚姻者，所以合二姓之好，上以事宗廟，下以繼後世也。今世俗之貪鄙者，將娶婦，先問資裝之厚薄；將嫁女，先問聘財之多少。至於立契約云某物若干、某物若干，以求售某女者；亦有既嫁而復欺紿負約者；是乃駔儈鬻奴賣婢之法，豈得謂之士大夫婚姻哉！其舅姑既被欺紿，則殘虐其婦以攄其忿，由是愛其女者，務厚資裝，以悅其舅姑，殊不知彼貪鄙之人，不可盈厭，資裝既竭，則安用汝力哉？於是質其女以責貨於女氏，貨盡而責無窮，故婚姻之家，往往終為仇讎矣。是以世俗生男則喜，生女則戚，至有不舉其女者，因此故也。然則議婚姻有及於財者，皆勿與為婚姻可也。」《東京夢華錄‧卷五》「娶婦」及《夢粱錄‧卷二十》「嫁娶」亦有相關記載，不再贅引。

男方準備了。筆者以為第三項特點的出現,最為特殊。在婚禮用雁的時期,行禮者應該都能明白用雁的意涵;到了「以鵝代雁」的時期,使用者雖然可能不很清楚飛禽在婚禮中的意義,但尚尊重古禮,不強調食用這些飛禽;到了「聽以雞鶩代」的時期,雖然制禮者是想保留古禮的精神,但或許因為時代久遠,禮意陵夷,民間實在不易瞭解在婚禮中使用飛禽的特殊意涵,自然也就認為可以食用這些飛禽了。這個現象,也可以從各地民俗中解釋婚禮用雞為贄的原因窺出端倪。歸納上列地方禮俗解釋婚禮用雞的原因,大致可分三點:

1. 諧音:這是最常見的說法。因「雞」與「吉」音近,故以「雞」求吉。又因為「雞」在閩南語的語音為【ke】,與「家」的語音【ke】相同,故以「雞」諧音「家」,取「成家」之意。

2. 生物特性:此可再分為二。一為以雞的多產(或孵化),希望新人能與之相類;二因雞早已被馴化為家禽,即使白日野放在外,日暮時便能歸巢,故希望新人也能被其引路回家。

3. 神靈性:此亦可再分為二。一為存留古釁禮遺意,藉「雞」或「雞血」以驅除凶煞[33];二為可用雞來占卜新人生子之性別。「雞卜」是上古初民「動物占卜」之一,《史記・孝武本紀》記「是時既滅南越,越人勇之乃言『越人俗信鬼,而其祠皆見鬼,數有效。昔東甌王敬鬼,壽至百六十歲。後世謾怠,故衰耗。』乃令越巫立越祝祠,安臺無壇,亦祠天神上帝百鬼,而以雞卜。上信之,越祠雞卜始用焉。」應是我國典籍中關於「雞卜」最早的記載,但《史記》並未記載「雞卜」的方法與過程,唐張

---

[33] 〔東漢〕應劭《風俗通義・祀典第八》「雄雞」記:「今人卒得鬼刺痱悟,殺雄雞以傅其心上。病賊風者作雞散治之,東門雞頭可以治蠱。由此言之,雞主以禦死辟惡也。」又陶興安在〈苗族傳統婚俗原初民俗意象論析〉(《文山師範高等專科學校學報》,第21卷第3期,頁30-33)一文中,言苗族傳統婚俗中,有「用雞捉魂」之法,係用雞為新娘驅邪淨化。可知除「雞血」外,「雞」本身也可用以驅除惡煞。

守節《史記正義》言：「雞卜法用雞一，狗一，祝願訖，即殺雞狗煮熟，又祭，獨取雞兩眼，骨上自有孔裂，似人物形則吉，不似則凶。今嶺南猶此法。」又宋范成大在《桂海虞衡志》則記「雞卜，南人占法，以雄雞雛，執其兩足，焚香禱所占，撲雞殺之，拔兩股骨，淨洗，線束之，以竹筳插束處，使兩骨相背於筳端，執竹再祝。」[34]所記雞卜之法，似必殺雞後以雞骨為卜。但觀閩、臺兩地婚俗中特有的雞卜方式，是以活雞之行動為卜，或亦可使我們對雞卜之法，有更完整的認識。

由此可見，雖然近現代婚禮中「用雞」，與傳統婚禮中「用雁」、「用鵝」應是一脈相承，但不論從所呈現的特點或所使用的原因來看，近現代婚禮中「用雞」的意涵，已與傳統禮義有了一定的距離。距離容易造成隔閡、斷裂，我國婚禮中所出現的飛禽的角色與功能，在今日遂變得隱微，毋寧是非常可惜的。

五、結語

《禮記‧郊特牲》言：「禮之所尊，尊其義也。失其義，陳其數，祝史之事也。故其數可陳也，其義難知也。知其義而敬守之，天子之所以治天下也。」《禮記‧經解》也說：「禮之教化也微，其止邪也於未形，使人日徙善遠罪而不自知也。」「禮」固然是某些儀式化行為的組合，但「禮」的核心在「義」不在「數」，必須掌握其內在的精神內涵，才能理解其教化的用心。若僅將「行禮」的重點關注在「數」──外在的動作、器物、言語、服飾等，而「數」的演變，又隨時而異，在禮義喪亡後，後人將難以理解該「禮」的價值，「禮」也就成了

---

[34] 與范成大時代接近的周去非在《嶺外代答》中，亦記有「雞卜」之法，其內容與范成大所記類同。亦可參考。

徒留形式的空架子。我國婚姻禮俗使用飛禽，原本具有深刻的意涵，寄託美好的願望，但隨著時代變遷，文化環境改變，人們對於此「禮數」的解釋，也已然脫離了婚禮原本的意涵。當然，「禮義」與「禮數」都與時俱進，對於禮的保存未必不好，只是筆者以為「禮義」不當是人云亦云，對於我們自己的文化有更深刻的認知，該是作為這個民族的一份子應有的使命。

最後，我們還應該思考一個問題：為什麼婚禮的摯物中要有飛禽？或者為什麼飛禽會成為古代貴族相見時重要的贄禮？筆者以為這與原始初民的「飛鳥崇拜」相關。原始人類以鳥為圖騰的現象幾乎遍及了整個世界，因為鳥有著人類所不及的能力--飛翔，故鳥類的這種特徵即被神秘化。先民們將鳥視為神靈動物，幻想藉鳥的神力來往於天地之間，可與神靈溝通。我國古代部落奉鳥為神靈、為始祖者甚多，如東夷少昊族的鷹、商族的燕、或鳳、梟等。而日中有三足烏的傳說、《山海經》中「三青鳥」「五彩鳥」的記載、「玄鳥」的信仰等，都可視為先民「飛鳥崇拜」的證據。至於「飛鳥崇拜」與「婚姻」之間的聯繫，則或許又與「生殖崇拜」相關，此間尚須進一步論證，暫記於此，以待來者。

參考文獻

專書

上海古籍出版社　《唐五代筆記小說大觀》　上海　上海古籍出版社　2000 年

方寶璋　《閩臺民間習俗》　福州　福建人民出版社　2003 年 7 月

王貴民　《中國禮俗史》　臺北　文津出版社　1993 年 7 月

王潔卿　《中國婚姻－婚俗、婚禮與婚律》　臺北　三民書局　1988 年 8 月

朱傑人等編　《朱子全書》　上海　上海古籍出版社　2002 年 12 月

李　涪　《刊誤》　臺北　臺灣商務印書館　1983 年

卓克華　《台灣舊慣生活與飲食文化》　臺北　蘭臺出版社　2008 年 12 月

周　何　《古禮今談》　臺北　國文天地雜誌社　1992 年 5 月

林仁川　《臺灣傳統生命禮俗及其變遷》　福州　福建教育出版社　2010 年 5 月

胡樸安　《中華全國風俗志》　上海　上海科學技術文獻出版社　2011 年 2 月

祝瑞開　《中國婚姻家庭史》　上海　學林出版社　1999 年 8 月

陳顧遠　《中國婚姻史》　臺北　臺灣商務印書館　1992 年 9 月

葉國良　《禮制與風俗》　上海　復旦大學出版社有限公司　2012 年 8 月

福建省民俗學會　《閩臺婚俗》　廈門　廈門大學出版社　1991 年 8 月

趙和平　《敦煌寫本書儀研究》　臺北　新文豐出版公司　1993 年

鍾敬文、蕭放　《中國民俗史（明清卷）》　北京　人民出版社　2008
　　年 2 月

論文

陶興安　〈苗族傳統婚俗原初民俗意象論析〉　《文山師範高等專科
　　學校學報》　第 21 卷第 3 期

朱道來　〈魯南婚俗二題〉　《民俗研究》　1996 年第 4 期（總第 40
　　期）

樸尚春　〈朝鮮族傳統婚俗中的馬雁雞棗〉　《尋根》　2012 年第 1
　　期

近現代華南地區婚俗中的「雞」

✎一、前言

　　自古以來，「飛禽」在我國婚姻禮俗中佔有重要地位。傳統婚禮中使用的「飛禽」，最早應該是雁，後來經歷等在不同時代婚禮中的演變，飛禽的使用也有了鵝、鴨等演變，在宋代之後，婚姻禮俗中最普遍出現的飛禽類為雞。[1]本文之寫作重點，在進一步探討近現代華南地區婚禮儀俗中，「雞」出現的時機、意義，希望能釐清「雞」在近現代華南地區婚姻文化制度上的特殊涵意。

✎二、取材範圍

　　近年來，海峽兩岸出版之各地民俗記載、探原或討論的書籍甚多。本文所取材的範圍，主要以下列諸書為主：

(一)《中國地方志民俗資料匯編》

　　丁世良、趙放主編，北京市書目文獻出版社 1989 年 5 月出版，分為「華北」、「東北」、「西北」、「西南」、「中南」、「華東」六卷，所收錄之各地方志原出版時間，大約為清代中葉至西元 1949 年[2]。對於

---

[1] 詳見前文〈鳳凰于飛－我國婚姻禮俗中的「飛禽」角色及功能探討〉。

[2] 僅華東卷中的臺灣省地方志延長收錄期限，將近年新印的地方志也加以收錄，其目的在於使「大陸文化界更多地了解台灣民俗」。說見該書華東卷「內容提要」。

所選錄民俗資料的文字盡可能保留原貌，即使原方志中有明顯的褒貶稱謂也一仍其舊，各地民俗資料的呈現，大抵均依「禮儀民俗」、「歲時民俗」、「生活民俗」、「信仰民俗」及「其他」等順序排列。本文所取材者，主要為「中南卷」中「廣東省」、「華東卷」中的「福建省」及「臺灣省」，而本文所引述該書之記錄，則主要來自於各地方志中的「禮儀民俗」。

（二）《中國民俗通志－婚嫁志》

吳存浩著，濟南市山東教育出版社 2005 年 3 月出版。作者原即著有《中國婚俗》一書，於 1986 年由濟南市山東人民出版社出版，在 10 多年後再受山東教育出版社之邀著作此書。此書雖以「民俗通志」為名，實則分章立節與一般學術性書籍無異，而並非方志體著作，其中分別就「婚姻型態」、「婚姻關係確立」、「提親、相親與訂親」、「待嫁」、「迎親」、「拜堂」、「撒帳、鬧房與拜公婆」、「回門及不落夫家」、「離婚與續娶、再嫁」等主題討論。本文所取材該書之處，即篩選各章節引述婚俗中，屬於華南地區（廣東、福建、臺灣、海南）且其中與雞相關者進行分類及討論。

（三）《閩台婚俗》

福建省民俗學會編，廈門市廈門大學出版社 1991 年 8 月出版。本書實為 1990 年福建省民俗學會第一屆學術討論會的會後論文集，該研討會的主題為「福建婚俗的調查和研究」，共發表論文 45 篇，會後又收到相關論文近 10 篇，編輯群就其中選擇 40 篇以成此書。書中所錄論文，有泛論婚俗者，亦有專論福建、臺灣各地婚俗者，頗具參考價值。本文所取資該書者，亦為篩選福建、臺灣婚俗中有關雞者，進行分類及討論。

另外，由於雞蛋與雞相關，婚俗中出現「雞蛋」者頗多。故上述三書中，有關於雞蛋的婚俗，亦在取材範圍之中。

✎三、近現代華南地區婚俗中用「雞」類型彙整

　　為了討論方便，茲先將上列諸書中，記載近現代華南地區婚姻禮俗中用「雞」的類型製作下表。其中婚姻禮俗中用雞的情形，盡可能保留原書的記載，若其敘述過於繁瑣，再由筆者加以揀擇去取。關於婚禮階段之劃分，則循一般婚禮研究書籍之慣例，以「親迎」為標準，「親迎」之前視為婚前禮，階段標示為「前」；「親迎」為正婚禮，階段標示為「中」；「親迎」後為婚後禮，階段標示為「後」。至於婚姻禮俗中用雞的意義，則根據諸書中原有的說明，筆者再將之區分為「財禮」、「禳煞」、「祈福」、「多產」、「占卜」及「顯德」等項，於下節中詳細探討。登載出處時，《中國地方志民俗資料匯編》簡稱為「民俗資料匯編」，並於其下標註「中南」或「華東」卷；《中國民俗通志－婚嫁志》則簡稱為「中國民俗通志」。

地區	婚姻禮俗用雞情形	婚姻禮俗用雞階段	婚姻禮俗用雞意義	出處
廣東花縣	以雞委禽	前	財禮	民俗資料匯編（中南）頁 687
廣東樂昌	親迎，新婦時臨門殺雄雞	中	禳煞	民俗資料匯編（中南）頁 708
廣東清遠	婚姻用雞鵝為禮	前	財禮	民俗資料匯編（中南）頁 717
廣東連陽八排	及娶，用雞一對為聘	前	財禮	民俗資料匯編（中南）頁 726
廣東永安	行聘，用雞為禮	前	財禮	民俗資料匯編（中南）頁 736
廣東大埔	同牢，新人吃團圓雞腿	中	祈福	民俗資料匯編（中南）頁 748

（續下頁）

地區	婚姻禮俗用雞情形	婚姻禮俗用雞階段	婚姻禮俗用雞意義	出處
廣東長樂	「實定」（納徵），用雞鴨為禮	前	財禮	民俗資料滙編（中南）頁764
廣東赤溪	文定（納采）以雞、酒為禮，俗稱「纏雞腳」。又，將娶時（請期），仍致雞、酒。	前	財禮 祈福	民俗資料滙編（中南）頁817
廣東陽春	親迎，以鵝、雞為禮	中	財禮	民俗資料滙編（中南）頁835
廣東羅定	回門，女方以雞、豚為禮	後	財禮	民俗資料滙編（中南）頁872
福建藤山	親迎，喜娘以「糖雞公」（喜糖）塞於新郎口內謂之「抱雞角」。	中	多產	民俗資料滙編（華東）頁1196
福建同安	納徵，以雞、鵝等物為禮	前	財禮	民俗資料滙編（華東）頁1228
福建崇安	納徵，以雞、鴨等物為禮	前	財禮	民俗資料滙編（華東）頁1248
福建霞浦	「下定」（納徵），男方以雞、鵝、鴨等物為禮，女方以紅繩繫雞腳並祭祖	前	財禮 祈福	民俗資料滙編（華東）頁1274
臺灣	納采，以雞、鴨為禮	前	財禮	民俗資料滙編（華東）頁1359
臺灣	歸寧，女方以雛雞兩對為禮。返抵夫家後，以雞卜生子之性別。	後	多產 占卜	民俗資料滙編（華東）頁1360
臺灣噶瑪蘭	納采，以雞、鴨兩副為禮	前	財禮	民俗資料滙編（華東）頁1386
臺灣臺北	完聘（納徵），以閹雞兩隻等物為禮	前	財禮	民俗資料滙編（華東）頁1399

（續下頁）

地區	婚姻禮俗用雞情形	婚姻禮俗用雞階段	婚姻禮俗用雞意義	出處
臺灣臺北	親迎日，新郎至女家，女家請「食雞卵茶」	中	多產	民俗資料滙編（華東）頁1401
	「食酒婚桌」（同牢），吃雞肉「起家」	中	祈福	民俗資料滙編（華東）頁1403
	「做客」（歸寧），女家以「𤉩路雞」一對為禮	後	多產	民俗資料滙編（華東）頁1405
	婚夜，新娘暗中將雞蛋打在床邊，口念咒語	中	祈福	民俗資料滙編（華東）頁1424
臺灣宜蘭	歸寧，女家以雛雞兩對為禮	後	多產	民俗資料滙編（華東）頁1453
臺灣桃園	歸寧，女家以雛雞一對為禮	後	多產	民俗資料滙編（華東）頁1468
臺灣新竹	完聘（納徵），以閹雞、鴨母為禮	前	財禮	民俗資料滙編（華東）頁1484
	「食酒婚桌」（同牢），吃雞肉「起家」	中	祈福	民俗資料滙編（華東）頁1485
	「做客」（歸寧），女家以「𤉩路雞」為禮	後	多產	民俗資料滙編（華東）頁1486
臺灣苗栗	「轉門」（歸寧），女家以「子母雞」一對為禮	後	多產	民俗資料滙編（華東）頁1514
臺灣基隆	完聘（納徵），以閹雞、鴨母為禮	前	財禮	民俗資料滙編（華東）頁1568
	歸寧，女方以雛雞兩對為禮。返抵夫家後，以雞卜生子之性別。	後	多產占卜	民俗資料滙編（華東）頁1570
臺灣南投	婚前數日，女方親友宴請新娘，新娘吃雞腿「起家」	前	祈福	民俗資料滙編（華東）頁1668

（續下頁）

地區	婚姻禮俗用雞情形	婚姻禮俗用雞階段	婚姻禮俗用雞意義	出處
臺灣南投	親迎，以雞、豚等物為禮	中	財禮	民俗資料滙編（華東）頁 1669
	婦見，新娘吃雞肉「起家」	後	祈福	民俗資料滙編（華東）頁 1673
	歸寧，女方以「帶路雞」兩對為禮。返抵夫家後，以雞卜生子之性別。	後	多產占卜	民俗資料滙編（華東）頁 1674
臺灣雲林	歸寧，女方以「帶路雞」兩對為禮。返抵夫家後，以雞卜生子之性別。	後	多產占卜	民俗資料滙編（華東）頁 1736
臺灣嘉義	歸寧，女方以雛雞兩對為禮。	後	多產	民俗資料滙編（華東）頁 1777
臺灣臺南	歸寧，女方以雛雞兩對為禮。返抵夫家後，以雞卜生子之性別。	後	多產占卜	民俗資料滙編（華東）頁 1795
	婚後 12 日，新娘可單獨返娘家省親，並帶回「帶路雞」	後	顯德	民俗資料滙編（華東）頁 1820
臺灣高雄客家	親迎，新婦時臨門殺雄雞	中	禳煞	民俗資料滙編（華東）頁 1849
臺灣澎湖	請期、納徵，均以雞、麵等物為禮	前	財禮	民俗資料滙編（華東）頁 1901
海南（黎族）	納采，殺雞問卜	前	占卜	中國民俗通志頁 163
福建泉州	彩禮，「轎前盤」內盛雞	前	財禮	中國民俗通志頁 195
廣東潮汕	行聘，女方回禮用雞一對，寓意鴛鴦比翼	前	祈福	中國民俗通志頁 197

（續下頁）

地區	婚姻禮俗用雞情形	婚姻禮俗用雞階段	婚姻禮俗用雞意義	出處
廣東（客家）	彩禮，4 隻雞、100 或 200 個雞蛋	前	財禮 多產	中國民俗通志 頁 221
廣東東莞	婚前擇吉日進行成年禮，新人吃雞頭及雞屁股	前	祈福	中國民俗通志 頁 230
廣東饒平	臨嫁前，女子坐在浴盆中，吃下兩個煮熟的雞蛋	前	多產	中國民俗通志 頁 295
廣東（客家）	親迎，新娘入門前設「攔門雞」	中	禳煞	中國民俗通志 頁 317
廣東台山、新會等地	公雞拜堂	中	顯德	中國民俗通志 頁 330
廣東翁源	同牢，吃「和合蛋」	中	祈福	中國民俗通志 頁 359
廣東（客家）	同牢、合巹，以熱酒澆雞腿，新人共吃雞腿	中	祈福	中國民俗通志 頁 359
福建泰寧、光澤等地	親迎，新婦時臨門殺雄雞	中	禳煞	閩台婚俗 頁 34
福建泰寧	同牢，新人共吃「孝順雞」	中	祈福	閩台婚俗 頁 35
福建漳州	同牢，新人在「新娘桌」吃雞肉「百歲和合好夫妻」	中	祈福	閩台婚俗 頁 42
	歸寧，娘家以「引路雞」（或稱「公婆雞」、「夫妻雞」）為禮	後	多產 祈福	閩台婚俗 頁 45
	婚後第二日，女家差人「請回門」，以雞子、米粉為禮	後	財禮	閩台婚俗 頁 68

（續下頁）

地區	婚姻禮俗用雞情形	婚姻禮俗用雞階段	婚姻禮俗用雞意義	出處
福建同安	行聘，用雞為禮	前	財禮	閩台婚俗頁 102
	歸寧，以「帶路雞」預卜生子之性別	後	占卜	閩台婚俗頁 107
福建沙縣	行聘，女方回禮用母雞 2 隻、雞蛋 12 個	前	財禮	閩台婚俗頁 121
	親迎日，男女各吃「全雞」（雞頭、雞翅、雞腿、雞爪）	中	祈福	閩台婚俗頁 122
福建大田	親迎「禮擔」，男方準備「雞酒股」，女方準備母雞、小雞回禮	中	財禮	閩台婚俗頁 130
福建高山	歸寧，女家以「帶路雞」一對為禮	後	多產	閩台婚俗頁 130
福建惠安	「盤擔」，用雞 2 隻為禮	前	財禮	閩台婚俗頁 163
福建德化	婚宴，必須吃雞肉	中	祈福	閩台婚俗頁 178
福建東山	同牢，吃雞肉「起家」	中	祈福	閩台婚俗頁 192
	歸寧，攜回「帶路雞」一對	後	多產	閩台婚俗頁 194

四、近現代華南地區婚俗中用「雞」意義探討

近現代華南地區婚俗中用「雞」的記載雖多，但就其用「雞」的意義而言，筆者以為應可略分為以下幾點：

（一）財禮

　　婚禮「以娉財為信」[3]，起源甚早。孔穎達《禮記正義》即言：「伏羲制嫁娶，以儷皮為禮，作琴瑟以為樂。」[4]《儀禮・士昏禮》記載，古代貴族從議婚到成婚的完整過程有六個步驟──「納采」、「問名」、「納吉」、「納徵」、「請期」、「親迎」。這「六禮」中，除了頻繁用「雁」，「納徵」時男方需致送女方「玄纁束帛、儷皮。」[5]《禮記・曲禮上》則言：「男女非有行媒，不相知名；非受幣，不交不親。」也可見財禮在婚嫁過程中的重要地位。而《周禮・地官・媒氏》所言：「嫁子娶妻，入幣純帛無過五兩。」則是進一步對於婚嫁過程中，男方致送女方財物之限額，有了初步的規劃。但後世踵事增華，可為婚禮之財禮者，名目益多，觀諸《通典》、《宋書》、《隋書》之記載，可知由漢至唐，婚嫁過程中的財禮的品目及數量持續增加。[6]唐律甚而明言：「雖無許婚之書，但受聘財亦是。」「聘財無多少之限，即受一尺

3　〔唐〕長孫無忌《唐律疏義・卷十三・戶婚》，臺北：臺灣商務印書館，1969 年 7 月，頁 119。

4　〔唐〕孔穎達《禮記正義・序》，臺北：藝文印書館，1985 年，頁 5。

5　《儀禮・士昏禮》：「納徵：玄纁束帛，儷皮。如納吉禮。」

6　據《通典・卷五十八》記載，漢惠帝納后時，「納采鴈璧，乘馬束帛，聘黃金二萬斤，馬十二疋。」東漢桓帝納后時，也「悉依孝惠皇帝納后故事，聘黃金二萬斤，納采鴈璧，乘馬束帛，一如舊典。」皇室婚禮如此，公侯大夫士的婚禮也不遑多讓，納采之禮物有玄、纁、羊、鴈、清酒、白酒、粳米、稷米等三十種，且各有禮辭，說明其象徵意義。[6]《宋書・卷十四》記東晉孝武帝納后「其納采、問名、納吉、請期、親迎，皆用白雁白羊各一頭，酒米各十二斛。」且記南朝宋文帝時，皇太子納妃，也依仍「六禮」之舊。《隋書・卷九》則言北齊婚禮「一曰納采，二曰問名，三曰納吉，四曰納徵，五曰請期，六曰親迎。皆用羔羊一口，雁一雙，酒黍稷稻米麵各一斛。自皇子、王以下至於九品皆同，流外及庶人則減其半。」而記隋太子納妃，則言「使者受詔而行。主人俟于廟。使者執雁，主人迎拜于大門之東。使者入，升自西階，立於楹間，南面。納采訖，乃行問名儀。」亦與《儀禮》所記類同。

以上，並不得悔。」[7]將聘財視為婚嫁之保證。《夢粱錄》對婚嫁過程中之財禮，亦有詳細記載：

> 伐柯人通好，議定禮，往女家報定。若豐富之家，以珠翠、首飾、金器、銷金裙背，及段匹茶餅，加以雙羊牽送，以金瓶酒四樽或八樽，裝以大花銀方勝，紅綠銷金酒衣簇蓋酒上，或以羅帛貼套花為酒衣，酒擔以紅彩繳之。男家用銷金色紙四幅為三啟，一禮物狀共兩封，名為「雙緘」，仍以紅綠銷金書袋盛之。或以羅帛貼套，五男二女綠盂，盛禮書為頭合，共轎十合或八合，用彩袱蓋上，送往。女家接定禮合，於宅堂中備香燭酒果，告盟於三界，然後請女親家夫婦雙全者開合。其女氏即於當日備回定禮物，以紫羅及顏色段匹，珠翠鬚掠，皂羅巾段，金玉帕鐶，七寶巾環，篋帕鞋襪女工答之。更以元送茶餅果物，以四方回送，羊酒亦以一半回之，更以空酒樽一雙，投入清水，盛四金魚，以箸一雙，蔥兩株，安於樽內，謂之「回魚箸」。若富家官戶，多用金銀打造魚箸各一雙，並以彩帛造像生蔥雙株，掛於魚水樽外答之。自送定之後，全憑媒氏往來，朔望傳語，遇節序亦以冠花彩段合物酒果遺送，謂之「追節」。女家以巧作女工金寶帕環答之。次下則送聘，預令媒氏以鵝酒，重則羊酒，道日方行送聘之禮。且論聘禮，富貴之家當備三金送之，則金釧、金鐶、金帔墜者是也。若鋪席宅舍，或無金器，以銀鍍代之。否則貧富不同，亦從其便，此無定法耳。更言士宦，亦送銷金大袖，黃羅銷金裙，段紅長裙，或紅素羅大袖段亦得。珠翠特髻，珠翠團冠，四時冠花，珠翠排環等首飾，及上細雜色彩段匹帛，加以花茶果物、團圓餅、羊酒等

---

7 〔唐〕長孫無忌《唐律疏義‧卷十三‧戶婚》，臺北：臺灣商務印書館，1969 年 7 月，頁 119。

物。又送官會銀鋌，謂之「下財禮」，亦用雙緘聘啟禮狀。或下
等人家，所送一二匹，官會一二封，加以鵝酒茶餅而已。若下
財禮，則女氏得以助其虛費耳。[8]

可見到了宋代，婚禮論財的情況已經非常普遍，而且不只是男方向女
方輸送財物，女方也要「回定」。司馬光《書儀》曾對這樣的情況提出
批判：

> 夫昏姻者所以合二姓之好，上以事宗廟，下以繼後世也。今世
> 俗之貪鄙者，將娶婦，先問資裝之厚薄，將嫁女，先問聘財之
> 多少。至於立契約云某物若干，某物若干，以求售其女者。亦
> 有既嫁而復欺紿負約者，是乃狙儈鬻奴賣婢之法，豈得謂之士
> 大夫昏姻哉！其舅姑既被欺紿，則殘虐其婦以攄其忿。由是愛
> 其女者務厚其資裝以悅其舅姑者，殊不知彼貪鄙之人不可盈
> 厭，資裝既竭，則安用汝女哉。於是質其女以責貨於女氏，貨
> 有盡而責無窮，故昏姻之家往往終為仇讎矣。[9]

陳辭剴切，但終究民已成習，相沿至今，並無稍歇，且在各地婚姻禮
俗中留存。

　　值得留意的是，古禮書中最普遍出現的飛禽類財禮，本應是
「雁」。後代學者對於婚禮用雁之說，亦多有比附雁鳥生物特性的道德
論說。但或許是由於雁鳥捕捉不易，婚禮中的摯見之禮，在唐代出現
了以鵝代雁的現象。宋人婚娶中可用以取代雁的動物更多，在宋人主
張的婚禮代雁之物中，最被後人廣泛使用的便是「雞」，甚而有學者認

8　〔宋〕吳自牧《夢粱錄・卷二十・嫁娶》，臺北：廣文書局，1986 年 5 月。
9　〔宋〕司馬光《書儀・卷三・親迎》；臺北：臺灣商務印書館影印文淵閣
　　四庫全書第 142 冊，1986 年，頁 475-476。

為，明清兩代民間行「奠雁」禮，都是「以雞或鵝代替」。[10]影響一至
於今，故而在民間婚嫁中以雞為禮的情形仍很普遍。

（二）禳煞

據《周禮》記載，古代行「釁」禮時，廟堂上用羊血，門及夾室
則用雞血。在祭祀天地祖先，或祈禱消災時，都要用到雞。[11]東漢應
劭《風俗通義・祀典第八》「雄雞」記：「今人卒得鬼刺痱悟，殺雄雞
以傅其心上。病賊風者作雞散治之，東門雞頭可以治蠱。由此言之，
雞主以禦死辟惡也。」又陶興安在〈苗族傳統婚俗原初民俗意象論
析〉[12]一文中，言苗族傳統婚俗中，有「用雞捉魂」之法，係用雞為
新娘驅邪淨化。可知除「雞血」外，「雞」本身也可用以驅除惡煞。筆
者以為雞的「神性」與原始初民的「飛鳥崇拜」相關，人類以鳥為圖
騰的現象幾乎遍及了整個世界，因為鳥有著人類所不及的能力－飛
翔，故鳥類的這種特徵即被神秘化。先民們將鳥視為神靈動物，幻想
藉鳥的神力來往於天地之間，可與神靈溝通。我國古代部落奉鳥為神
靈、為始祖者甚多，如東夷少昊族的鷹、商族的燕、或鳳、梟等。而
日中有三足烏的傳說、《山海經》中「三青鳥」「五彩鳥」的記載、
「玄鳥」的信仰等，都可視為先民「飛鳥崇拜」的證據。雞為飛鳥的
衍生物，且比飛鳥更方便取得，於是「信仰野生的鳥為靈物轉變為信
仰家禽之雞為靈物」[13]，雞在古代遂被視為一種可以溝通天地與鬼神
的飛禽，具有一定的靈性與神聖性。而民間傳說親迎日新娘易犯衝

---

[10] 詳見前文〈鳳凰于飛－我國婚姻禮俗中的「飛禽」角色及功能探討〉。

[11] 《周禮・春官》設「雞人」職，言「凡祭祀、面禳、釁，共其雞牲。」〔東
漢〕鄭玄《注》說明：「釁，釁廟之屬。釁廟以羊，門、夾室皆用雞。」
〔唐〕賈公彥《疏》則補充說明：「祭祀，謂宗廟之屬；面禳，謂祈禱之
屬。」

[12] 《文山師範高等專科學校學報》第 21 卷第 3 期，2008 年 9 月，頁 30-33。

[13] 周菁葆〈海南黎族與臺灣高山族鳥圖騰文化之比較研究〉，《中國邊政》第
173 期，2008 年 1 月，頁 55。

煞[14]，故需在新婦入門前斬雞禳煞，《閩台婚俗》一書所載，福建泰寧、光澤、松溪、長汀等地，在新娘過門時，「要在門口殺一隻公雞，並取雞血塗抹在門檻或轎門，民間傳說凶神惡煞最怕雞血了。」[15]《中國民俗通志—婚嫁志》中記載，廣東客家地區在親迎日斬雞禳煞時，係委請家中長者：

> 左手持雄雞，右手持菜刀，在轎前行開轎禮，又稱「宴轎」，長者口中誦道：「……此雞非凡雞，王母差來斬煞雞。此刀非凡刀，乃是王母斬煞刀。天煞打從天上過，地煞打從地中藏。年煞歸年位，月煞歸月方。不論年煞、月煞、日煞、時煞，四面八方凶神惡煞，將以此雞來抵擋。……」[16]念完頌詞，將雄雞交給旁邊的人宰殺，並將雞血繞花轎滴一圈，之後才由族中福命婦女開轎門，將新娘攙扶出來。

可視為此一儀式的完整記載，其他書籍所記與此類同或較簡略，不再贅引。

---

[14] 此說法起源不可考，論者多以為高承《事物紀原・卷九・吉凶典制部47》所記「漢世京房之女適翼奉子，奉擇日迎之，房以其日不吉，以三煞在門故也。三煞者，謂青羊、烏雞、青牛之神也。凡是三者在門，新人不得入，犯之，損尊長及無子。奉以謂不然，婦將至門，但以穀豆與草禳之，則三煞自避，新人可入也。」為據。唯此說原以親迎日「新人」將犯煞，不分男女，元代雜劇《桃花女》對此故事又有所鋪陳，民間遂有「桃花女鬥周公」之說，則稱親迎日「新娘」將遭致種種危煞，而需一一化解。進而使國人在親迎日時，普遍出現許多保護新娘的「法物」或儀式。說詳見吳存浩《中國民俗通志—婚嫁志》，濟南：山東教育出版社，2005 年 3 月，頁 313-323。

[15] 福建省民俗學會《閩台婚俗》，廈門：廈門大學出版社，1991 年 8 月，頁34。

[16] 吳存浩《中國民俗通志—婚嫁志》，濟南：山東教育出版社，2005 年 3 月，頁 317。

（三）祈福

此類婚俗中的雞，以「諧音」祈福較常見。因為「雞」在閩南語的語音為【ke】，與「家」的語音【ke】相同，故以「雞」諧音「家」，故而在近現代福建及臺灣地區婚俗中用雞者，常取用其「成家」、「起家」之諧音。[17]此外，華南地區婚俗中，以雞祈福者，尚可粗分為兩類，其一為祈求夫婦和諧，百年好合，如「團圓雞」、「纏腳雞」、「紅繩繫雞腳」、「和合蛋」、廣東東筦及福建沙縣「吃全雞」之記載等均是，另據《中國民俗通志─婚嫁志》中記載，廣東寧化、石城等客家地區「在新郎新娘進入洞房後，並列在床前喝交杯酒。合巹禮由德高望重的長者主持，一位端木盤，盤上放兩條雞腿，一位執酒壺，將熱酒往雞腿上淋，然後由喜娘安排一對新人交換杯子飲酒、吃雞腿。兩條雞腿必須為同一隻雞的，一對新人各吃一條，吃一口後即相互交換，寓意百年好合。」[18]亦應歸屬此類。其二為祈求新婚夫婦日後能孝敬公婆，福建地區流傳的「孝順雞」、「公婆雞」即屬此類。最後，《中國地方志民俗資料匯編・華東卷》所引《台北市志》補述之「婚姻俗信」中，記載：「婚夜，夫婦食新娘肚裙內帶來之雞卵、柑橘各一。此時，新娘暗中將雞卵打在床邊，口念：『雞卵扛遮風，惊我及惊您祖公。』如是，俗以為丈夫則將懼內。」[19]雖令人莞爾，但也應該可以視為新娘個人的「祈福」。

（四）多產

《白虎通・嫁娶》云：「人承天地施陰陽，故設嫁娶之禮者，重

---

[17] 山東曲阜一帶，也有類似婚俗，不過其解釋是「雞」與「吉」音近，故以「雞」求吉。說見吳存浩《中國民俗通志─婚嫁志》頁196，亦見朱道來：〈魯南婚俗二題〉，《民俗研究》，1996年第4期（總第40期），頁62。

[18] 吳存浩《中國民俗通志─婚嫁志》，濟南：山東教育出版社，2005年3月，頁359。

[19] 丁世良、趙放《中國地方志民俗資料匯編・華東卷》，北京：書目文獻出版社，1995年2月，頁1424。

人倫、廣繼嗣也。」婚姻既是上以承祖先，供祭祀，下以繼後世，衍子孫為目的，「廣繼嗣」向來是國人結婚的重要期盼之一，也因此在婚姻的民俗中，有許多均與「求子」相關[20]。雞的繁殖能力非常強，「優良品種的高產蛋雞個體，年產蛋可達 300 個以上，大群產蛋已達到 280 個以上，如果這些雞蛋經過孵化有 70%成為小雞，那麼每隻母雞一年可獲 200 隻小雞。」「公雞的繁殖能力也很強。據觀察，一隻精力旺盛的種公雞一天可交配 40 次以上，平均每天交配 10 次左右是很平常的。一隻公雞配 10～15 隻母雞可以獲得很高的受精率。雞的精子不像哺乳動物的精子那樣容易衰老死亡，一般在母雞輸卵管內可存活 5～10 天，最長可存活 30 天以上。」[21]一般百姓對於雞的生育能力，雖未必能有完整的專業認知，但日常生活中的觀察、體驗與提煉，原本就是民俗產生的方式之一[22]，人們從畜養的家禽中，觀察、認識到雞的多產能力，從而以之比附於婚姻「廣繼嗣」的期盼，應該是很自然的。也因而上節所引述的民俗記載中，大抵均直接聯繫「雞」與「繁衍子孫」的關係，而未多加說明，如《中國地方志民俗資料匯編・華東卷》所引：《藤山志》：「抱雞角者，謂明年即生男孩也。」《臺灣省通志稿》：「雛雞兩對，寓繁衍之意。」《台北市志》：「雞、甘蔗均為子孫昌

---

[20] 如相傳已久的「撒帳」，向新人身上撒放糖果、瓜子、鮮花等，以祈祝新人多子多孫，現代婚俗中，向新人身上投撒花瓣、彩帶，或許也可以視為這種傳統婚俗的轉變。在台灣地區，「洞房」內的床鋪有很多禁忌，在安放時要講求方位、時辰，安放後也不可以隨意躺下，需放置芭蕉、龍眼等物品以象徵瓜瓞綿延、人丁興旺，新婚之夜前一晚，還要找來一個健康活潑的小男生，在床鋪上翻來滾去，或與新郎同眠，俗稱「翻鋪」、「壓床」，也是希望新人將來可以早生貴子、子女成材。

[21] 高玉鵬、黃建文《蛋雞健康養殖問答》，北京：中國農業出版社，2008 年 1 月，頁 17-18。

[22] 《周禮・大司徒》言：「以俗教安，則民不偷。」〔東漢〕鄭玄《注》曰：「俗，謂土地所生息也。偷，謂朝不謀夕。」〔唐〕賈公彥則《疏》云：「俗，謂人之生處，習學不同。若變其舊俗，則民不安，而為苟且；若依其舊俗化之，則民安其業，不為苟且。」

盛之徵。」《苗栗縣志》:「雌雄雞雛一對,謂之子母雞,以寓繁衍不絕之意。」;《中國民俗通志》所記:「廣東饒平」:「女子臨出嫁前須擇日沐浴更衣。……沐浴完畢,待嫁女子要坐在浴盆中,吃下兩個煮熟的雞蛋,以此祈求婚後產育順利。」《閩台婚俗》所錄:〈閩台漳州人婚俗〉:「娘家要送一對童子雞,寓傳宗接代之意。」〈大田婚姻舊俗〉:「高山區是回門時從娘家帶一對種雞回來。這些隨帶的母雞、母鴨,大田叫『帶路雞』或『帶路鴨』,意為傳宗接代。」〈東山婚俗〉記在女方歸寧後返回男家時,要「攜回『帶路雞』(帶路雞－公母雛雞一對),連根帶尾葉的兩隻甘蔗。雞、帶尾甘蔗均表示子孫昌盛之徵。」等。

　　比較耐人尋味的是,福建、臺灣地區,常把女方歸寧後,從娘家中帶回夫家的一對(或兩對)雛雞,稱為「帶路雞」(或「帶路雞」),卻又將之解釋為寓有多產的盼望,似乎有些「名實不符」。筆者以為「帶路雞」或「帶路雞」之稱,是因雞在人類歷史上,很早就被馴化為家禽,即使白日野放在外,日暮時便能歸巢,故希望新人也能被其引路回家。[23]此亦或許與雞被比附的德性之一－守信－相關(說詳後)。既將之稱之為「帶路雞」,又解釋為寄託「多產」的期盼,有可能是民俗記錄者的誤判,亦有可能是俗的變異性所造成[24]。

(五)占卜

　　古代「雞卜」之法,最早的記載見於《史記·孝武本紀》,范成

---

[23] 林仁川主編《臺灣傳統生命禮俗及其變遷》(福州:福建教育出版社,2010年5月,頁67)亦有類似說法:「之所以要送雞,是因為『雞』在閩南語中與『家』相似,而且雞有引路的意思,這裡的寓意就是希望雞能夠常帶女兒回來,所以這對雛雞又被稱為『帶路雞』。」

[24] 「俗」未必有文字記載,常常只是口耳相傳,有些「俗」的起源眾說紛紜,甚至根本不可考,使得即使是相鄰的地區,民俗也可能有差異。詳見本書第一編「二、〈禮的「俗化」與「宗教化」－以現代中國的婚禮與喪禮為例〉」。

大《桂海虞衡志》、周去非《嶺外代答》等書亦有記錄，[25]但其所記雞
卜之法，似必殺雞後以雞骨為卜而占吉凶。今觀華南地區婚俗中特有
的雞卜方式，僅海南黎族尚存古代「雞卜」之遺意：

> 海南黎族在女方同意男方求婚後，男方父母即前往女家做客，
> 女家則殺雞予以招待。按照習俗，做好的雞要整隻端上桌，由
> 主人將雞腿砍下，雙方父親各執一條。如果雙方的雞股骨上都
> 有兩個孔，寓意有頭有尾，成雙成對，這門親事就有可能成功；
> 如果各有一個孔，也表示成雙成對，親事也可以締結。如果一
> 方有一個孔，而另一方有兩個孔，則被認為有頭無尾或有尾無
> 頭，預示婚姻將不吉祥，雙方就可能放棄締結婚姻的願望。遇
> 到這種情況，可以再殺雞問卜，如果仍為不祥之兆，婚姻締結
> 的希望就很渺茫了。[26]

其他華南地區婚姻習俗中所存「雞卜」之法，則概以活雞之行動
為卜，且其操作模式與傳統「雞卜」很不相同：

> （歸寧）宴畢辭歸，外家饋以糕餅及掛尾甘蔗四枝，并雛雞兩
> 對，曰「**馬**路雞」，寓子孫繁衍之意。返抵婿家，女隨婿入，所
> 贈雛雞先置床下，後視其所先出者為雌為雄，以卜新婦首產男
> 女之兆。[27]

---

[25] 詳見前文〈鳳凰于飛—我國婚姻禮俗中的「飛禽」角色及功能探討〉。
[26] 吳存浩《中國民俗通志—婚嫁志》，濟南：山東教育出版社，2005 年 3 月，
　　頁 163。
[27] 丁世良、趙放《中國地方志民俗資料匯編・華東卷》，北京：書目文獻出
　　版社，1995 年 2 月，頁 1795。

此種帶有巫術性質的婚姻占卜方式，可以視為「一種萬物有靈崇拜觀念所派生的民俗事象」[28]，與「用雞以禳煞」的神靈信仰相關，但或亦可使我們對雞卜之法，有更完整的認識。

（六）顯德

《韓詩外傳‧卷二》記田饒不滿魯哀公貴遠賤近，遂以雞自況而譬：「君獨不見夫雞乎！首戴冠者，文也；足搏距者，武也；敵在前敢鬥者，勇也；得食相告，仁也；守夜不失時，信也。雞有此五德，君猶日瀹而食之者，何也？則以其所從來者近也。」而雞的「五德」之中，最被後人所看重的，應是其「知時守信」，所以《周禮‧春官》原為供應祭祀時所需的雞牲的「雞人」之職，後來的職能也包括「夜呼旦以叫百官」，而且不僅限於祭祀之時[29]，趙采《周易程朱傳義折衷‧卷三十二》云：「雞知時而鳴，未嘗失信。周禮雞人夜呼旦以叫百官，亦取孚信之義。」[30]羅願《爾雅翼‧卷十三》也以為：「（雞）又能自守不為風雨止，故詩人以比不改度之君子。」[31]重視約定與相互信任，允為婚姻和諧美好的重要關鍵，筆者以為或許正因為雞能「自守而不失信」，故而在女方歸寧後，由娘家致送的雛雞，應該可以視為女家對女兒婚姻的深切期盼。

此外，在 20 世紀初期，廣東沿海一帶僑鄉出現了「公雞拜堂」特殊婚俗。據《中國民俗通志－婚嫁志》記載：

---

[28] 吳存浩《中國民俗通志－婚嫁志》，濟南：山東教育出版社，2005 年 3 月，頁 163。

[29] 《周禮‧春官》「雞人」：「大祭祀，夜呼旦以叫百官。凡國之大賓客、會同、軍旅、喪紀，亦如之。」

[30] 趙采《周易程朱傳義折衷》，《四庫全書》第 23 冊，上海：上海古籍出版社，1987 年，頁 427。

[31] 〔宋〕羅願《爾雅翼》，《四庫全書》第 222 冊，上海：上海古籍出版社，1987 年，頁 364。

在廣東台山、開平、新會、恩平一帶僑鄉，第二次世界大戰前
也曾經盛行過公雞拜堂習俗。這裡出外謀生的男子，在父母或
長輩的主持下，在媒人的撮合下，妻子雖然找到了，卻因缺乏
往返盤纏而難以回國成親。因此，在完婚之日，雖然男家也派
花轎前去女家迎親，其他一切儀式也都如儀舉行。但是，因新
郎遠在國外，不得不用一隻大紅公雞代替拜堂。拜堂時，將新
郎的西裝或恤衫、領帶、皮鞋、毡帽、馬褂等盛在一個大紅喜
盒中以代表新郎，由伴郎手持一隻大紅公雞朝向新娘對拜。禮
畢即將新郎的衣帽吉盒放到洞房的喜床上，將公雞拴到床腿
上，將新郎的放大照片掛在新娘梳妝台的上方。吃暖房飯時，
則在席上為新郎設一虛座，以象徵新婚夫婦互飲交杯酒。從此
以後，新娘則獨守空房，僅僅依靠書來信往和年節時新郎所寄
來的錢物作為精神上的安慰和寄託來度過漫長的相思歲月。[32]

　　此一特殊的婚俗，筆者以為有兩點值得留意之處。其一是以新郎
衣物代表新郎，此可能與巫術信仰中的「接觸巫術」相關，相信「人
和所穿的衣服之間也保持著交感聯繫」[33]，所以，即使衣物的主人遠
在天涯海角，仍可以透過他的衣物，與他產生某些精神上的聯繫。其
二即為以公雞來代替新郎拜堂，應該也與雞的「德性」有關，這雖然
是一種極為特殊的狀況下的權宜之法，但要新娘在大喜之日面對「虛

[32] 吳存浩《中國民俗通志－婚嫁志》，濟南：山東教育出版社，2005 年 3 月，
　　頁 330。

[33] （英）詹姆斯・喬治・弗雷澤（James George Frazer）在《金枝》（The Golden
　　Bough）中，將巫術分為「順勢巫術」及「接觸巫術」兩類。「順勢巫術」
　　的運作原理是相似律，相信相似的事物就可以看成同一個事物；「接觸巫
　　術」的運作原理是接觸律，認為曾經接觸過的事物就會一直保持接觸狀
　　態。故而相信人和所穿的衣服之間保持著交感聯繫，便可歸屬於「接觸巫
　　術」的其中一種。詳見該書（趙陽譯，合肥：安徽人民出版社，2012 年 8
　　月）頁 18-54。

擬存在」的新郎，其內心的迷茫悵惘可想而知，此時以能「自守而不失信」的公雞暫代新郎，或許真能稍微填補幸福的空缺。

✍五、結語

　　美國人類學家 Robert Redfield 在 1956 年出版的《*Peasant Society and Culture: An Anthropological Approach to Civilization*》一書中，曾用「大傳統」（Great tradition）和「小傳統」（Little tradition）說明庶民社會中存在的兩種不同文化傳統。「大傳統」是由國家與住在城鎮的士紳與貴族們所掌握、書寫的文化傳統；「小傳統」則存在於鄉村之中，庶民藉由口傳等方式流傳的大眾文化傳統。「大傳統」與「小傳統」間藉由貴族與庶民這兩者的相互依存，乃構成整個常民社會的文化傳統。同樣的概念，也可以用來說明中國的「禮」與「俗」。「禮」原本只是日常群體生活中自然形成的行為規範，儒家的知識份子將之整理成書。但後來儒家的知識份子所成就的「禮」，漸漸不侷限於常民的生活規範，而融入了更多的道德觀念、社會觀念與政治意涵，雖然擴充了「禮」的內涵與範圍，但也逐漸形成了「禮」的「貴族化」傾向，只有受過儒家教育的知識份子可以制定、解釋、運用「禮」，禮制條文所針對的對象也是「士」以上的「貴族」，而有很明顯的階級色彩，是以《禮記・曲禮》會有「禮不下庶人」之說。庶人只能遵循「禮」，而不能「議禮」，「禮」遂成為中國文化中的「大傳統」，可視之為代表中國傳統的核心文化，也是歷代知識份子心目中的理想文化。《禮記・王制》言：「凡居民材，必因天地寒煖燥溼，廣谷大川異制。民生其間者異俗：剛柔輕重遲速異齊，五味異和，器械異制，衣服異宜。修其教，不易其俗；齊其政，不易其宜。」都是說明「俗」是各地的人民，因著時間、空間等差異，而產生的不同的生活

習慣。因各地民風不同，故又可稱之為「風俗」；因各地生活習慣不同，也可稱之為「習俗」。「俗」的型態多半很質樸，甚而可能有些粗野，但「俗」畢竟已經是大家習以為常的行為模式，屬於集體生活的規範，比較貼近庶民的人情處世，故對常民的行為仍有一定的約制力量，故而「俗」不能隨意變動，更不可以輕視忽略，《禮記・曲禮》所謂「禮從宜，使從俗。」即在提醒尊重各地民俗的重要性，我們也可將之視為中國文化中的「小傳統」。

　　雖然「禮」主要是貴族仕紳的文化規範，「俗」主要是庶民百姓的生活形態，但兩者並非對立，而應是相互滲透，互相影響的。如上所述，「禮」的原始樣貌，原本也只是日常群體生活中自然形成的行為規範，後來再經過知識份子的制訂規範、充實內涵及廣泛運用，才成為階級化禮制的面貌，故可謂「禮」仍本之於「俗」。但「禮」透過政治、教化的力量，卻可以轉而影響、指導或控制了「俗」，形成「俗」向「禮」的轉化，使得「小傳統」將「大傳統」具象化與淺易化，架構成俗民社會生存的共同模式。受了「禮」影響的「俗」，漸漸脫離了原始的質樸與粗野，而產生符合士人理想的「禮化的俗」，即所謂的「禮俗」。婚娶本以雁為摯，具有「禮」的精神，後世改以雞、鵝等飛禽替代，並賦予比較貼近庶民人情處世的「俗」化意義，禮義遂轉趨浸微。也正因為近現代華南地區婚姻中「用雞」，比較偏向「小傳統」的「俗」，常出現記載各異、解說不同的多元風貌。如何釐清其中「禮」、「俗」相互浸染的脈絡，以及各地習俗中充滿生命力的解釋，是很值得我們留意的。

參考文獻

古籍

〔唐〕長孫無忌 《唐律疏義》 臺北 臺灣商務印書館 1969 年 7
月

〔唐〕孔穎達 《禮記正義》 臺北 藝文印書館 1985 年

〔宋〕吳自牧 《夢粱錄》 臺北 廣文書局 1986 年 5 月

〔宋〕司馬光 《書儀》 臺北 臺灣商務印書館 1986 年

專書

（德）洛雷利斯‧辛格霍夫（Lorelies Singerhoff）著 劉永強譯 《我
們為什麼需要儀式》（*Rituale*） 北京 中國人民大學出版社
2009 年 1 月

丁世良、趙放 《中國地方志民俗資料匯編》 北京 書目文獻出版
社 1989 年 5 月

上海古籍出版社 《唐五代筆記小說大觀》 上海 古籍出版社 2000
年

吳存浩 《中國民俗通志－婚嫁志》 濟南 山東教育出版社 2005
年 3 月

李涪 《刊誤》 臺北 臺灣商務印書館 1983

福建省民俗學會 《閩台婚俗》 廈門 廈門大學出版社 1991 年 8
月

趙和平 《敦煌寫本書儀研究》 臺北 新文豐出版公司 1993 年

論「喪主」

一、前言

　　凡是生命，皆存在著死亡的必然性，所有不死的神話與傳說，其實也都等於宣講死亡的存在和必然。因此，死亡可說是生命歷程中最公平的事。但死者固然無知，而生者的心理卻總難免要經歷否認與抗拒的階段，不願意接納死者已矣的事實。人是血氣之屬，所以會有感情，也因為有感情，所以有倫理。正因為儒家體認到喪葬制度的產生，是倫理道德觀念進步的表現，也是人倫制度重要的一環，故多方肯定喪禮的重要意義，如《論語・學而》云：「慎終追遠，民德歸厚矣。」[1]又〈為政〉篇記載孟懿子向孔子問孝，孔子亦希望他能對父母：「生，事之以禮；死，葬之以禮，祭之以禮。」[2]《孟子・離婁下》亦曰：「養生者不足以當大事，惟送死可以當大事。」[3]荀子為傳承儒家禮學之大儒，於喪禮之人文精神，闡析最為透徹，其〈禮論〉篇言：

　　　　喪禮者，以生者飾死者也，大象其生以送其死也。故事死如
　　　　生，事亡如存，始終一也。……故喪禮者，無他焉。明生死之

---

[1]　〔魏〕何晏注、〔宋〕邢昺疏《論語注疏・卷一》，臺北：藝文印書館《十三經注疏》，2001 年 12 月，頁 5。

[2]　〔魏〕何晏注、〔宋〕邢昺疏《論語注疏・卷二》，臺北：藝文印書館《十三經注疏》，2001 年 12 月，頁 16。

[3]　〔漢〕趙岐注、〔宋〕孫奭疏《孟子注疏・卷八》，臺北：藝文印書館《十三經注疏》，2001 年 12 月，頁 144。

義，送以哀敬，而終周藏也。……事生，飾始也；送死，飾終
也，始終具而孝子之事畢，聖人之道備矣。[4]

《中庸》亦言：「事死如事生，事亡如事存，孝之至也。」[5]可見
儒家是將「養生」與「送死」等量齊觀的，必須二者均合乎禮，才是
仁智俱備的聖人之道。孟子對「送死」的重視，甚而超過了「養生」。
而在宗法制度中，政治秩序又與倫理秩序涵意相近，於是在此倫理道
德的架構上，又加上了政治穩定的重要意義，由「資於事父以事君而
敬同」（《禮記・喪服四制》）[6]，再由「家無二尊」類移到「國無二君」
（《禮記・喪服四制》）[7]。這種觀念益發突顯了喪葬制度的重要意義。
故儒家言禮，莫詳於喪禮，使其雖僅為五禮中凶禮之一，但卻是中國
傳統禮儀中，最精密也最重要的一部分，向為歷代說禮者所重視。

《禮記・喪大記》言：「喪有無後，無無主。」[8]所謂「喪主」，
乃從亡者之親友中，依親疏、尊卑等關係立之，對內以統理喪事，對
外以代表喪家。古禮對於立喪主之事甚為重視，喪禮必有主人，若遇
喪者無子嗣或子嗣年幼，也要以他人代之，即如《禮記・檀弓》所
載：「伯高死於衛，赴於孔子，孔子曰：『吾惡乎哭諸？兄弟，吾哭諸
廟；父之友，吾哭諸廟門之外；師，吾哭諸寢；朋友，吾哭諸寢門之
外；所知，吾哭諸野。於野，則已疏；於寢，則已重。夫由賜也見

4 李滌生《荀子集釋》，臺北：臺灣學生書局，1986 年 10 月，頁 440-441。
5 〔東漢〕鄭玄注、〔唐〕孔穎達疏《禮記注疏・卷五十二》，臺北：藝文
印書館《十三經注疏》，2001 年 12 月，頁 887。
6 〔東漢〕鄭玄注、〔唐〕孔穎達疏《禮記注疏・卷六十三》，臺北：藝文
印書館《十三經注疏》，2001 年 12 月，頁 1032。
7 同上注，頁 1033。
8 〔東漢〕鄭玄注、〔唐〕孔穎達疏《禮記注疏・卷四十四》，臺北：藝文
印書館《十三經注疏》，2001 年 12 月，頁 767。

我，吾哭諸賜氏。』遂命子貢為之主。」[9]子貢即代為伯高之喪主。[10]
凡代他人為主喪，則稱「攝主」[11]，亦稱「署主」[12]。雖然在喪禮中
立喪主之事非常重要，但《儀禮》及《禮記》中，對於喪禮何時立喪
主，均無明確記載，唐《開元禮》及宋《政和禮》亦未言之，直至
《司馬氏書儀·卷五》才在「復」禮之後，言：「然後行死事，立喪
主、主婦、護喪、司書、司貨。」[13]《文公家禮·卷四》亦於「復」
禮之後有同樣的記載[14]，雖無論據，但明、清二代沿之，迄今仍無相
關討論。至於喪主該如何擇立，牽涉親族、倫理及宗法，頗為蕪雜，
其條例雖散見於《禮記》諸篇，但也無系統的論述，導致後世論述不
一，其歧說主要在於「尊為卑主」、「卑為尊主」、「尊卑並為主」、「卑
主尊不主」及「攝主」諸法的討論。以下擬分「立喪主之時」、「立喪
主之法」、「喪主與護喪」等節析而論之。

9　〔東漢〕鄭玄注、〔唐〕孔穎達疏《禮記注疏·卷七》，臺北：藝文印書
　　館《十三經注疏》，2001 年 12 月，頁 128。

10　按《禮記·雜記》言：「姑姊妹，其夫死而夫黨無兄弟，使夫之族人主
　　喪，親之黨雖親弗主。夫若無族矣，則前後家、東西家，無有，則里尹
　　主之。」喪無無主也，若果無親族，則鄰居友朋亦可為主，並鄰居友朋
　　亦無，則由里尹為主。

11　《禮記·曾子問》：「卿大夫士從攝主，北面，于西階南。」鄭《注》
　　言：「攝主，上卿代君聽國政。」孫希旦《禮記集解》云：「攝主，謂攝為
　　喪主者。蓋世子雖未生，而喪不可以無主，故以庶子或兄弟之子暫主喪
　　事。」

12　〔明〕毛先舒《喪禮雜說》：「婦人死，無子，則夫為署主。並夫先亡，則
　　翁為署主。」故知代理喪主主持喪事的人，亦稱署主也。見〔清〕王晫、
　　張潮編纂《檀几叢書·卷九》，上海：上海古籍出版社，1992 年，第 40
　　頁。

13　〔宋〕司馬光《司馬氏書儀》，《景印文淵閣四庫全書》第 142 冊，臺北：
　　臺灣商務印書館，1986 年 3 月，頁 484。

14　〔宋〕朱熹《文公家禮》，《景印文淵閣四庫全書》第 142 冊，臺北：臺
　　灣商務印書館，1986 年 3 月，頁 547。

✎二、立喪主之時

《儀禮・士喪禮》載：

> 士喪禮。死于適室，幠用斂衾。復者一人，以爵弁服，簪裳于
> 衣，左何之，扱領于帶。升自前東榮，中屋，北面，招以衣，
> 曰：「皋某復！」三，降衣于前。受用篋，升自阼階，以衣
> 尸。復者降自後，西榮。楔齒用角柶，綴足用燕几。奠脯醢醴
> 酒，升自阼階，奠于尸東。帷堂。乃赴于君。主人西階東，南
> 面命赴者，拜送。有賓則拜之。[15]

此為士始死至發訃的相關儀節記載，但經文並未明言行「復禮」、「楔
齒」、「綴足」、「始死奠」者為誰。唯可知發訃係由「主人」為之，且
立喪主之時，似為「帷堂」之後，發訃之前。《禮記・喪大記》說
「小臣復，復者朝服。君以卷，夫人以屈狄；大夫以玄赬，世婦以襢
衣；士以爵弁，士妻以稅衣。」[16]是故鄭玄於《儀禮・士喪禮》「復
者一人，以爵弁服，簪裳于衣，左何之，扱領于帶。」下注曰：「復
者，有司招魂復魄也。天子則夏采、祭僕之屬，諸侯則小臣為之。」
賈《疏》則進一步補充說明：「案《喪大記》復者小臣，則士家不得
同僚為之，則有司府史之等也。」[17]胡培翬《儀禮正義・卷二十六》
則言此處登屋招魂者，「蓋隸子弟私臣之屬」[18]。至於堂下受衣覆尸

---

15 〔東漢〕鄭玄注、〔唐〕賈公彥疏《儀禮注疏・卷三十五》，臺北：藝文
　印書館《十三經注疏》，2001 年 12 月，頁 408。
16 〔東漢〕鄭玄注、〔唐〕孔穎達疏《禮記注疏・卷四十四》，臺北：藝文
　印書館《十三經注疏》，2001 年 12 月，頁 762。
17 〔東漢〕鄭玄注、〔唐〕賈公彥疏《儀禮注疏・卷三十五》，臺北：藝文
　印書館《十三經注疏》，2001 年 12 月，頁 408。
18 〔清〕《儀禮正義》，南京：江蘇古籍出版社，1993 年 7 月，頁 1644。

者,《禮記‧喪大記》說是:「北面三號,卷衣投于前,司服受之。」[19] 故鄭玄在《儀禮‧士喪禮》「受用篋,升自阼階,以衣尸。」注言: 「人君則司服受之,衣尸者覆之,若得魂反之。」賈《疏》則言: 「以其大夫士無司服之官,明據君也。」[20] 並未明言士家由誰受服, 且此時似亦未立喪主。胡培翬雖推論「士未必有司服之官,當亦隸子 弟私臣之屬受之。」(《儀禮正義‧卷二十六》)[21],但也未言及立喪 主之事。至於進行「楔齒」、「綴足」及設「始死奠」、「帷堂」者為 誰,則鄭《注》與賈《疏》均未論說,後代注疏《儀禮》者,亦均未 闡明。

　　《禮記‧郊特牲》言:「魂氣歸於天,形魄歸於地。」[22] 故而在 始死之時,「復禮」的作用與意義,便在於向天召喚死者之魂氣,冀 望死者魂氣歸返,得以復生,是「盡愛之道也,有禱祠之心焉;望反 諸幽,求諸鬼神之道也。」(《禮記‧檀弓下》)[23] 雖然死者復生的機 會渺茫,但這是生者在死者臨終之際能做的最後努力,看似充滿宗教 迷信的色彩,但「與其將『復』禮當作迷信鬼魂的行為,不如認為是 對生者悲痛心情的一種紓解儀式,使生者的情緒能由極度的激動中而 歸於理性,更由於死者的神魂有所依歸,相對的,使生者也產生身心 安頓的效果。」[24] 也就是說,在死生之際,「復禮」具有重要的轉折 與過渡意義。就現代醫學角度而言,人在生命徵兆陸續消失之時,大

[19] 同註16。

[20] 〔東漢〕鄭玄注、〔唐〕賈公彥疏《儀禮注疏‧卷三十五》,臺北:藝文 印書館《十三經注疏》,2001年12月,頁409。

[21] 同注18,頁1647。

[22] 〔東漢〕鄭玄注、〔唐〕孔穎達疏《禮記注疏‧卷二十六》,臺北:藝文 印書館《十三經注疏》,2001年12月,頁507。

[23] 〔東漢〕鄭玄注、〔唐〕孔穎達疏《禮記注疏‧卷九》,臺北:藝文印書 館《十三經注疏》,2001年12月,頁168。

[24] 見林素英《古代生命禮儀中的生死觀》,臺北:文津出版社,1997年8 月,頁85。

腦仍可能維持運作一段時間，若僅以「屬纊」[25]判斷一個人是否死亡，未免過於匆促草率，「復禮」的執行，應該也有延後判斷死訊的作用。在行「復禮」之後，死者仍未復生，正式的喪禮才開始進行，是以《禮記・喪大記》言「唯哭先復，復而後行死事。始卒，主人啼，兄弟哭，婦人哭踊。」[26]「楔齒」，是因為將行「飯含」[27]，恐死者口急閉，故用角柶將死者嘴齒撐開；「綴足」則是因為將為死者穿鞋，恐其足痙攣扭曲，故以几案將死者雙足固定。此為對死者遺體做初步的整理，以為之後的「襲衣」、「小斂」做準備。至於「始死奠」，鄭《注》言：「鬼神無象，設奠以馮依之。」賈《疏》則引《禮記・檀弓上》曾子曰：「始死之奠，其餘閣也與？」說明始死奠係採「閣之餘食為之」[28]，胡培翬進一步推論這是因為「始死，未容改異，故以生時度閣上所餘脯醢以為奠也。」「蓋哀不能文，而於新死者亦未忍遽以鬼神之禮事之也。」（《儀禮正義・卷二十六》）[29]蓋以初死事劇，喪家不及備禮飾文，也不忍遽以鬼神之禮事死者，故仍用閣中日常餘食以饋奠。張爾岐《儀禮鄭注句讀・士喪禮》言：「喪禮

---

[25] 《儀禮・既夕禮》：「屬纊，以俟絕氣。」又《禮記・喪大記》：「疾病，外內皆掃。君大夫徹縣，士去琴瑟。寢東首於北牖下。廢床。徹褻衣，加新衣，體一人。男女改服。屬纊以俟絕氣。」鄭《注》言：「纊，今之新綿，易動搖，置口鼻之上以為候。」蓋將新棉置於將死者口鼻之間，視其是否搖動，藉以判斷死者是否斷氣。

[26] 〔東漢〕鄭玄注、〔唐〕孔穎達疏《禮記注疏・卷四十四》，臺北：藝文印書館《十三經注疏》，2001 年 12 月，頁 763。

[27] 亦作「飯唅」，《荀子・禮論》：「始卒，沐浴鬠體飯唅，象生執也。」以珠、玉、貝、米等物納於死者之口，蓋「飯用米貝，弗忍虛也。」（《禮記・檀弓下》）因死者家屬以生事死，遂不忍其親虛口也，故以米貝實之。

[28] 〔東漢〕鄭玄注、〔唐〕賈公彥疏《儀禮注疏・卷三十五》，臺北：藝文印書館《十三經注疏》，2001 年 12 月，頁 410。

[29] 〔清〕胡培翬《儀禮正義》，南京：江蘇古籍出版社，1993 年 7 月，頁 1650。

凡二大端，一以奉體魄，一以事精神。楔齒、綴足，奉體魄之始；奠脯醢，事精神之始也。」[30]凌廷堪《禮經釋例‧卷八》接續張爾岐之意，言：「若然，則葬乃奉體魄之終，祭乃事精神之終也。」[31]「楔齒」、「綴足」、「奠脯醢」之事，既為喪禮之端緒，且為喪家整理死者遺體、奉事死者鬼魂之事，應由喪主為之，而不宜再由他人代勞。此或為《司馬氏書儀‧卷五》在「復」禮之後，言：「然後行死事，立喪主、主婦、護喪、司書、司貨。」[32]《文公家禮‧卷四》亦於「復」之後，隨即論列「喪主」、「主婦」、「護喪」、「司書司貨」[33]之主要原因。

　　除此之外，《禮記‧檀弓上》記：「曾子曰：『尸未設飾，故帷堂，小斂而徹帷。』仲梁子曰：『夫婦方亂，故帷堂，小斂而徹帷。』」鄭《注》言：「斂者，動搖尸，帷堂，為人褻之。言『方亂』，非也。」孔《疏》言：「知『方亂，非』者，以小斂之後，豈無夫婦方亂之事，何故徹帷乃云『方亂』？明為動搖尸柩，故帷堂。」[34]鄭、孔二人雖均以曾子所言「防褻」為是，而以仲梁子所言「方亂」為非，但都未否認帷堂之時，已立有喪主與主婦，亦可為「復」後、「帷堂」前立喪主之證。

30　〔清〕張爾岐《儀禮鄭注句讀》，臺北：學海出版社，1981 年 9 月，頁541。

31　〔清〕凌廷堪《禮經釋例》，上海：上海古籍出版社《續修四庫全書》第90 冊，頁 153。

32　〔宋〕司馬光《司馬氏書儀》，《景印文淵閣四庫全書》第 142 冊，臺北：臺灣商務印書館，1986 年 3 月，頁 484。

33　〔宋〕朱熹《文公家禮》，《景印文淵閣四庫全書》第 142 冊，臺北：臺灣商務印書館，1986 年 3 月，頁 547-548。

34　〔東漢〕鄭玄注、〔唐〕孔穎達疏《禮記注疏‧卷八》，臺北：藝文印書館《十三經注疏》，2001 年 12 月，頁 147。

✎三、立喪主之法

　　《儀禮・士喪禮》之經文並未言及立喪主之法，鄭玄及賈公彥在「乃赴于君。主人西階東，南面命赴者，拜送。」下之說解，亦著重在何以需赴告於君的說明，未說明如何確立喪主。[35]《禮記・喪大記》「始卒，主人啼，兄弟哭，婦人哭踊。」下，孔《疏》言：「主人，孝子男子女子也。」[36]亦語焉不詳。今考諸《禮記》、《司馬氏書儀》及《文公家禮》等書記載，古人立主之法，應可由下列諸端言之：

（一）尊為卑主

　　又可分為以下四者：

1.父為子主

　　《禮記・奔喪》曰：「凡喪，父在，父為主。」鄭《注》言：「與賓客為禮，宜使尊者。」[37]此因需與賓客行禮，故應由尊者主之，子之喪，由父主之也。

2.祖為孫主，舅為子婦主

　　又前引〈奔喪〉文下，孔《疏》則曰：「子有妻、子喪，則其父為主。」[38]是孔穎達以為該章句之義為子之妻、子死，皆由父為之主喪。故而形成舅為子婦主，祖為孫主。

[35] 〔東漢〕鄭玄注、〔唐〕賈公彥疏《儀禮注疏・卷三十五》，臺北：藝文印書館《十三經注疏》，2001 年 12 月，頁 410。

[36] 〔東漢〕鄭玄注、〔唐〕孔穎達疏《禮記注疏・卷四十四》，臺北：藝文印書館《十三經注疏》，2001 年 12 月，頁 763。

[37] 〔東漢〕鄭玄注、〔唐〕孔穎達疏《禮記注疏・卷五十六》，臺北：藝文印書館《十三經注疏》，2001 年 12 月，頁 945。

[38] 同上註。

3.夫為妻主，兄為弟主

〈奔喪〉「父為子主」下，續云：「父沒，兄弟同居各主其喪。親同，長者主之；不同，親者主之。」「父沒，兄弟同居各主其喪。」鄭《注》曰：「各為其妻、子之喪為主也。」[39]是知若父歿，則夫當主妻之喪，是夫為妻主也。又「親同，長者主之」下，鄭《注》曰：「父母沒，如昆弟之喪，宗子主之。」孔《疏》則云：「親同，謂同三年期，同父母者。若同父母喪者，則推長子為主。若昆弟喪，亦推長者為主也。」[40]故知父母之喪，由長子為主，而父母喪後，若昆弟有喪，當推長者為主，即兄為弟主也。

4.君為臣主

《禮記‧喪服小記》曰：「諸侯弔於異國之臣，則其君為主。」孔《疏》言：「君無弔他臣之禮，若來在此國，遇主國之臣喪時，為彼君之故而弔，故主國君代其臣之子為主。」[41]即甲國國君原無弔乙國臣子之禮，但若此時甲國國君適在乙國，則因尊重乙國國君之故而往弔，乙國國君亦需暫代其臣之子為主，以求身份相敵。故而形成君為臣主。

除了上述四種情形，禮書中關於「尊為卑主」相關的論述，尚有以下數則，宜一併論之，以求完備：

1.父為長子主，但不為庶子主

《禮記‧喪服小記》云：

---

39 〔東漢〕鄭玄注、〔唐〕孔穎達疏《禮記注疏‧卷五十六》，臺北：藝文印書館《十三經注疏》，2001 年 12 月，頁 945。

40 同上註。

41 〔東漢〕鄭玄注、〔唐〕孔穎達疏《禮記注疏‧卷三十三》，臺北：藝文印書館《十三經注疏》，2001 年 12 月，頁 606。

庶子在父之室，則為其母不禫。庶子不以杖即位。父不主庶子之喪，則孫以杖即位可也。

孔《疏》言：

庶子在父之室，則為其母不禫者，此謂不命之士，父子同宮者也。若異宮則禫之，如下言則亦猶杖也。……庶子不以杖即位者，謂適庶俱有父母之喪也，適子得執杖進阼階哭位，庶子至中門外而去之，以下於適子也。……父不主庶子之喪，則孫以杖即位可也者，父主適子喪而有杖，故適子子不得以杖即位，以辟主故耳，非厭也。今此父不主庶子喪，故庶子子則得杖即位也，祖不厭孫，孫得伸也。[42]

按《禮記‧內則》言：「由命士以上，父子皆異宮。」[43]故可知所謂「庶子在父之室」，代表此庶子未受有爵命，是以孔《疏》稱其為「不命之士」。庶子既與父同宮，有母之喪時為父所抑，故不進行禫祭。有父母之喪時，嫡子可以執杖立於阼階，庶子僅能立於中門之外。又因為「喪無二主」，父既主長子之喪，故長子之子不能再為主，而由於父不主庶子之喪，故庶子之子得為主也。

2.夫為妻主，亦可暫為攝室之妾主

若父已亡，則夫可為妻主，是否可為妾主？《禮記‧雜記》曰：

---

[42] 〔東漢〕鄭玄注、〔唐〕孔穎達疏《禮記注疏‧卷三十三》，臺北：藝文印書館《十三經注疏》，2001 年 12 月，頁 605。

[43] 〔東漢〕鄭玄注、〔唐〕孔穎達疏《禮記注疏‧卷二十七》，臺北：藝文印書館《十三經注疏》，2001 年 12 月，頁 519。

主妾之喪，則自祔至於練、祥，皆使其子主之。其殯、祭不於正室。

孔《疏》曰：

妾既卑賤，得主之者，崔氏云：「謂女君死，攝女君也。」則自祔者，以其祔祭於祖姑，尊祖故自祔也，以其祔廟也。……雖攝女君，猶不正適，故殯之與祭，不得在正室。[44]

在傳統禮儀制度中，其階級區分，等級森嚴，常可從其「身份的獨佔性」略窺一二。如此處所言妻亡後，妾則攝室焉，但妻以其特殊身份所享的尊榮，攝室之妾仍不能分享，如夫雖可為其主，但必須在祔祭之前才可以，祔祭之後乃至於練、祥諸儀仍由其子為主；且雖已攝室，在殯、祭仍不得於正室。

（二）卑為尊主

《禮記·喪服小記》「久而不葬者，唯主喪者不除，其餘以麻終月數者，除喪則已。」下，孔《疏》言：

此一節論久而不葬、不變服之事。久而不葬者，謂有事礙不得依月葬者，則三年服身，皆不得祥除也。今云唯主喪者，亦欲廣說子為父、妻為夫、臣為君、孫為祖得為喪主，四者悉不除也。[45]

---

[44] 〔東漢〕鄭玄注、〔唐〕孔穎達疏《禮記注疏·卷四十一》，臺北：藝文印書館《十三經注疏》，2001 年 12 月，頁 721。

[45] 〔東漢〕鄭玄注、〔唐〕孔穎達疏《禮記注疏·卷三十三》，臺北：藝文印書館《十三經注疏》，2001 年 12 月，頁 604。

　　雖此處〈喪服小記〉之文，係說明久喪不葬之變例，但我們可從孔《疏》中得知卑可為為尊主，且可細分為「子為父」、「妻為夫」、「臣為君」及「孫為祖」四者。其中「子為父」、「孫為祖」應為立喪主之法中，較為常見的情形，故而《司馬氏書儀・卷五》在「立喪主」下，自注曰：「凡主人，當以長子為之。無長子，則長孫承重。」[46]《文公家禮・卷四》「立喪主」下亦曰：「凡主人，謂長子。無則長孫承重以奉饋奠。」[47]彭天相《喪禮攝要・立喪主》則言：「喪主，謂死者之嫡長子，宜主饋奠者。長子死，則承嫡長孫主之。」[48]妻為夫主者，稱為「主婦」，《禮記・檀弓下》記：「歠主人、主婦、室老，為其病也，君命食之也。」孔《疏》即言：「主人，亡者之子；主婦，亡者之妻；室老，家之長相。此三者並是大夫之家貴者，為其歠粥，病困之，故君必有命食疏飯也。」[49]至於「臣為君主」，蓋亦同於斬衰「諸侯為天子，傳曰：天子至尊也。君，傳

---

[46] 〔宋〕司馬光《司馬氏書儀》，《景印文淵閣四庫全書》第 142 冊，臺北：臺灣商務印書館，1986 年 3 月，頁 484。

[47] 〔宋〕朱熹《文公家禮》，《景印文淵閣四庫全書》第 142 冊，臺北：臺灣商務印書館，1986 年 3 月，頁 547。

[48] 彭衛民《喪禮攝要箋釋》，臺北：新銳文創，2012 年 6 月，頁 68-69。

[49] 〔東漢〕鄭玄注、〔唐〕孔穎達疏《禮記注疏・卷九》，臺北：藝文印書館《十三經注疏》，2001 年 12 月，頁 170。唯《司馬氏書儀・卷五》於「主婦」下，云：「若亡者無妻，及母之喪，則以主人之妻為主婦。」《文公家禮・卷四》「主婦」下亦云：「謂亡者之妻，無則主喪者之妻。」陳澔《禮記集說》於疏解〈檀弓下〉「歠主人、主婦、室老，為其病也，君命食之也。」章時，言：「疏曰：『主人，亡者之子：主婦，亡者之妻，無則主人之妻也。』」將「主人之妻亦可為主婦」之說誤為孔《疏》之主張。後世似習焉不察，如《明會典・卷九十九》：「主婦，亡者之妻，無則主喪者之妻。」彭天相《喪禮攝要》「主婦」項下記：「孔穎達注檀弓曰：『主婦，謂亡者之妻，無則主喪者之妻。父喪，嫡母為主婦，如嫡母歿，則喪主之妻主之。』」但無論是亡者之妻為主婦，或主喪者之妻為主婦，均仍可視為「卑為尊主」。

曰：君至尊也。」（《儀禮・喪服》）[50]之意，《禮記・大傳》言：「服術有六：一曰親親，二曰尊尊，三曰名，四曰出入，五曰長幼，六曰從服。」[51]《禮記・喪服四制》又言：「門內之治，恩掩義；門外之治，義斷恩。資於事父以事君，而敬同，貴貴尊尊，義之大者也。故為君亦斬衰三年，以義制者也。」[52]是以孔穎達於前引《儀禮》「諸侯為天子」經文下《疏》云：「臣為之服。此君內兼有諸侯及大夫，故文在天子下。鄭注《曲禮》云：『臣無君猶無天。』則君者，臣之天，故亦同之於父為至尊。但義故，還著義服也。卿大夫承天子諸侯，則天子諸侯之下，卿大夫有地者皆曰君。」[53]杜佑《通典・卷八十八・凶禮十》言：「周制，臣為君，君至尊也。馬融曰：『君，一國所尊也，故曰至尊也。』斬縗三年，子為父，本周制。自後歷代更有議論，逐件更標臣為君亦三年。」[54]既然與天子、諸侯關係親近的卿大夫，得為天子、諸侯服斬衰喪，則應亦可立為喪主也。

（三）尊卑可並為主

《禮記・曾子問》記：

> 曾子問曰：「喪有二孤，廟有二主，禮與？」孔子曰：「天無二日，士無二王，嘗禘郊社，尊無二上，未知其為禮也。昔者齊桓公亟舉兵，作偽主以行，及反，藏諸祖廟，廟有二主，自桓

50　〔東漢〕鄭玄注、〔唐〕賈公彥疏《儀禮注疏・卷二十九》，臺北：藝文印書館《十三經注疏》，2001 年 12 月，頁 346。

51　〔東漢〕鄭玄注、〔唐〕孔穎達疏《禮記注疏・卷三十四》，臺北：藝文印書館《十三經注疏》，2001 年 12 月，頁 619。

52　〔東漢〕鄭玄注、〔唐〕孔穎達疏《禮記注疏・卷六十三》，臺北：藝文印書館《十三經注疏》，2001 年 12 月，頁 1032。

53　〔東漢〕鄭玄注、〔唐〕賈公彥疏《儀禮注疏・卷二十九》，臺北：藝文印書館《十三經注疏》，2001 年 12 月，頁 346。

54　〔唐〕杜佑《通典》，臺北：藝文印書館《四庫善本叢書》第 28 冊，1965 年，頁 2a。

公始也。喪之二孤，則昔者衛靈公適魯，遭季桓子之喪，衛君請弔。哀公辭，不得命。公為主，客入弔，康子立於門右北面，公揖讓升自東階西鄉，客升自西階，弔，公拜，興，哭，康子拜稽顙於位，有司弗辯也。今之二孤，自季康子之過也。」[55]

此段記載，後世儒者雖曾置疑[56]，但卻為「喪無二主」說之主要由來。但《禮記‧喪服小記》「婦之喪，虞、卒哭，其夫若子主之；祔，則舅主之。」下，鄭《注》曰：「謂凡適婦庶婦也。虞、卒哭祭婦，非舅事也。祔於祖廟，尊者宜主焉。」孔《疏》則言：「虞與卒哭，具在於寢，故其夫或子則得主之，祔是祔於祖廟，其事既重，故舅主之。」[57]又《禮記‧雜記上》記：「為長子杖，則其子不以杖即位。」鄭《注》曰：「辟尊者。」孔《疏》曰：「其子，長子之子，祖在不厭孫，其孫得杖，但與祖同處，不得以杖即位，辟尊者。」[58]亦言適子之喪，父與適子之子皆為主。是以《司馬氏書儀‧卷五》在「立喪　主」下，自注曰：「若子孫有喪而祖父主之，子孫執喪，祖父拜賓。」[59]《文公家禮‧卷四》在「凡主人謂長子，無則長孫承重以奉饋奠」下續云：「其與賓客為禮，則同居之親且尊者主之。」[60]

---

[55] 〔東漢〕鄭玄注、〔唐〕孔穎達疏《禮記注疏‧卷十八》，臺北：藝文印書館《十三經注疏》，2001 年 12 月，頁 367。

[56] 《春秋》載季桓子之卒，在魯哀公三年，時衛君應為出公，且衛出公亦無適魯之事也。孫希旦《禮記集解》便疑此章有誤也。

[57] 〔東漢〕鄭玄注、〔唐〕孔穎達疏《禮記注疏‧卷三十三》，臺北：藝文印書館《十三經注疏》，2001 年 12 月，頁 607。

[58] 〔東漢〕鄭玄注、〔唐〕孔穎達疏《禮記注疏‧卷四十一》，臺北：藝文印書館《十三經注疏》，2001 年 12 月，頁 722。

[59] 〔宋〕司馬光《司馬氏書儀》，《景印文淵閣四庫全書》第 142 冊，臺北：臺灣商務印書館，1986 年 3 月，頁 484。

[60] 〔宋〕朱熹《文公家禮》，《景印文淵閣四庫全書》第 142 冊，臺北：臺灣商務印書館，1986 年 3 月，頁 547。

可知若為一尊主一卑主，職司有異，則喪可有二主。

（四）卑主尊不主

　　此為立喪主之變禮。《禮記・雜記》云：「大夫之適子，服大夫之服。」鄭《注》言：「仕至大夫，賢著而德成，適子得服其服。」故若父為士，子為大夫，子亡時，父不得為其主，以士不可主大夫也，必子之適子方可為其主，因其可服大夫之服也。孔《疏》即言此因「父貴可以及子」、「子貴不可以及父」。[61]若此時身為大夫之子無子，則需請他大夫之適子攝之，士之父終不得為大夫之子之主也。此禮看似謬亂，但在宗法制度分明的古代社會，卻是極為合理的安排。

（五）攝主

　　所謂「攝主」，即亡者無子嗣或子嗣幼小，而請其他親屬或朋友代為之主。亦應視為立喪主之變禮。又可分以下四點論之：

1.男主使同姓，婦主使異姓

　　《禮記・喪服小記》云：「男主必使同姓，婦主必使異姓。」孔《疏》引庾氏之言曰：「喪有男主以接男賓，女主以接女賓。若父母之喪，則適子為男主，適婦為女主也。今或無適子適婦為正主，遣他人攝主，若攝男主，必使喪家同姓之男，若攝婦主，必使喪家異姓之女。」[62]攝男主者使同姓，甚為易曉，以其原攝適子之位也，焉有適子與己不同姓者？攝婦主者異姓，不得使同姓婦人者，鄭《注》、孔《疏》皆言「婦人外成」，蓋同姓之婦人終究適於他族，故不得攝婦主也。又古人娶妻，不娶同姓，故攝婦主者必為異姓之人也。

---

[61]　〔東漢〕鄭玄注、〔唐〕孔穎達疏《禮記注疏・卷四十》，臺北：藝文印書館《十三經注疏》，2001 年 12 月，頁 713-714。

[62]　〔東漢〕鄭玄注、〔唐〕孔穎達疏《禮記注疏・卷三十二》，臺北：藝文印書館《十三經注疏》，2001 年 12 月，頁 591。

2.主有親疏，其攝亦有遠近

《禮記・喪服小記》又云：「大功者，主人之喪有三年者，則必為之再祭。朋友虞祔而已。」鄭《注》言：「謂死者之從父昆弟來為喪主，有三年者，謂妻若子幼少，大功為之再祭，則小功緦麻為之練祭可也。」孔《疏》云：「此明為人主喪法也。大功，從父兄弟也。主人之喪者，謂死者無近親，而從父昆弟為之主喪，故云主人喪也。有三年者，謂死者有妻若子，妻不可為主，而子猶幼少，未能為主，故大功者主之。為之練、祥，再祭。朋友虞祔而已者，朋友疏於大功，不能為練、祥，但為之虞祔而已。然則大功尚為練、祥，則虞祔亦為之可知。……親重者為之遠祭，親輕者為之近祭，故大功為之祥及練，小功緦麻為之練，朋友但為之虞祔也。」[63]綜合《注》、《疏》之說，由於主有親疏，故其攝有遠近，實可細分三點以明之：

（1）若死者本當有妻或子可主三年喪者，特妻或有疾而子尚幼小，皆不能主，則大功（從父昆弟）當代為之主喪至練祥祭後也。

（2）若死者本只有服小功之親，則服小功之親代為之主喪至練祭。

（3）若死者無期功強近之親，則可由朋友代為主喪至三虞後祔祭。

又《禮記・雜記》言：「姑姊妹，其夫死而夫黨無兄弟，使夫之族人主喪，親之黨雖親弗主。夫若無族矣，則前後家、東西家，無有，則里尹主之。」[64]喪無無主也，若果無親族，則鄰居友朋亦可為主，並鄰居友朋亦無，則由里尹為主。此蓋民風樸厚，不忍見有無主之喪

---

[63] 〔東漢〕鄭玄注、〔唐〕孔穎達疏《禮記注疏・卷三十二》，臺北：藝文印書館《十三經注疏》，2001 年 12 月，頁 595。

[64] 〔東漢〕鄭玄注、〔唐〕孔穎達疏《禮記注疏・卷四十三》，臺北：藝文印書館《十三經注疏》，2001 年 12 月，頁 748。

也。若依「主有親疏，其攝亦有遠近」為論，果由里尹代為喪主，亦應至三虞後祔祭乃止。

3.大夫為士攝主

《禮記‧喪服小記》曰：「士不攝大夫。士攝大夫，唯宗子。」鄭《注》曰：「士之喪雖無主，不敢攝大夫以為主。宗子尊，可以攝之。」孔《疏》則云：「若宗子為士，而無主後者，可使大夫攝主之也。士之喪雖無主，不敢攝大夫為主，士卑故也。宗子尊則可以攝之也。」[65]此應視為「尊為卑主」之變，以其亦為攝主也，故附列於此。

✎四、「喪主」與「護喪」

護喪，原意指喪禮中協助辦理各項事務的人，易與「喪主」混淆，宜併論之。「護喪」一詞，出於《漢書‧霍光傳》：「光薨，上及皇太后親臨光喪。太中大夫任宣與侍御史五人持節護喪事。」[66]《通典‧職官十六‧文散官》「光祿大夫」下亦云：「秦時，光祿勳屬官有中大夫。漢武帝太初元年，更名光祿大夫。銀章青綬。掌議論，屬光祿勳。門外特施行馬，以旌別之。無常事，唯顧問應對，詔命所使，無員。後漢光祿大夫三人。凡諸國嗣王之喪，則掌弔，多以為拜假賵贈之使及監護喪事。」[67]可見從東漢開始，已專門委由光祿大夫職司為諸侯護喪。然而就史籍上的記載，也並非只有貴族喪葬才有護喪，

---

[65] 〔東漢〕鄭玄注、〔唐〕孔穎達疏《禮記注疏‧卷三十三》，臺北：藝文印書館《十三經注疏》，2001年12月，頁607。

[66] 〔東漢〕班固《漢書》，臺北：藝文印書館《武英殿刊本二十五史》，1956年，頁1328。

[67] 〔唐〕杜佑《通典》，臺北：藝文印書館《四庫善本叢書》第12冊，1965年，頁3b。

楊樹達在《漢代婚喪禮俗考》中，整理《漢書》、《後漢書》中的記
載，將護喪者的身份，分為朋友、門生、里中豪傑、國家使者、貴
戚、大臣、宦者等七類，凡十六則，甚為詳密。[68]漢後相沿成風，
《魏書・明帝紀》記漢獻帝劉協[69]去世時，魏明帝「素服發哀，遣使
持節典護喪事。」[70]《魏書・中山恭王衰傳》則記曹衰卒時，魏明帝
又「詔沛王林留訖葬，使大鴻臚持節典護喪事，宗正弔祭，贈賵甚
厚。」[71]《新唐書・段秀實傳》載段秀實在李嗣業亡故後，「使發卒
護喪送河內，親與將吏迎諸境，傾私財葬之。」[72]《全唐文・卷四四
四》中有韓翃〈為田神玉謝不許赴上都護喪表〉[73]等，均可為證。
《司馬氏書儀・卷五》立「護喪」條目，並於其下曰：「以家長或子
孫能幹事知禮者一人為　之，凡喪事皆稟焉。若主人未成服不出，則
代主人受弔、拜賓及受賵襚。」[74]蓋「死之為道也，一而不可得再復
也，臣之所以致重其君，子之所以致重其親，於是盡矣。故事生不忠
厚，不敬文，謂之野；送死不忠厚，不敬文，謂之瘠。」（《荀子・禮
論》）[75]是以奉體魄、事精神、成服、居喪、受弔、治材、筮日、卜
宅、停殯、窆葬等，喪禮事繁而要，以明死生之義，表生者哀思，且

---

[68] 楊樹達《漢代婚喪禮俗考》，臺北：華世出版社，1976 年 12 月，頁 234-
237。

[69] 漢獻帝建安二十五年（220A.D），漢獻帝劉協禪讓帝位予魏文帝曹丕，
漢亡。曹丕奉劉協為山陽公，邑一萬戶，位在諸侯王上，奏事不稱臣，
受詔不拜，行漢正朔，仍可以天子禮行郊祭。事見《魏書・文帝紀》。

[70] 〔晉〕陳壽《三國志》，臺北：藝文印書館《武英殿刊本二十五史》，
1956 年，頁 136。

[71] 同上註，頁 522。

[72] 許嘉璐《新唐書》，上海：世紀出版集團《二十四史全譯》第 6 冊，2004
年 1 月，頁 3454。

[73] 〔清〕董誥《全唐文》，上海：上海古籍出版社，1990 年，頁 2005。

[74] 〔宋〕司馬光《司馬氏書儀》，《景印文淵閣四庫全書》第 142 冊，臺
北：臺灣商務印書館，1986 年 3 月，頁 484。

[75] 李滌生《荀子集釋》，臺北：臺灣學生書局，1986 年 10 月，頁 432。

又彰倫理、顯宗法，不得不慎。若均由主人、主婦、眾主人[76]董理一切，未免過於龐雜，故可由親友中擇知禮者為護喪，或由官長指定某人為護喪，以協助喪主辦理喪事。

時至今日，喪葬文書中仍有「護喪」一詞，但意義似已與古代不完全相同。據內政部民政司編印之《平等自主 慎終追遠：現代國民喪禮》中，於說明訃聞專有名詞時，言「妻／護喪妻」為「夫死，子女尚未成年，元配擔任喪主稱『妻』。若子女已成年，由子女擔任喪主，則可依現代實務稱『護喪妻』。」再於其後說明：「古俗，夫歿，妻自稱『未亡人』。但『未亡人』一詞殘忍、不符人性，違反兩性平權觀念，且有性別歧視之嫌。因此，不應使用，建議自稱妻、護喪妻。」在「夫／護喪夫」下則云：「現代無論夫之父母是否健在，妻死子女尚未成年，夫擔任喪主稱夫。子女已成年，負責辦理喪事，且堪擔任喪主，則稱『護喪夫』。」[77]同樣是擔任喪禮輔助者的角色，但將範圍限縮在亡者之配偶，是否稱「護喪」的關鍵則在於子女是否已成年而可以獨理喪事。「護喪」一詞的用法，在現代之所以發生改變，其主因應與「未亡人」一詞備受批評有關。「未亡人」一詞出於《左傳‧莊公二十八年》：「楚令尹子元欲蠱文夫人，為館於其宮側，而振萬焉，夫人聞之，泣曰：『先君以是舞也，習戎備也，今令尹不尋諸仇讎，而於未亡人之側，不亦異乎？』」杜預《注》言：「未亡人，古代寡婦自稱之詞。」[78]雖就《左傳》經注而言，「未亡人」

---

[76] 《儀禮‧士喪禮》記「哭位」時，言：「（主人）入，坐於床東。眾主人在其後，西面。」鄭《注》言：「眾主人，庶昆弟也。」蓋以死者之嫡長子為主人，而死者之庶昆弟為眾主人。見〔東漢〕鄭玄注、〔唐〕賈公彥疏《儀禮注疏‧卷三十五》，臺北：藝文印書館《十三經注疏》，2001年12月，頁410。

[77] 內政部民政司《平等自主 慎終追遠：現代國民喪禮》，臺北：內政部，2016年6月，頁130、頁132。

[78] 〔晉〕杜預注、〔唐〕孔穎達疏《左傳注疏‧卷十》，臺北：藝文印書館《十三經注疏》，2001年12月，頁177。

之稱未有貶意，但因其出處與淫逸之事相關，且就字面上理解，「未亡人」似乎是將妻子的生命寄託在先生身上，今夫既已亡故，妻子就應跟著死去，所以妻子現在就只是「尚未死亡的人」。這樣的說法，將女性視為男性的附屬品，漠視女性獨立存在的價值，與現代性別平等的觀念格格不入，因而「護喪妻」一詞代之，再則也因男女平等，又出現「護喪夫」的稱謂。但「護喪」與「主喪」不同，既是「護喪」，就應只是輔助者的角色，是以子女為喪主，而父母退居幕後，稱為「護喪夫（妻）」。若子女年幼，仍由父母主配偶之喪，則仍應但稱「夫」或「妻」即可，不可混用「護喪夫（妻）」。古代禮俗流傳至今，有變有不變，我們應謹慎區別。

✎ 五、結語

在我國，除了地緣之外，血緣、姻緣是人際關係重要的連結。傳統喪葬禮儀的意義，除了安頓死者、安慰生者，「最突出的一點就是親屬關係的大檢閱」[79]。喪禮在招魂之後，先要「立喪主、主婦」，即是確立死者繼承人或其權利義務人的意思，在整個喪禮中，喪主、主婦及其以下諸人在儀式中有一定位序，也可代表與死者的關係。

最後，我們還可以留意兩則關於「喪主」的記載。《禮記・檀弓上》記：「曾子襲裘而弔，子游裼裘而弔。曾子指子游而示人曰：『夫夫也，為習於禮者，如之何其裼裘而弔也？』主人既小斂、袒、括髮；子游趨而出，襲裘帶絰而入。曾子曰：『我過矣，我過矣，夫夫是也。』」[80]又《世說新語・任誕》記：「阮步兵喪母，裴令公往弔

---

[79] 喬繼堂《中國人生禮俗》，臺北：百觀出版社，1993 年 2 月，頁 246。
[80] 〔東漢〕鄭玄注、〔唐〕孔穎達疏《禮記注疏・卷七》，臺北：藝文印書館《十三經注疏》，2001 年 12 月，頁 134。

之。阮方醉，散髮坐床，箕踞不哭。裴至，下席於地，哭弔喭畢，便去。或問裴：『凡弔，主人哭，客乃為禮。阮既不哭，君何為哭？』裴曰：『阮方外之人，故不崇禮制；我輩俗中人，故以儀軌自居。』時人歎為兩得其中。」[81]喪主的作為，除了審己，也可以度人。在前一則的記載中，曾子原本認為自己的穿著合於弔喪的規範，故而批評子游的穿著不合禮，後來才驚覺主人尚未變服，自己的弔服穿著反而顯得失禮。在第二則的記載中，阮籍本為性情中人，曾言「禮豈為我輩設也？」（《世說新語・任誕》）[82]其居母喪時行徑荒誕乖張，裴楷仍以禮弔之，便不免受人質疑。所以，禮尚往來，一廂情願的「合禮」行為也未必就合於禮，喪主的言行，顯然是喪葬過程己身與他人是否合禮的重要準據，由此亦可見「喪主」在傳統喪禮中的重要角色。

---

[81] 楊勇《世說新語校箋》，臺北：正文書局，1992 年 10 月，頁 553。
[82] 同上註，頁 551。

參考文獻

古籍

〔東漢〕鄭玄注　〔唐〕賈公彥疏　《儀禮注疏》　臺北　藝文印書館　2001 年 12 月

〔東漢〕鄭玄注　〔唐〕孔穎達疏　《禮記注疏》　臺北　藝文印書館　2001 年

〔東漢〕班固　《漢書》　臺北　藝文印書館《武英殿刊本二十五史》本　1956 年

〔漢〕趙岐注　〔宋〕孫奭疏　《孟子注疏》　臺北　藝文印書館　2001 年 12 月

〔魏〕何晏注　〔宋〕邢昺疏　《論語注疏》　臺北　藝文印書館　2001 年 12 月

〔晉〕杜預注　〔唐〕孔穎達疏　《左傳注疏》　臺北　藝文印書館　2001 年 12 月

〔晉〕陳壽　《三國志》　臺北　藝文印書館《武英殿刊本二十五史》本　1956 年

〔唐〕杜佑　《通典》　臺北　藝文印書館《四庫善本叢書》本　1965 年

〔宋〕司馬光　《司馬氏書儀》　臺北　商務印書館《文淵閣四庫全書》本　1986 年 3 月

〔宋〕朱熹　《文公家禮》　臺北　商務印書館《文淵閣四庫全書》本　1986 年 3 月

專書

內政部民政司　《平等自主　慎終追遠：現代國民喪禮》　臺北　內政部　2016 年 6 月

毛先舒　《喪禮雜說》　上海　上海古籍出版社《檀几叢書》本　1992 年

李滌生　《荀子集釋》　臺北　臺灣學生書局　1986 年 10 月

林素英　《古代生命禮儀中的生死觀》　臺北　文津出版社　1997 年 8 月年 12 月

胡培翬　《儀禮正義》　南京　江蘇古籍出版社　1993 年 7 月

凌廷堪　《禮經釋例》　上海　上海古籍出版社《續修四庫全書》本　2002 年 3 月

張爾岐　《儀禮鄭注句讀》　臺北　學海出版社　1981 年 9 月

許嘉璐　《新唐書》　上海　世紀出版集團《二十四史全譯》本　2004 年 1 月

喬繼堂　《中國人生禮俗》　臺北　百觀出版社　1993 年 2 月

彭衛民　《喪禮撮要箋釋》　臺北　新銳文創　2012 年 6 月

楊　勇　《世說新語校箋》　臺北　正文書局　1992 年 10 月

楊樹達　《漢代婚喪禮俗考》　臺北　華世出版社　1976 年 12 月

董　誥　《全唐文》　上海　上海古籍出版社　1990 年

「餕餘」考

一、前言

　　《禮記‧曲禮》記：「餕餘不祭，父不祭子，夫不祭妻。」鄭玄《注》曰：「食人之餘曰餕。」孔《疏》從之，歷代學者多未置疑。但質諸其他典籍所載，以「食人之餘」解「餕」，似有未安，宜再辨析。另，「餕餘」雖常屬於祭禮，但婚禮中亦多見之，而秦蕙田《五禮通考》僅以祭禮論之，似有未備，宜可補正。再者，「餕餘」之目的，在於取得與祭祀對象或尊長的聯繫，其起源應與交感巫術中「接觸巫術」相關，或可加以演繹。最後，〈曲禮〉所記「餕餘不祭」，其「祭」指「食祭」或泛稱一般祭祀，其文義是否連屬下文等，論者多有異見，應加揀擇。本文擬就以上四者，略抒己見，就教於方家。

二、《禮記》「餕」字解

　　《禮記‧曲禮》記：「餕餘不祭，父不祭子，夫不祭妻。」鄭玄《注》曰：「食人之餘曰餕。」孔《疏》亦曰：「餕者，食餘之名。」看似孔《疏》承襲鄭《注》，以「食餘」解「餕」，但若以語法解析，鄭玄以「餕」為「吃他人剩下的食物」之意，做動詞使用；孔疏所稱之「餕」，卻可以有兩種解釋，一是「食餘之事」，「餕」做動詞使用；

二為「食餘之物」,「餕」做名詞使用[1]。再觀《禮記・郊特牲》:「厥明,婦盥饋。舅姑卒食,婦餕餘,私之也。」其下孔《疏》言:「食餘曰餕。婦餕餘,謂舅姑食竟,以餘食與之也。」可以確知孔《疏》仍從鄭《注》,而以「食人之餘」解「餕」,故歷來註解《禮記》「餕」意者,多以此說為主,或略有補充,少有異說。如陳澔《禮記集說》在〈曲禮〉「餕餘不祭」下言:「尸餕鬼神之餘,臣餕君之餘,賤餕貴之餘,下餕上之餘,皆餕也。」僅說明「餕餘」均為卑餕尊之餘,而仍以「食餘」解「餕」。

但若「餕」即為「食餘」之意,則「餕餘」一詞中,「餘」字豈非冗贅?且《禮記》尚有其他章句述及「餕」字,如〈內則〉:「父母在,朝夕恒食,子婦佐餕,既食恒餕。父沒母存,冢子御食,群子婦佐餕如初,旨甘柔滑,孺子餕。」鄭《注》言:「每食餕而盡之,末有原也。」「御,侍也。謂長子侍母食也。侍食者不餕,其婦猶皆餕也。」孔《疏》言:「此一節論父母之食,子婦餕餘之禮也。子婦佐餕者,謂長子及長子之婦佐餕者,食必須盡。以父母食不能盡,故子婦佐助餕食之使盡,勿使有餘,恐再進。故注云『末有原也』,末,無也;原,再也,無使有餘而再設也。羣子婦佐餕如初者,冢子既侍母而食,羣子婦謂冢子之弟婦及眾弟婦,而佐餕如初者,如上父母在子婦佐餕之禮,故云如初也。」似以「食盡」代替「食餘」解「餕」[2],但若子婦佐父母餕,父母「食必須盡」或已「餕而盡之」,則其下「既食恒餕」又不得解,鄭、孔於此語焉不詳。衡諸〈內則〉章句,此文

---

[1] 《說文解字・卷六》言:「餕,食之餘也。从食夋聲。」即將「餕」解為「食餘之物」,做名詞用。

[2] 《大戴禮記・保傅》記:「天子宴私安如易,樂而湛,飲酒而醉,食肉而餕,飽而強,飢而惏,暑而喝,寒而嗽,寢而莫宥,坐而莫侍,行而莫先莫後。天子自為開門戶,取玩好,自執器皿,亟顧環面,御器之不舉不藏,凡此其屬,少保之任也。」文中之「餕」,亦做「食盡」解,此處孔疏或受其影響。

中之「餕」，當有二解，「子婦佐餕」、「群子婦佐餕」、「孺子餕」中之「餕」，應訓為「食」，即「父母飲食時，冢子及冢婦在旁助之」、「父沒母存，冢子侍食時，冢子之弟婦及眾弟婦在旁協助」、「柔順甘滑之物，則由孺子食之」之意。「既食恒餕」之「餕」，仍可訓為「食人之餘」，其意當為「父母既食，子婦恒餕」，即在父母用餐之後，子、婦食其餘也。又〈玉藻〉記天子「皮弁以日視朝，遂以食，日中而餕。」鄭玄《注》曰：「餕，食朝之餘也。」孔《疏》則言：「日中而餕者，至日中之時，還著皮弁而餕朝之餘食。」仍以「食餘」解「餕」，但未明言是否「食人之餘」？蓋〈玉藻〉此言天子皮弁以視朝，並朝食，至日中則食朝食之餘。但「餕餘」均為卑餕尊之餘，天子至尊，無「食人之餘」的可能，可知此章句中之「餕」，應為天子「食己（朝食）之餘」。

　　如若「餕」，可做「食」、「食人之餘」、「食己之餘」三解，則「餕餘」一詞可解，《禮記》其他章句中之「餕」亦皆可解，如[3]〈文王世子〉：「其在宗廟之中，則如外朝之位。宗人授事，以爵以官。其登餕（食人之餘）獻受爵，則以上嗣。庶子治之，雖有三命，不逾父兄。」「宗廟之中，以爵為位，崇德也。宗人授事以官，尊賢也。登餕（食人之餘）受爵以上嗣，尊祖之道也。」〈郊特牲〉：「厥明，婦盥饋。舅姑卒食，婦餕（食）餘，私之也。舅姑降自西階，婦降自阼階，授之室也。」〈內則〉：「父母舅姑之衣衾簟席枕几不傳，杖屨只敬之，勿敢近。敦牟卮匜，非餕（食人之餘）莫敢用；與恒食飲，非餕（食人之餘），莫之敢飲食。」「妾將生子，及月辰，夫使人日一問之。子生三月之末，漱浣夙齊，見於內寢，禮之如始入室；君已食，徹焉，使之特餕（食人之餘），遂入御。」〈祭統〉：「夫祭有餕（食人之餘）；餕（食人之餘）者祭之末也，不可不知也。是故古之人有言曰：「善終者

<hr>

[3] 為免繁瑣，此處引文於「餕」字後，逕以己意標註做「食」或「食人之餘」解，並於括弧中明之，不再加註案語。

如始。」餕（食人之餘）其是已。是故古之君子曰：「尸亦餕（食）鬼
神之餘也，惠術也，可以觀政矣。」「是故尸謖，君與卿四人餕（食）。
君起，大夫六人餕（食）；臣餕（食）君之餘也。大夫起，士八人餕
（食）；賤餕（食）貴之餘也。士起，各執其具以出，陳于堂下，百官
進，徹之，下餕（食）上之餘也。凡餕（食人之餘）之道，每變以
眾，所以別貴賤之等，而興施惠之象也。是故以四簋黍見其修於廟中
也。廟中者竟內之象也。祭者澤之大者也。是故上有大澤，則民夫人
待于下流，知惠之必將至也，由餕（食人之餘）見之矣。」

　　要之，《禮記》鄭注孔疏以「食人之餘」解「餕」，則「餕餘」一
詞不可解。《禮記》章句若用「餕餘」一詞，則「餕」當釋為「食」，
「餕餘」則釋為「食人之餘」；《禮記》章句若單用「餕」字，則可能
有「食」、「食人之餘」、「食己之餘」兩解，必須隨文解釋，方不至於
誤讀經書。

✎ 三、「餕餘」類型

　　由前述《禮記》引文，我們可以知道《禮記》言「餕餘」，多屬
於祭禮。是故秦蕙田《五禮通考》卷八十九論「餕」，亦以〈祭統〉、〈曲
禮〉篇章為論，尤其在〈祭統〉篇下，秦蕙田整理鄭《注》孔《疏》
之重點，而言：

> 祭末餕餘之禮，尸亦餕鬼神餘者，若王侯初薦毛血燔燎，是薦
> 于鬼神，至薦孰時，尸乃食之，是餕鬼神之餘。若大夫士陰厭，
> 亦是先薦鬼神而後尸乃食，君于廟中事尸如君，則君爲臣禮，
> 君食尸餘，是臣食君餘，與大夫食君餘相似，故云臣餕君之餘
> 也。諸侯乏國，有五大夫，此云六者，兼有采地助祭也，以下

漸徧及下，示溥恩惠也。士廟中餕訖而起，所司各執其饌具以
出廟户，陳于堂下，百官餕訖，各徹其器而乃去之。

初餕貴而少，後餕賤而多，皆先上而後下，施惠之道亦當然，
故云施惠之象。餕之時，君與二卿以四簋之黍，欲見其恩惠修
整徧于廟中。諸侯之祭有六簋，今云四簋，以二簋留為陰厭之
祭。簋有黍稷，詩云黍者見其美，舉黍則稷可知也。以四簋而
徧廟中，如君之恩惠徧于竟内也。上先下後謂君上先餕，臣下
後餕，非上有財物積重不以施惠，使下有凍餒之民也。由餕見
之，言民所以知上有財物恩惠及于下者，祇由祭祀之餕，見其
恩逮于下之理。

　　〈祭統〉開宗明義即言「凡治人之道，莫急於禮。禮有五經，莫
重於祭。」是以祭禮為五禮之首，進而又以祭為「教之本」，言「祭有
十倫」，可以「見事鬼神之道焉，見君臣之義焉，見父子之倫焉，見貴
賤之等焉，見親疏之殺焉，見爵賞之施焉，見夫婦之別焉，見政事之
均焉，見長幼之序焉，見上下之際焉。」秦氏之言，由「事鬼神之道」、
「見君臣之義」、「見貴賤之等」、「見爵賞之施」、「見政事之均」、及
「見上下之際」等論「餕」，說明「尸餕鬼神之餘」之理，特重君臣上
下貴賤之等，以及恩惠普施達於四境之意，可謂得祭禮「餕餘」之
要。近現代學者多以祭祀為儒禮之起源[4]，儒家祭禮亦有報本反始、追

---

[4]《禮記・禮運》：「夫禮之初，始諸飲食，其燔黍捭豚，汙尊而抔飲，蕢桴
而土鼓，猶若可以致其敬於鬼神。」王國維在《觀堂集林》中則稱，「禮」
字在殷商甲骨卜辭中作「豊」，下半是豆，豆是盛裝肉類祭品的器皿，上
半是一個器皿盛著兩串玉的珏，也是用來祭祀的供品。郭沫若在《十批判書》
亦認為：「禮是後來的字，在金文裏我們偶而看到有用豊字的，從字的結構
上來說，是在一個器皿裡面盛兩串玉具以奉事於神，〈盤庚〉篇裡面所說的
『具乃貝玉』，就是這個意思。大概禮之起起於祀神。」

慕孝敬的重要意義[5]，但〈祭統〉亦言：「夫祭者，非物自外至者也，
自中出生於心也；心怵而奉之以禮。」強調祭祀只能是祭者主觀情感
之表達，被祭者作為客觀存在的外物，實際上是祭者想像力的投射，
未必能與祭者產生真實的互動。《禮記・祭義》描繪孝子祭祖時的心理
狀態，更明言：「孝子將祭，慮事不可以不豫；比時具物，不可以不
備；虛中以治之。宮室既修，墙屋既設，百物既備，夫婦齊戒沐浴，
盛服奉承而進之，洞洞乎，屬屬乎，如弗勝，如將失之，其孝敬之心
至也與！薦其薦俎，序其禮樂，備其百官，奉承而進之。於是諭其志
意，以其恍惚以與神明交，庶或饗之。庶或饗之，孝子之志也。」是
祭者必須透過祭品的準備、齋期的專致精明[6]、祭服的穿著、祭祀環境
的點染等，達於一種精神恍惚的狀態，才能與被祭者進行似有若無的
交流，「庶或」兩字，說明祭者雖有主觀的想像與期待，但亦有客觀的
理性與判斷，故對於祭祀的結果抱有不確定感。〈檀弓〉所記：「唯祭
祀之禮，主人自盡焉爾；豈知神之所饗，亦以主人有齊敬之心也。」
〈郊特牲〉所言：「腥肆爓膗祭，豈知神之所饗也？主人自盡其敬而已
矣。」則強調了祭者的客觀理性思維。馮友蘭說：

> 儒家所宣傳之喪禮祭禮，是詩與藝術而非宗教。儒家對待死者
> 之態度，是詩的、藝術的，而非宗教的。詩對於宇宙及其間各
> 事物，皆可以隨時隨地，依人之情感，加以推測解釋；可將合
> 於人之情感之想像，任意加於真實之上；亦可依人情感說自欺

---

[5] 《禮記・祭義》：「君子反古復始，不忘其所由生也，是以致其敬，發其情，
竭力從事，以報其親，不敢弗盡也。」〈祭統〉：「祭者，所以追養繼孝
也。」又《荀子・禮論》：「祭者，志意思慕之情也。」

[6] 《禮記・祭統》：「及其將齊也，防其邪物，訖其嗜欲，耳不聽樂。故記曰：
『齊者不樂』」，言不敢散其志也。心不苟慮，必依於道；手足不苟動，必依
於禮。是故君子之齊也，專致其精明之德也。」

欺人之話。此詩與散文，藝術與科學，根本不同之處也。不過
詩與藝術，所代表非真實，而亦即自己承認其代表為非真實，
所以離開理智，專憑情感，而卻仍與理智不相衝突。詩與藝術
是最不科學的，而卻與科學並行不背。我們在詩與藝術中，可
得情感的安慰，而同時又不礙理智之發展。[7]

　　因此，馮氏主張儒家的「祭祀始終是感情方面的滿足」[8]。但「儒
家的祭祀理論，主要是建立在人的主體生命賦予對象的客觀必然性以
主觀自由的形式，人的本質及群體價值目的之所在，就在祭祀中便以
這種自由的形式呈現。」[9]「最能使人的精神、情感和意志得以超越和
提昇的方式，便是將客體對象（被祭者）作為一種有意義、有價值可
感的對象對立起來，使祭者（主體）能更在祭祀對象（客體）身上體
現自我的本質。」[10]所以，除了儀式與想像，儒家的祭禮還承載了祭
祀者成就其主體生命及族類界定的意涵。愚意以為在祭祀的過程中，

---

[7] 馮友蘭〈儒家對於婚喪祭禮之理論〉，《燕京學報》第 3 期，1928 年 6 月，
　　頁 347-348。另，路易斯・杜普瑞（Louis Dupre）著，傅佩榮譯《人的宗
　　教向度》解釋「儀式」的功能云：「儀式以符號表現愉悅與憂傷的情境，但
　　是它們自身卻不變為愉悅或憂傷。它們表現愛情而無激情，嚴峻而無苦
　　澀，傷愁而無悲嘆。儀式辨明真實人生，將它們納入自身限定的形式，但
　　從不與它們完全混同。因此，遊戲以最簡單的方式表達一種傾向，亦即人
　　類需要將生命化為儀式，這種情形在近代人所謂的宗教行為中亦不例外。
　　因此，遊戲之時的『假裝』並不影響參與者的認真態度。不僅如此，遊戲
　　世界擁有自己的時間空間，遠離日常的掛慮。遊戲場所或舞台是『圈起
　　來的』，就像聖殿中的『聖地』一樣。」（臺北：幼獅文化事業，1986 年 12
　　月，頁 162-169。）說亦可參。
[8] 馮友蘭〈儒家對於婚喪祭禮之理論〉，頁 347-348。
[9] 王祥齡〈儒家的祭祀禮儀理論〉，《孔孟學報》第 63 期，1994 年 3 月，頁
　　61。
[10] 同上註，頁 71。

「立尸」[11]與「餕餘」可視為強化祭禮主、客體聯繫的重要手段，使得祭祀過程並不純然由主體想像構成，而可以有客觀的活動進行驗證，再將其意涵落實在主觀的想望中。在儒家的祭禮中，「餕餘」是參與祭祀者與被祭祀者在精神與情感上延續的憑藉，參與祭祀者可以透過「餕餘」，確認自己與被祭祀者的聯繫。而且這種聯繫，就廣義上而言，還具有一定的族群血緣認定的意義，所以也許「餕餘」之行有先有後，「餕餘」之物有多有寡，但「餕餘」一定要由近而遠，由上「徧于下」、「及于下」、「逮于下」。

然就禮經所載，除了祭禮有「餕餘」，婚禮中亦有「餕餘」。《儀禮·士昏禮》曰：

> 婦至，主人揖婦以入。乃寢門，揖入，升自西階，媵布席於奧。夫入於室，即席，婦尊西，南面。媵御沃盥交。贊者徹尊冪。舉者盥，出，除冪，舉鼎入，陳於阼階南，西面，北上。七俎從設，北面載，執而俟。七者逆退，復位於門東，北面，西上。贊者設醬於席前，菹醢在其北。俎入，設於豆東。魚次。臘特於俎北。贊設黍於醬東，稷在其東。設湆於醬南。設對醬於東，菹醢在其南，北上。設黍於臘北，其西稷。設湆於醬北。御布對席，贊啟會，卻於敦南，對敦於北。贊告具。揖婦，即對筵，皆坐。皆祭，祭薦、黍、稷、肺。贊爾黍，授肺脊，皆食，以湆醬，皆祭舉、食舉也。三飯，卒食。贊洗爵，

---

[11] 《禮記·郊特牲》言：「尸，神象也。」又〈坊記〉：「子云：『祭祀之有尸也，宗廟之主也，示民有事也。修宗廟，敬祀事，教民追孝也。』」〈曾子問〉：「孔子曰：『祭成喪者必有尸，尸必以孫。孫幼，則使人抱之。無孫，則取於同姓可也。』」可知「尸」為祭禮中代替被祭祀者受祭的重要人物，通常是由被祭祀者的孫輩擔任。《儀禮》〈士虞禮〉、〈特牲饋食禮〉、〈少牢饋食禮〉、〈有司徹〉諸篇對於「尸」的選任、與祭祀者的互動等，記載頗詳，但非本文重點，茲不贅引。

酳酳主人，主人拜受，贊戶內北面荅拜。酳婦亦如之。皆祭。贊以肝從，皆振祭。嚌肝，皆實於菹豆。卒爵，皆拜。贊荅拜，受爵，再酳如初，無從，三酳用巹，亦如之。贊洗爵，酌於戶外尊，入戶，西北面奠爵，拜。皆荅拜。坐祭，卒爵，拜。皆荅拜。興。主人出，婦復位。乃徹於房中，如設於用室，尊否。主人說服於房，媵受；婦說服於室，御受。姆授巾。御衽於奧，媵衽良席在東，皆有枕，北止。主人入，親說婦之纓。燭出。媵餕主人之餘，御餕婦餘，贊酌外尊酳之。

此章句先詳言在親迎之日，新婦至後，夫婦同牢合巹之儀節；再言夫婦就寢後，女方陪嫁者食夫之餘，男方侍嫁者食婦之餘。鄭玄於此章句下並無註解「餕餘」，賈《疏》雖言此為「陰陽交接之義」，但應視為賈公彥對整段章句之說明，而非對「餕餘」之疏解。其後〈士昏禮〉言新婦盥饋之禮云：

舅姑入於室，婦盥饋。特豚，合升，側載，無魚臘，無稷。並南上。其他如取女禮。婦贊成祭，卒食，一酳，無從。席於北墉下。婦徹，設席前如初，西上。婦餕，舅辭，易醬。婦餕姑之饌，御贊祭豆、黍、肺、舉肺、脊，乃食，卒。姑酳之，婦拜受，姑拜送。坐祭，卒爵，姑受，奠之。婦徹於房中，媵御餕，姑酳之，雖無娣，媵先。於是與始飯之錯。

此章句「婦餕，舅辭，易醬。」下，鄭《注》曰：「婦餕者，即席將餕也。」賈《疏》言：「『舅辭，易醬』者，舅尊故也。不餕舅餘者，以舅尊，嫌相褻。」而在「婦餕姑之饌」句下，鄭《注》賈《疏》均未有任何疏解。在「婦徹於房中，媵御餕，姑酳之，雖無娣，媵先。於是與始飯之錯。」下，鄭《注》言：「始飯謂舅姑。錯者，媵餕

舅餘，御餕姑餘也。」賈《疏》則言：「舅姑始飯，如今媵餕舅餘，御
餕姑餘，是交錯之義，若『媵御沃盥交』也。」是仍僅以「陰陽交錯」
說明媵御之「餕餘」。也由於鄭《注》賈《疏》並未完整論述婚禮中
「餕餘」之意含，後代學者註解此章句時，亦僅能概述其意，未能深
入闡述，甚而還出現錯誤。[12]

　　《禮記》所記婚禮中之「餕餘」，已見於前述〈郊特牲〉引文，
〈郊特牲〉所載「餕餘」之相關人物為新婦餕舅姑之餘，「餕餘」之時
機則如同《儀禮・士昏禮》所記，在新婦行盥饋之禮後。值得留意的
是，〈郊特牲〉在經文本文即已說明，此時新婦餕舅姑之餘，是為了展
現「私之」，鄭《注》對於新婦餕舅姑之餘，並未提出說明，僅言：「私
之猶言恩也。」孔《疏》則提出了看似較完整的解釋：「厥，其也，其
明謂共牢之明日也。舅姑卒食，謂明日婦見舅姑訖，婦乃盥饋特豚，
舅姑食特豚之禮竟也。食餘曰餕，婦餕餘，謂舅姑食竟以餘食與之
也。而禮本亦有云『厥明婦盥饋者也私之』也者，解婦餕餘義也。私
猶恩也，所以食竟，以餘食賜婦者，此示舅姑相恩私之義也。」除了分
述共牢隔日婦見盥饋之禮，並強調新婦餕舅姑之餘，為舅姑展現恩情
的表現，對於何以「餕餘」就是「相恩私之義」，仍未提出說解。後衛
湜《禮記集說》、陳澔《禮記集說》、孫希旦《禮記集解》等著作，對
此亦均略而未論。

　　相較於《禮記》〈祭統〉、〈祭義〉等篇，對於祭禮「餕餘」之闡
發，《儀禮》、《禮記》中對於婚禮「餕餘」之說明，顯然較為不足。愚
意以為婚禮「餕餘」之意涵與祭禮中之「餕餘」不完全相同，並應可

---

[12] 如敖繼公《儀禮集說・卷二》言：「食人之餘曰餕，餘謂其所嘗食者也。
　　媵御各餕夫婦之餘者，見其惠之及之也。」雖已述及婚禮中之「餕餘」，
　　有「惠之及之」意義，但誤將媵御各餕舅姑之餘，作媵御餕夫婦之餘。又
　　盛世佐《儀禮集編・卷四》言：「婦餕姑餘，禮之當然也，初不因舅之辭
　　而為之。」至於何以新婦餕姑之餘為「禮之當然」？亦未能詳。

視為「餕餘」的另一類型。我國自遠古以來，即十分重視婚姻的意義。《易‧序卦》云：「有天地然後有萬物，有萬物然後有男女，有男女然後有夫婦，有夫婦然後有父子，有父子然後有君臣，有君臣然後有上下，有上下然後禮義有所措。」可見婚姻除了繁衍生命的重要使命，更被賦予維繫社會、國家安定的重任，也被視為禮義教化的基礎。所以《禮記‧昏義》亦云：「敬慎重正而后親之，禮之大體，而所以成男女之別，而立夫婦之義也。男女有別，而后夫婦有義；夫婦有義，而后父子有親；父子有親，而后君臣有正。故曰：昏禮者，禮之本也。」夫婦是一切人倫關係的起源，因為有了夫婦的生兒育女，然後才有父母子女的倫常，由父母子女上下的關係向外推衍，然後才有政治上君臣尊卑的關係；另一方面，由夫婦的生兒育女，自然有兄弟姐妹的倫常，有了兄弟姐妹平輩的關係向外推衍，然後才有社會上朋友平等相待的關係。所以儒家認為婚姻是齊家的根本，治國平天下的基礎，也是人倫中最重要的事務。因此，作為「禮之本」的婚禮，其儀式、動作、服裝、言語及器物等，自周秦以下，便漸漸有了明白的規範，儒家婚禮之「六禮」程序，迄今也仍影響絕大多數華人婚禮。但古人同姓不婚，婚禮就一定是「合兩姓之好」，兩姓人家在「納采」之前，或許完全不相識，需透過「行媒」才能開始相互聯繫，因此，一旦正式進入「六禮」程序，為了使兩家快速親合，我們可以看到婚禮程序中，許多刻意製造的互動[13]，這些高頻率的互動，有些是言語的表達，有些屬於動作的展現，更有部分是物品的交流，其目的應該均在於確保婚配過程的和諧。到了「親迎」之日，女方將真正進入男方家庭，在血緣上沒有關係的兩家人，從此要變成一家人，男女雙方對於

---

[13] 如「納采」、「問名」本是一禮，但男方使者「納采」致雁後，仍必須離開女方家廟，在門外稍候，再由女方家如「納采」禮接待再度進入廟門，而不能簡省步驟。又男方至女方家「請期」，實為男方至女方家「告期」，但禮必曰「請」，禮辭中的互謙互讓亦不可少。

「親合」「和諧」的想望都在這時達到最高峰，所以不論是《儀禮‧士昏禮》或《禮記‧昏義》，均對「親迎」及其後的婚禮步驟言之特詳，因為大家都認可的儀式，可以轉變參與者原有的身份，古代婚禮在這個階段的步驟和程序，對於男女雙方及家庭成員完成「身份的轉變」至為重要。這其中，又以新嫁娘能否順利「成婦」，最為關鍵。

筆者以為，古婚禮中的「餕餘」，便具有「確立雙方家庭關係」及「確認新婦身份」的兩項意涵。就《儀禮》及《禮記》所載，古婚禮中的「餕餘」，主要出現在兩個階段，其一為新婚夫妻同牢合巹之後，由女方陪嫁者食夫之餘，男方侍嫁者食婦之餘，此階段的「餕餘」，其意義當在「確立雙方家庭關係」。固然，透過男女雙方相互「餕餘」也可以確立男女雙方家庭的關係，但「餕餘」均為卑者餕尊者之餘，而婚禮中男女雙方是「合體同尊卑」的，故要由在卑位的女方之勝、男方之御來完成。古婚禮中第二個階段的「餕餘」，在親迎後隔日，新婦盥饋舅姑之後，新婦餕舅姑之餘，使新婦與舅姑透過食物產生直接聯繫，代表舅姑接受新婦，其意義當在「確認新婦身份」。

要之，祭禮與婚禮中的「餕餘」，都是透過食物的取用，讓卑者與尊者產生緊密的聯繫。但兩者的意涵仍不完全相同，就祭禮「餕餘」而言，其意義在強調共同血緣族群關係者情感的延續；而婚禮中「餕餘」，則應視為無血緣族群關係者情感的擴散。其中異同，我們應當審慎區辨。

✎ 四、「餕餘」與接觸巫術

前已言之，祭祀行為可能是「禮」的起源。而人類學及考古學的研究則認為「早期歷史的各種獻祭儀式普遍帶有最原始的巫術精

神」[14]，也就是說，人類早期的祭祀行為與原始的巫術息息相關。陳來在《古代宗教與倫理》中亦言：

> 中國上古時代的巫文化曾很發達，從個體巫術到公眾巫術的發展，逐步孕育出「神」的觀念，導致了自然巫術向神靈巫術的發展。在以祭祀和戰爭為「國之大事」的文明時代初期，公眾巫術已融入祭祀文化或轉進為祭祀文化的組成部分。[15]

　　所謂的自然巫術，是試圖透過巫術與天地自然等力量產生聯繫，而神靈巫術則是透過巫術來與神靈溝通，甚而是取悅、獻媚神靈，但不論是自然巫術或神靈巫術，最終都變成我國傳統祭祀文化中很明顯也很重要的一部份。就原始巫術的分類而言，弗雷澤曾言：

> 在分析巫術思想時，發現可以把它們歸納成兩個原則——「相似律」和「接觸律」。前者是指同類相生，即同果必同因。巫師根據「相似律」推導出，他可以僅通過模仿來達到目的；以此為基礎的巫術被稱為「模擬巫術」或「順勢巫術」。……後者是指相互接觸的物質實體，哪怕被分開，仍可以跨越距離發生相互作用；巫師基於此斷定，自己可以通過一個人曾經接觸過的物體來對這個人施加影響，無論這個物體是不是此人身體

---

[14] 詹姆斯・喬治・弗雷澤（James George Frazer）著，趙昍譯《金枝》，合肥：安徽人民出版社，2012 年 8 月，頁 66。又，余英時在《論天人之際：中國古代思想起源試探》一書中曾言：「禮樂源於祭祀，而祭祀則從巫的宗教信仰中發展出來。因此我們也許可以說：早期的禮樂是和巫相為表裡的；禮樂是巫的表象，巫是禮樂的內在動力。」（臺北：聯經出版事業股份有限公司，2014 年 1 月，頁 29）說亦可參。

[15] 陳來《古代宗教與倫理》，北京：三聯書店，2009 年 4 月，頁 101。

的一部份，此類巫術被稱為「接觸巫術」。[16]

巫術的兩大原則其實只是「聯想」的兩大錯誤應用方式。基於「相似」的聯想而建立的「順勢巫術」，其錯誤是把相似的事物看成同一個事物；基於「接觸」的聯想建立起來的「接觸巫術」，錯誤之處在於把曾經接觸過的事物看成一直保持接觸狀態。[17]

佛雷澤又把「順勢巫術」和「接觸巫術」統稱為「交感巫術」，並一再強調「接觸巫術」的「錯誤」，就是「相信事物一旦接觸，它們之間就會建立聯繫，並將一直保留著，即使相互遠離，聯繫也存在。」[18]援用這樣的分類與定義，筆者以為「餕餘」的起源應與華夏文化系統中早期的接觸巫術有關，而其這個巫術行為的「錯誤」，卻正是其執行的意義與目的所在。不論是祭禮「餕餘」或婚禮「餕餘」，參與者可以透過接觸（食用）相同的食物、唾液的傳流，建立起穩定的、持續的聯繫，進而強化血緣族群間或非血緣族群間的連結關係，產生彼此身份的賦予與認同。當然，這樣的聯繫關係有高度的想像成分，但也因為這種聯繫可以透過想像以默認，所以可以跨越時空而存在。

陳來在《古代宗教與倫理》中還主張，由自然巫術到神靈巫術，再形成祭祀文化，最終發展成有道德意涵的禮樂文化，是我國上古文化演進歷史，也是「軸心時代」中國文化重要的人文理性轉向。[19]從這個角度來看，「餕餘」的意義更為深遠，它可能起源於我國上古的巫術文化時期，在祭祀文化時期獲得確立，最終「脫巫」而成為禮樂文化的一部份，而有了施惠推恩的道德意涵。

---

[16] 同註 14，頁 17。
[17] 同註 14，頁 18。
[18] 同註 14，頁 47。
[19] 同註 15，頁 10-14。

✎ 五、「餕餘不祭」解

在整理了《禮記》中「餕」字的意義、探討「餕餘」的類型及可能的起源後，我們可以試著對〈曲禮〉所記「餕餘不祭，父不祭子，夫不祭妻。」做出解釋。關於〈曲禮〉此章的句讀及意涵，古來學者眾說紛紜，約而言之，可歸為以下三大類：

（一）句義相屬，「祭」為「食祭」

主此說者，可以鄭玄、孔穎達為代表。鄭注此章言：「餕而不祭，唯此類也。食尊者之餘則祭，盛之。」孔《疏》言：「明食人之餘不祭者也。凡食人之餘，及日晚食饌之餘，皆云餕。故〈玉藻〉云：『日中而餕。』鄭云：『餕，食朝之餘也。』今此明凡食餘悉祭，若不祭者，唯此下二條也。『父不祭子，夫不祭妻』者，若父得子餘，夫得妻餘，不須祭者，言其卑故也，非此二條悉祭也。父得有子餘者，熊氏云謂年老致仕，傳家事於子孫，子孫有賓客之事，故父得餕其子餘；夫餕其妻餘者，謂宗婦與族人婦燕飲，有餘，夫得食之。」其意為食必祭先，即使是餕餘，亦當有祭，〈曲禮〉所記「餕餘不祭」，是特指「父餕子餘」、「夫餕妻餘」時不祭。至於何以會「父餕子餘」、「夫餕妻餘」？孔穎達引熊安生之說，認為是父親年老退休之後，傳家事於子孫，而子孫於家中宴客，父親便可餕餘；又若宗子之婦宴同姓族人之婦，夫亦可餕餘。鄭、孔之說，在字句上與〈曲禮〉原文全不相合，且就禮書中「餕餘」記載，從未有尊餕卑者餘之理，若如熊安生所言，致仕之老父即為家中地位低下之人？宗婦之夫，即為宗子，又如何可能餕眾婦之餘？鄭、孔對這些疑點都未提出合理解釋，《朱子語類·卷八十七》記朱子嘆言：「此一說，被人解得都無理會了。」良有以也。

（二）句義相屬，「祭」為「祭先」

主此說者，可以朱子為代表。《朱子語類‧卷八十七》記朱子論此章句言：

> 此二句（筆者按：「父不祭子，夫不祭妻」）承上面餕餘不祭說。蓋謂餕餘之物，雖父不可將去祭子，夫不可將去祭妻。且如孔子君賜食必正席先嘗之，君賜腥必熟而薦之。君賜腥則非餕餘矣，雖熟之以薦先祖可也，賜食則或為餕餘，但可正席先嘗而已，固是不可祭先祖。雖妻、子至卑，亦不可祭也。

> 餕餘不祭，父不祭子，夫不祭妻。……看來只是祭祀之祭。此因餕餘起文，謂父不以是祭其子，夫不以是祭其妻，舉其輕者言，則他可知矣。

> 餕餘不祭，父不祭子，夫不祭妻。古注說不是。今思之，只是不敢以餕餘又將去祭神，雖以父之尊，亦不可以祭其子之卑；夫之尊，亦不可以祭其妻之卑，蓋不敢以鬼神之餘，復以祭也。祭非飲食必有祭之祭。

朱子認為此三句句義相屬，隨順經文解釋即可。即不可以餕餘之物祭先人，即使是以父之尊，亦不能將餕餘祭子；夫之尊，亦不能將餕餘祭妻。朱子此說，通暢明白，了無扞格，故常為後代學者襲用。略晚於朱子的史繩祖，在《學齋占畢‧卷三》便言：「朱文公先生嘗釐正之，以為父不祭子，夫不祭妻，非不祭也，但明其不可以餕餘而祭耳。在禮，生則婦可餕夫之餘，子可餕父之餘，既死矣，則以鬼禮享之，當用其嚴敬，弗可以餕餘而祭之，為褻且慢也。此說明甚。」再之後陳澔《禮記集說‧卷一》則言：「此謂助祭執事，或為尸而所得餘

之餘肉以歸，則不可以之祭其先，雖父之尊亦不以祭其子，夫之尊亦不以祭其妻，以食餘之物褻也。」李光坡《禮記述注》、秦蕙田《五禮通考》、孫希旦《禮記集解》等亦均從之，說法亦與朱子等人接近，不再贅引。

　　筆者以為要理解〈曲禮〉此段章句，若能將其上文一併解釋，將更為完整。〈曲禮〉「餕餘不祭」章之前文記：「御食於君，君賜餘，器之溉者不寫，其餘皆寫。」意為勸侑國君用餐，若國君賜下餕餘，則盛裝之器皿若可洗滌者，則可直接取用；若盛裝之器皿不能洗滌，為了避免污染國君之器皿，受賜者需將餕餘倒傳於己器之中享用。再聯屬「餕餘不祭」之章句合觀之，即可知〈曲禮〉此整段文句是要提醒：縱使此餕餘是國君所賜，仍不能拿來祭祀，且即便是父子、夫妻之親，亦不能用。

（三）句義不相屬

　　衛湜、顧炎武、方苞主此說。衛湜之言曰：

> 使餕餘而悉祭，是以其餘為祭也，毋乃不虔乎？……意者餕餘不祭與父不祭子、夫不祭妻，義不相屬乎？父不祭子，夫不祭妻，各使其子主之，示有尊也。（《禮記集說・卷六》）

　　顧炎武《日知錄・卷六》則說：「父不祭子，夫不祭妻，不但名分有所不當，而以尊臨卑，則死者之神亦必不安。故其當祭，則有代之者矣。此別是一條說者。」方苞《禮記析疑・卷一》言：「此（筆者按：「父不祭子，夫不祭妻」）自為一節，與上文不相蒙。不祭謂不親饋獻也。父祭子，則使其子主之；無子，則使其兄弟或兄弟之子主之。夫祭妻畧同。蓋饋獻必拜，非尊者所宜親也。」可知此說認同不以餕餘之物為祭，但認為「餕餘不祭」句與「父不祭子，夫不祭妻」

無關，「父不祭子」句應獨立解釋為「以父（夫）之尊，不能拜祭在卑位的子（妻），否則死者神魂將不安。若需祭之，則需使他人代為主。」但秦蕙田辯之曰：

> 父之於子，夫之於妻，分雖有尊卑，然〈喪服〉父為長子三年，夫於妻齊衰，期。父之斬，傳重也；夫之期，齊體也。服猶如是，而況祭乎？〈小記〉曰婦之喪，虞，卒哭，其夫若子主之。注：「在寢祭婦也。」的是確證。（《五禮通考·卷一〇九》）

父（夫）既得為子（妻）主喪，而喪期內必有祭，言父（夫）不能祭子（妻），的確不合禮意。且揆諸禮書祭禮相關論述，亦未曾有「尊不祭卑」之說，秦氏之說當是也。

✐六、結語

　　《禮記》中雖多見「餕」字，但因鄭玄作《注》，已簡要說明「餕」字意義，孔《疏》又多從鄭《注》，未加詳細闡發補正，在我們研讀經典時，若一味依循鄭《注》孔《疏》，就極為容易忽略《禮記》中「餕」字不同的意義和用法，也就無法對「餕餘」一詞做出正確解釋，唯有爬羅剔抉，仔細比對分析，才能真正掌握經典意涵。同樣的，前代學者的研究成果，固然是我們後輩研究者的重要資源，但前代學者的研究成果，可能有缺陷，也可能有錯誤，我們應該通過審慎的研究，嘗試補足前代學者之不足。就禮經中所見的「餕餘」類型而言，秦蕙田的《五禮通考》整理了祭禮類「餕餘」，本文試著補充婚禮類「餕餘」，並嘗試分析其意義。但事實上，禮經中至少還存在第三類「餕餘」，它存在於一般的飲食宴客之間，與「讓食」或許有一定的聯

繫，文獻的數量雖然不多，但仍應是後續可以研究的方向。最後，「儒」與「巫」、「禮」與「巫術」之間的關係，近現代亦已有多位學者提出相關研究成果，但隨著上古時期文物的出土，儒者與巫覡之間的關係，禮儀儀式與傳統巫術間的比對，應該也是我們可以再重新思考之處。譬如，除了「餕餘」之外，「接觸巫術」中所特別強調的「衣服」、「血液」，同樣也是組成儒禮儀式行為的要素，這之間的比較分析，或許將有助於我們在倫理學、心理學之外，找到「禮」在人類學及宗教學上的起源。

參考文獻

專書

王啟發　《禮學思想體系探源》　鄭州　中州古籍出版社　2005 年 1 月

余英時　《論天人之際》　臺北　聯經出版事業股份有限公司　2014
　　年 1 月

凌廷堪著　彭林校點　《禮經釋例》　北京　北京大學出版社　2012
　　年 6 月

陳　來　《古代宗教與倫理》　北京　三聯書店　2009 年 4 月

黃　強　《神人之間》　桂林　廣西民族出版社　1996 年 7 月

詹姆斯・喬治・弗雷澤（James George Frazer）著　趙旭譯　《金枝》
　　合肥　安徽人民出版社　2012 年 8 月

路易斯・杜普瑞（Louis Dupre）著　傅佩榮譯　《人的宗教向度》　臺
　　北　幼獅文化事業　1986 年 12 月

論文

王祥齡　〈儒家的祭祀禮儀理論〉　《孔孟學報》　1992 年 3 月第 63 期

馮友蘭　〈儒家對於婚喪祭禮之理論〉　《燕京學報》　1928 年 6 月
　　第 3 期

【網站】

中國哲學書電子化計畫　http://ctext.org/zh　檢索日期 2017 年 1-2 月

四庫全書電子資料庫　http://140.127.53.222/lib/files/u1/Quans ikuSetup.exe
　　檢索日期 2017 年 1 月

第三編

禮學思想的運用

論「以和爲貴」

一、前言

　　「和為貴」可以說是傳統文化的核心價值之一。[1]經過千百年的政教薰陶，這一價值已經融入我們的血液與靈魂，成為中華民族家喻戶曉的理念與訴求。在我們的觀念中，「和」不僅是天地間自然之理序，而且是人倫關係之取向，在個人方面，修身養性，講究「心平氣和」；在家庭之中，重視父子、兄弟、夫妻的關係，追求「家和萬事興」；與他人相處，強調重群而不輕己，謙以致和；治理國家，追求「政通人和」；躋身國際，謀求「和平共處」；其終極關懷乃是「天人合一」的宇宙和諧。圍繞著「和」的價值追求，古聖先賢們在理論與實踐上積累的思想資料極為豐富。本文便試圖由「以和為貴」的章句解釋入手，進而探討貴和觀念在儒家思想中運用的面向，最終探討其限制，期能略析貴和思想的內涵及應用。

二、「以和爲貴」的解釋

　　「和為貴」一語首見於《論語‧學而》，其完整的文本是：有子曰：「禮之用，和為貴。先王之道，斯為美，小大由之。有所不行，知

1　張岱年教授在〈談談中國傳統文化〉（《中國文史百科》序言）一文中，便認為「中國文化有兩個基本精神，具有高度的理論價值，一是『以人為本』，一是『以和為貴』。」

和而和，不以禮節之，亦不可行也。」[2]有子是孔子晚年的高才弟子之一，亦為後世孔廟大成殿中「十二哲」之一，是以可將此章句視為孔子禮學的中心論述之一。「和」字的初文是象形字「龠」，表示一群人張著嘴在吹動用竹管排列組成的古樂器。後來為了幫助人們認讀這個字，就在邊上添加了聲旁「禾」，寫成繁體字「龢」。大約在漢代時，「龢」又簡化為「和」。這個「和」的最初意思是大合唱，但用「禾」表示讀音，很可能暗示它不是現代意義上的大合唱，而是古代先民在收割稻禾時共同配合、相互協作的一種真實寫照。在農民協力收割稻禾時，眾人口中的若干個樂音協調地配合，就叫「和」。因此，皇侃《論語義疏》在註解此章句時便云：

> 此以下明人君行化必禮樂相須，用樂和民心，以禮檢民跡，跡檢心和，故風化乃美⋯⋯和即樂也。變樂言和，見樂功也。⋯⋯云小大由之有所不行者，由，用也，若小大之事皆用禮而不用和，則於事有所不行也。

主張「和即樂也」，又以為「有所不行」一句屬上讀。而後邢昺亦《疏》曰：

> 此章言禮樂為用，相須乃美。禮之用和為貴者，和謂樂也，樂主和同，故 謂樂為和。⋯⋯禮節民心，樂和民聲。樂至則無怨，禮至則不爭，揖讓而 治天下者，禮樂之謂也，是先王之美道也。小大由之有所不行者，由，用也。言每事小大皆用禮而不以樂和之，則其政有所不行也。

---

[2] 「以和為貴」一詞則首見於《禮記・儒行》，其文云：「儒有博學而不窮，篤行而不倦；幽居而不淫，上通而不困；禮之以和為貴，忠信之美，優游之法，慕賢而容眾，毀方而瓦合。其寬裕有如此者。」

按儒家論治道，固然主張禮樂相輔相成，然變「樂」言「和」，《論語》中並無此字例，皇侃及邢昺的句讀與解釋，似嫌牽強。而且根據文本，「和為貴」是對「禮之用」的陳述，若離開「禮」和「禮之用」，就不能理解「和為貴」，也不能把握章句裡所說的「和」的真實含義。實則這個章句的內容，可以分成兩個段落，自「禮之用，和為貴」至「小大由之」為一節，說明禮的功能在於維繫社會的和諧；從「有所不行」以下為一節，說明禮貴得中，不可專求和諧而捨棄禮的規範作用。「禮」強調尊卑、長幼之序，區分上下、貴賤之別，是社會大眾共同認定的一種客觀標準，有了這個標準，才能調和人與人、事與事之間的矛盾，使其和諧、融洽，從而避免人、事的紛爭，這是禮治精神之所在，也是禮最可貴的作用。和諧是禮治的目標，也是禮治的境界，但這種境界，需要透過一套合理的規範運作才能達成，如果我們只看到境界的可貴，而忽視達至這個境界的過程，就有可能適得其反。比如說遇到人、事間的紛爭矛盾，概以和諧為前提，而不去衡量其中的是非曲直，人人都變得很圓滑、鄉愿、是非不分、善惡不明，那這種和諧只是一種假象的和諧，最終也是行不通的。又譬如對於與己身不同的身分、思想、主張或宗教等，以和諧為名義，要求一致相同，這更容易引起紛爭。所以，我們不能因為追求和諧，而拋棄應該有的合理原則與應有的規範。這樣的「禮」、「和」也才能真正合乎「中庸」的意旨。

✎ 三、「以和為貴」的應用

《中庸》：「中也者，天下之大本也；和也者，天下之達道也。致中和，天地位焉，萬物育焉。」故「以和為貴」的文本出處，雖然是針對「禮之用」而言，但儒家的「禮」，本是天地之間所有事物的理

序，涵蓋的範圍甚廣，因此在儒家思想中，貴和思想的應用也就具有普適性。茲舉其犖犖大者，略述於下：

（一）人與自然的和諧

　　這裡所謂的「自然」，應可再細分為幾個層面。其一是「天」，傳統儒家對於「天」的看法，將之視為至高無上的道德體，而人與「天」的和諧，便是要追求「天人合一」的狀態。如《易傳‧文言》曰：「夫大人者，與天地合其德，與日月合其明，與四時合其序，與鬼神合其吉凶。」《中庸》則謂：「自誠明，謂之性；自明誠，謂之教。誠則明矣，明則誠矣。唯天下至誠，為能盡其性；能盡其性，則能盡人之性；能盡人之性，則能盡物之性；能盡物之性，則可以贊天地之化育；可以贊天地之化育，則可以與天地參矣。」以及《禮記‧經解》云：「天子者，與天地參。故德配天地，兼利萬物，與日月並明，明照四海而不遺微小。」所強調的都是人應向上提升自己的道德修養，最終臻於天地之至誠，方能參贊化育。因此，在這個層面所追求的「天人合一」，事實上應該是一種「天人合德」的境界。「自然」的第二個層面，指的是「自然界」，也就是人應該追求與自然界的和諧共處，保持生態的平衡，這在現代被視為理所當然的環境保護理念，在傳統的儒家經典中，就已經有了樸素的開端。如《孟子‧梁惠王上》云：「不違農時，穀不可勝食也；數罟不入洿池，魚鱉不可勝食也；斧斤以時入山林，材木不可勝用也。」《禮記‧曲禮》亦主張「國君春田不圍澤；大夫不掩群；士不取麛卵。」「水潦降，不獻魚鱉。」等，都強調人應該有計畫地利用自然資源，不能竭澤而漁。「自然」的第三個層面，筆者認為接近「宇宙」的概念，「宇宙」是空間與時間的總和，我們在這個層面追求的，也就是與時間、空間的和諧。強調己身與時間、空間需和諧的概念，在我們的民間文化中生意盎然，如國人普遍相信「四柱」、「八字」之說，認為自己出生的時間點，就已經決

定了自己一生的歷程，這便是「命」。「命」雖無法改動，但人的生命歷程若能與宇宙自然的時間相配合，就可以有比較好的「運」勢。在和諧空間的講究上，表現出來的就是「風水勘輿」之術，傳統文化中的空間和諧觀念，極為強調陰陽、五行、八卦，影響所及，如先人墓地的擇定、居屋的風水格局、室內陳設的風水等，反而如同「時間和諧」一樣，成為我國常民文化中基層的自然和諧概念。

（二）人與人的和諧

中國人的社會取向（social orientation）性格非常強，相當重視群體的和諧共處。在群體和諧的關係中，首先被強調的是「五倫」的概念，「五倫」之說，見於《孟子・滕文公》，其文曰：「人之有道也，飽食煖衣，逸居而無教，則近於禽獸。聖人有憂之，使契為司徒，教以人倫：父子有親，君臣有義，夫婦有別，長幼有序，朋友有信。」家庭是社會的細胞，家庭和諧也是社會和諧的基礎，所以「五倫」中有三倫在規範家庭成員間的關係，《左傳・昭公二十一年》所載晏子向齊侯之建言：「父慈子孝，兄愛弟敬，夫和妻柔，姑慈婦聽，禮也。……父慈而教，子孝而箴；兄愛而友，弟敬而順；夫和而義，妻柔而正；姑慈而從，婦聽而婉。禮之善物也。」則更是明確說明了家庭成員在家庭中應該扮演的角色與性格要求，體現了對「家和萬事興」的期待。至於君臣之間的關係，儒家階級化的禮制，雖然常常招致維護君權的批評，但事實上，在尊君的同時，儒家更強調在上位者的德行對臣民的化育之功，如《論語・子路》子曰：「上好禮，則民莫敢不敬；上好義，則民莫敢不服；上好信，則民莫敢不用情。」又如《論語・顏淵》中孔子說「政者，正也。子帥以正，孰敢不正？」「子欲善，而民善矣！君子之德，風；小人之德，草；草上之風，必偃。」都說明了為政者當「以德服人」[3]，才是真正的上下和諧。在一般的人際關係

3　《孟子・公孫丑上》：「以力服人者，非心服也，力不贍也；以德服人者，中心悅而誠服也。」

上，儒家除了強調「誠信」是和諧的基礎，也主張「自卑而尊人」[4]、「反求諸己」[5]，若能自身保持謙卑而尊重他人；嚴以律己，寬已待人，則人與人之間的衝突，自然將會降到最低點了。

　　除了「五倫」之外，儒家對於人類社會和諧的追求，以「仁愛」的思想為基礎，提出了「大同」社會的規劃。《禮記‧禮運》言：

> 大道之行也，天下為公。選賢與能，講信修睦，故人不獨親其親，不獨子其子，使老有所終，壯有所用，幼有所長，矜寡孤獨廢疾者，皆有所養。男有分，女有歸。貨惡其棄於地也，不必藏於己；力惡其不出於身也，不必為己。是故謀閉而不興，盜竊亂賊而不作，故外戶而不閉，是謂大同。

任何事物的生存發展達到高度和諧狀態時，就是生命力最旺盛時期，社會的發展亦是如此。社會是由「每個人」組成的，如果每個人都能盡其才，每個人也都能受到照顧，則社會將會公平富足，和平寧靜，夜不閉戶，自然也是達於高度和諧的理想社會了。

　　最後，我們也應當留意儒家對於人與群體間的和諧，還擴及人與「超自然界」的和諧。儒家極重喪禮，主張厚葬久喪，但也認為不能以死害生，所以在《禮記‧曲禮上》云：

> 居喪之禮，毀瘠不形，視聽不衰。……頭有創則沐，身有瘍則浴，有疾則飲酒食肉，疾止復初。不勝喪，乃比於不慈不孝。五十不致毀，六十不毀，七十唯衰麻在身，飲酒食肉，處於內。

---

[4]　《禮記‧曲禮上》：「夫禮者，自卑而尊人。雖負販者，必有尊也，而況富貴乎？」

[5]　《論語‧衛靈公》：子曰：「君子求諸己，小人求諸人。」《孟子‧離婁上》：「行有不得者，皆反求諸己。其身正而天下歸之。」《孟子‧公孫丑上》：「仁者如射：射者正己而後發；發而不中，不怨勝己者，反求諸己而已矣。」

〈檀弓上〉亦載

> 君子之執親之喪也，水漿不入於口者三日，杖而后能起。

> 子游問喪具，夫子曰：「稱家之有亡。」子游曰：「有亡惡乎齊？」夫子曰：「有，毋過禮；苟亡矣，斂首足形，還葬，縣棺而封，人豈有非之者哉！」

> 之死而致死之，不仁而不可為也；之死而致生之，不知而不可為也。是故，竹不成用，瓦不成味，木不成斲，琴瑟張而不平，竽笙備而不和，有鐘磬而無簨虡，其曰明器，神明之也。

均認為守喪當有一定節制，喪具、明器的準備當量力而為，不可過度浪費，維持生者與死者間的和諧。又因為家系的傳承與延續是國人之所重，故祭禮是五禮之首，其中尤重祖先宗廟的祭祀，把對於祖先的崇祀，視為孝敬的延續，故《禮記・祭統》云：

> 賢者之祭也，必受其福。非世所謂福也。福者，備也；備者，百順之名也。無所不順者，謂之備。言：內盡於己，而外順於道也。忠臣以事其君，孝子以事其親，其本一也。上則順於鬼神，外則順於君長，內則以孝於親。如此之謂備。唯賢者能備，能備然後能祭。是故，賢者之祭也：致其誠信與其忠敬，奉之以物，道之以禮，安之以樂，參之以時，明薦之而已矣，不求其為。此孝子之心也。

> 祭者，所以追養繼孝也。孝者畜也。順於道不逆於倫，是之謂畜。是故，孝子之事親也，有三道焉：生則養，沒則喪，喪畢

則祭。養則觀其順也，喪則觀其哀也，祭則觀其敬而時也。盡
此三道者，孝子之行也。

雖然祭祀有如此神聖的意義，但孔子還是不忘提醒我們「祭如
在，祭神如神在。」[6]強調祭祀時須恭敬謹慎。《禮記・祭義》又云：
「祭不欲數，數則煩，煩則不敬。」提醒我們祭祀的次數也不可過
多。《禮記・曲禮下》則載：「非其所祭而祭之，名曰淫祀。淫祀無
福。」更是直陳時弊，希望眾人祭所當祭，而免流於迷信。在維持人
與「超自然界」聯繫的同時，祭禮更留意的是兩者之間的和諧。[7]

（三）人與自身的和諧

人類要與自然、他人保持和諧，關鍵都在個體的和諧。所謂人與
自身的和諧，至少也可以分成三個層面來看。第一個層面是形體的和
諧，儒家對於己身形體和諧的最重要主張，莫過於「正視自己的欲
望」，如《禮記・禮運》言：「飲食男女，人之大欲存焉；死亡貧苦，
人之大惡存焉。故欲惡者，心之大端也。」《荀子・禮論》言：「人生
而有欲。」人畢竟是動物，難以禁絕生物性的本能，但在群體生活之
中，這種生物性的本能又應該加以控管，以免氾濫成災，傷人傷己，
是以有「禮」的出現，以滿足人合理的欲望，就既能維持己身形體之
和諧，又能維繫與他人的和諧了。第二個層面是心理的和諧，講求
的是人的心理情緒要保持適中，就如同《中庸》所說：「喜怒哀樂之
未發，謂之中；發而皆中節，謂之和。」喜怒哀樂之情，人「弗學而

---

[6] 語出《論語・八佾》。

[7] 李亦園教授在《文化與修養》一書中亦認為，「把現生與過世的家族成員
都看作是一體，認為二者都得到和諧均衡才是真正的均衡，這是中國文化
中人際關係最重要的特色。」「由祖先崇拜而延伸出去的種種超自然崇拜
都相當流行，構成一個人際關係系統在兩個不同空間相互維持和諧的圖
像。」說見《文化與修養》，臺北：幼獅文化事業公司，1997 年 3 月，頁
135。

能」[8]，但是人必須好好控制自己的情緒，才是「致中和」之道，也才能期使「天地位焉，萬物育焉。」第三個層面是發展的和諧，人的一生，有幾個重要的發展階段，如成年、成家（結婚）、立業（出仕）、死亡等，每個發展階段都像是一道關卡，人的生命歷程便像是一次次的過關儀式。但每一階段人生的轉折處，人不免會猶豫、遲疑，甚而可能惶恐、不安，如何使得這些轉換平和過渡，便是己身發展能否和諧的關鍵。今本《儀禮》十七篇，篇章順序為：士冠禮第一、士昏禮第二、士相見禮第三、鄉飲酒禮第四、鄉射禮第五、燕禮第六、大射禮第七、聘禮第八、公食大夫禮第九、覲禮第十、喪服第十一、士喪禮第十二、既夕禮第十三、士虞禮第十四、特牲饋食禮第十五、少牢饋食禮第十六、有司徹第十七，正像是人生過關儀式的說明書，而這些生命禮儀，建構了一套象徵的系統，在每個發展的階段到來或完成之際，增強我們解決問題的信心與能力，協助我們順利通過人生的階段考驗。

✏️四、「以和為貴」的限制

　　由以上的討論，我們可以知道，追求「人與自然的和諧」、「人與人的和諧」、「人與自身的和諧」所構成的「普遍和諧概念」，可以視為儒家思想的特點之一。「貴和」思想的運用，雖可謂是由內而外，由個體而群體，由有形而無形，範圍極其廣泛。但在《論語・學而》論述「和為貴」的章句中，有子已經強調「和諧」也有行不通的時候，如果只是一味地追求和諧，不用合理的規矩制度加以節制，則和諧可能只是表象，無法長久存在。至於何謂和諧的「合理的規矩制度」？茲再分述於下：

---

[8] 《禮記・禮運》：「何謂人情？喜怒哀懼愛惡欲七者，弗學而能。」

（一）和而不同

　　《論語・子路》記孔子之言曰：「君子和而不同，小人同而不和。」孔子之意在提示我們「和諧」與「均一」是不一樣的，君子追求真正的和諧，但不強求表象的均同；小人則只追求表象的均同，不考慮真正的和諧。在《國語・鄭語》中，曾記載鄭桓公與周太史伯的一段對話，當時鄭桓公問太史伯「西周王朝是不是快衰敗了？」太史伯認為周的確即將衰敗，並認為周王朝衰敗之因，就是因為周王「去和而取同。夫和實生物，同則不繼。以他平他謂之和，故能豐長而物歸之；若以同裨同，盡乃棄矣。……聲一無聽，色一無文，味一無果，物一不講。」如果世上只剩一種聲調，根本就不能構成音樂，也就不值得聆聽了；單調的顏色不成文采；只有一種味道也無法成就美食；單一事物也無法比較。如果我們的己身、社會或國家發展，永遠只是相同事物、主張的簡單重複、相加及堆砌，必將導致枯竭、萎縮而失敗。唯有多種不同因素相諧，乃至於相反的事物相成相濟，才會是生機盎然。所以，真正的和諧，應該是一種「辯證的統一」；表象的相同，就只是一種「片面的相合」。儒家主張的「和諧」，並不是沒有差異的「齊一」，因為「維齊非齊」[9]，只有異質事物間的互補，才能真正達到和諧的境界。

（二）和而不流

　　「和而不流」語出《中庸》：「君子和而不流，強哉矯！」是孔子與子路討論何謂「強」時的論述。在孔子看來，能與人和諧共處，但又不隨波逐流，就可以算是強者的表現。這裡的「流」，是指缺乏原則態度的一種形象表達，如水之漫流，隨勢而走，沒有定準；所以「不流」，就是強調君子不可以隨波逐流、隨俗從流，甚至是與他人同流合污。與人共處，雖然要講究和諧，但和諧有一定的原則，不能

---

[9] 語出《荀子・王制》。

因為要追求和諧而媚俗，更不能因為尋求「一團和氣」而不問是非曲直。

（三）和而時中

前已論及，「和」需容納許多因素，但這多種因素並不是隨意放在一起，便能有「和」的局面，而是必須維持一定的配比關係、等差級別，符合一定的「度」「量」，無過無不及，才能達到「和」，這便是「發而皆中節，謂之和」。但我們也需留意的是，「中和」是動態的平衡點，《中庸》云：「君子之中庸也，君子而時中。」要真能隨時間、情況的變化而變化，才算是真正掌握「和」的要義。反之，如果不能掌握「動態和諧」，只能在一個固定的時空、條件下展現和諧，又或者獲得和諧後，不能與時俱進，時代轉變後，原本的和諧就未必能延續，自然就不是真正的和諧了。

✎五、結語：兼談宗教與和平

人們為了身心的寄託與和諧，於焉有了各類宗教信仰，導引眾人臻至身心靈祥和的新境界，並邁向更美好的未來。但既是宗教，就有一定的組織、教義、經典、教儀等，而信徒們為自己虔信的宗教付出，卻時而常常出現「排他」的現象，進而容易導致各宗教間相互漠視，甚而是仇視，最終還可能引起「宗教戰爭」，這些激化的手段，揆諸任一宗教創立的宗旨，恐怕都是不相合的。如上所言，「異質互補」、「動態和諧」實為落實「貴和」思想的關鍵處，各宗教間若也能「異質互補」、「動態和諧」，尊重、理解彼此的差異，隨時吸收他人之長，發揮己身之義，則宗教才能真正帶給我們美好的世界。就如華人的宗教信仰型態，常常是「普化的宗教」（diffused religion）型態，所謂「普化的宗教」，是指我們的宗教信仰並沒有系統的教義，也沒

有成冊的經典，更沒有嚴格的組織，而且信仰的內容、儀式經常與一般日常生活混合，而沒有明顯的區分。這樣的宗教型態，與「制度化的宗教」（institutional religion）很不相同，「制度化的宗教」在教義上常自成體系，會有刊行出版的經典，同時組織嚴密，而與一般世俗生活分開，基督教、佛教、回教等世界性的宗教均屬之。但也由於華人的宗教型態，常屬於「普化」的類型，所以使我們不像西方宗教那樣具有強烈的排他性，而是屬於一種包容兼納的信仰型態，產生「多神崇拜」的現象。且因為我們的宗教信仰是「普化的宗教」型態，所以很多人的信仰，都不是「一種宗教」，而是一種雜糅並蓄的「民間信仰」。尤其是在台灣地區，「民間信仰」根深蒂固，即使歷經激烈的社會變遷，仍然十分興盛。「民間信仰」也是一種擴散性的宗教現象，沒有固定的教義，沒有特定的神職人員，也沒有明確的組織，但它與人們生活的每一個層面都可能有密切關連，滲入到人們生活的每一個層面，在民眾的日常生活中，很難排除它的影響，就如農曆三月的媽祖繞境、農曆七月的「鬼月」等，幾乎可以成為台灣人共同的信仰記憶。在這種「普化的宗教」型態下，各種「制度化的宗教」應該發揮更大的包容力，去接受、理解並尊重其他宗教的不同教義、教規，甚至是其他宗教奉祀的神明，如此一來，宗教才能真正發揮安定人心、美化生活的功效。即使是在「制度化的宗教」型態下，各宗教間也應該相互瞭解、尊重，真正的心靈和平及世界和平才能到來。

參考文獻

專書

吳樹平等點校　《十三經（標點本）》　北京　燕山出版社　1991 年
12 月

李亦園　《文化與修養》　臺北　幼獅文化事業公司　1997 年 3 月

李滌生　《荀子集釋》　臺北　台灣學生書局　1986 年 10 月

李澤厚　《論語今讀》　合肥　安徽文藝出版社　1998 年 10 月

周　何　《說禮》　臺北　萬卷樓圖書有限公司　1998 年 9 月

林素英　《禮學思想與應用》　臺北　萬卷樓圖書股份有限公司　2003
年 9 月

姚式川　《論語體認》　臺北　東大圖書股份有限公司　1993 年 11
月

夏傳才　《論語趣讀》　石家庄　花山文藝出版社　2000 年 8 月

孫希旦　《禮記集解》　臺北　文史哲出版社　1984 年 10 月

徐儒宗　《人和論－儒家人倫思想研究》　北京　人民出版社　2006
年 9 月

喬健等編　《中國人的觀念與行為》　高雄　麗文文化事業股份有限
公司　1998 年 4 月

楊立武　《和諧天下－儒學與現代公關》　成都　四川人民出版社
1995 年 2 月

劉　豐　《先秦禮學思想與社會的整合》　北京　中國人民大學出版
社　2003 年 12 月

潘重規　《論語今注》　臺北　里仁書局　2000 年 3 月

潘富恩等編　《孔子思想研究》　上海　上海古籍出版社　1999 年 9
月

論文

皮偉兵　〈先秦儒家「和為貴」的政治倫理追求〉《倫理學研究》　2007
年第 2 期

朱貽庭　〈「和為貴」的本義及其現代意義〉　《毛澤東鄧小平理論研
究》　2005 年第 4 期

余志鴻　郭蓬蓬　〈以和為貴〉　《語文世界（高中版）》　2007 年
第 3 期

徐惠茹　伍立波　〈「和為貴」新解〉《哈爾濱工業大學學報》　2003
年 6 月

張留芳　〈儒家「貴和賤同」說初探〉　《南京師大學報》　1994 年
第 4 期

蔡巧玉　〈關於「和為貴」的幾點思考〉　《教育藝術》　2002 年第
3 期

蔡伯元　《貴和思想的現代價值　《社會科學 1994 年第 7 期

鄧新文　「貴和」取向與「致和」功夫　《中國人民大學學報 2006
年第 3 期

淺談解經的態度及方法 ——從「孔氏三世出妻」說談起

✎一、前言

　　儒家經典為我國傳統文化之精華，自古以來的知識份子，對於經典思想之探求不遺餘力，也提供了許多研究經典應具備的態度與方法，供後人依循。如葉國良等人編著的《經學通論》，便指出經書研究的要點有：1.考察作者及著成時代，2.探討成書的時代背景，3.熟悉流傳過程，4.了解撰寫或編輯體例，5.選擇優良版本，6.注意不同版本之篇章字句的出入，7.廣讀前人的註解，8.掌握經書的要義。而今人研究經學應有的態度則為：1.放棄「經書為聖賢作，經義皆善，違背經旨為惡」的觀點，擇善而從，2.揚棄大漢沙文主義，抱持平等宏觀的態度，3.開放故步自封的研究視角，吸收當代各學科的研究方法和成果，4.批判違反人類文明發展的經說，闡揚具有時代意義的經旨。[1]本文之作，則以「孔氏三世出妻」說的出處及討論為起點，嘗試提出解經態度及方法的補充和探討。

---

[1]　葉國良、夏長樸、李隆獻《經學通論》，臺北：國立空中大學，1996 年，頁 40-48。

✎二、「孔氏三世出妻」說的出處及討論

　　「孔氏三世出妻」說始見於《孔子家語・後序》，其述及孔氏譜序時云：「自叔梁紇始出妻，及伯魚亦出妻，至子思又出妻，故稱孔氏三世出妻。」[2]就其前後文觀之，《孔子家語・後序》於此只是記載一段史實，不涉及帶任何評論，但也沒有提出相關的論證。今參《孔子家語・本姓解》記叔梁紇「雖有九女，是無子。其妾生孟皮，孟皮一字伯尼，有足病，於是乃求婚於顏氏。」[3]或可為叔梁紇曾出妻之證。又《禮記・檀弓上》曾記：

　　　　子思之母死於衛，柳若謂子思曰：「子，聖人之後也，四方於子乎觀禮，子蓋慎諸。」子思曰：「吾何慎哉？吾聞之：有其禮，無其財，君子弗行也；有其禮，有其財，無其時，君子弗行也。吾何慎哉！」[4]

《禮記・檀弓下》亦記：

　　　　子思之母死於衛，赴於子思，子思哭於廟。門人至曰：「庶氏之母死，何為哭於孔氏之廟乎？」子思曰：「吾過矣，吾過矣。」遂哭於他室。[5]

2　〔晉〕王肅《孔子家語》，臺北：中國子學名著集成編印基金會，1977 年，頁 457。
3　同上註，頁 369。
4　〔東漢〕鄭玄注、〔唐〕孔穎達疏《禮記注疏》，臺北：藝文印書館，1985 年，頁 146-147。
5　同上註，頁 196。

似均可證伯魚曾經出妻。但於前引兩「子思之母死於衛」章句下，鄭注及孔疏均明言，此時子思之母實為「嫁母」，而非「出母」，是伯魚死後，其妻改嫁至衛，而非伯魚生前出妻，故《孔子家語》言「伯魚亦出妻」，迨有誤焉。然《禮記·檀弓上》又記：

> 子上之母死而不喪。門人問諸子思曰：「昔者子之先君子喪出母乎？」曰：「然」。「子之不使白也喪之。何也？」子思曰：「昔者吾先君子無所失道；道隆則從而隆，道污則從而污。伋則安能？為伋也妻者，是為白也母；不為伋也妻者，是不為白也母。」故孔氏之不喪出母，自子思始也。[6]

　　記載子上（孔白，子思之子）之出母過世，子思卻不讓他服喪，弟子們問子思何以之前孔鯉（子思的先君子）為出母服喪，現在子思卻不讓孔白為出母服喪？子思則以道德修養之高下為解，說自己不如先輩，既然已經出妻，孔白就不該再為自己得出母服喪。子思所述，固然還有討論的空間[7]，但此章句孔鯉既然有出母，則可推知孔子亦曾出妻。又《禮記·檀弓上》記：「伯魚之母死，期而猶哭。孔子聞之曰：『誰與哭者？』門人曰：『鯉也。』夫子曰：『嘻！其甚也。』伯魚聞之，遂除之。」孔疏言：「時伯魚母出，父在為出母，亦應十三月祥，十五月禫，言『期而猶哭』，則是祥後禫前，祥外無哭，于時伯魚在外哭，故夫子怪之，恨其甚也。」亦可為孔子曾出妻之證。是以孔氏雖仍為三世出妻，但出妻者應分別為叔梁紇、孔子及子思子，而非《孔子家語》所稱的叔梁紇、伯魚、子思子。

　　關於孔氏出妻的主要論據，雖出於《禮記》，但鄭注與孔疏均僅

6　同上註，頁 110-111。
7　依《儀禮·喪服》，出妻之子為母仍應服齊衰一年之喪。見〔東漢〕鄭玄注、〔唐〕賈公彥疏《儀禮注疏》（臺北：藝文印書館，1985 年），頁 355。

隨文註解，並未置疑。宋司馬光著《家範》，甚而明言：

> 今士大夫有出妻者，眾則非之，以為無行，故士大夫難之。按
> 禮有七出，顧所以出之，用何事耳！若妻實犯禮而出之，乃義
> 也。昔孔氏三世出其妻，其餘賢士以義出妻者眾矣，奚虧於行
> 哉？[8]

可見當世已以出妻為非，但司馬光認為若是「以義出妻」，並無虧於
行，並以孔氏出妻為例證。事實上，孔氏三世出妻之原因，典籍並無
明文，是否「合義」也未可確知，司馬光於此應是「想當然爾」，但可
見其也並不諱言孔氏出妻之事。朱子則曾言：

> 子思不使子上喪其出母。以《儀禮》考之，出妻之子為父後
> 者，自是為出母無服。或人之問，子思自可引此正條答之，何
> 故卻自費辭？恐是古者出母本自無服，逮德下衰，時俗方制此
> 服。故曰「伋之先君子無所失道」，即謂禮也。「道隆則從而
> 隆，道汙則從而汙」，是聖人固用古禮，亦有隨時之義，時如伯
> 魚之喪出母是也。子思自謂不能如此，故但守古之禮而已。然
> 則《儀禮》出妻之子為母齊衰杖期，必是後世沿情而制者。[9]

> 問子上不喪出母。曰：「今《律》文甚分明。」又問：「伯魚母
> 死，期而猶哭，如何？」曰：「既期則當除矣，而猶哭，是以夫
> 子非之。」又問「道隆則從而隆，道汙則從而汙。」曰：「以文

8　〔宋〕司馬光《家範・卷七》，臺北：商務印書館 影印文淵閣四庫全書本
　　第 696 冊，1986 年，頁 707。
9　〔宋〕黎德靖《朱子語類・卷八十七・禮四》，臺北：正中書局 1982 年 6
　　月，頁 3542。

意觀之，道隆者，古人為出母無服，迨德下衰，有為出母制服者。夫子之聽伯魚喪出母，隨時之義也。若子思之意，則以為我不能效先君子之所為，亦從古者無服之義耳。」[10]

禮以時為大[11]，是以朱子以「時俗」、「隨時」之義，解釋孔氏前後兩代對出母服喪與否的差異。但對於孔子、子思子之出妻，亦未懷疑。

✎三、孔子的形象與「孔氏三世出妻」的解釋

魯哀公 16 年（479B.C.E），孔子逝世，之後「弟子及魯人往從冢而家者百有餘室，因命曰孔里。魯世世相傳以歲時奉祠孔子冢，而諸儒亦講禮鄉飲大射於孔子冢。」[12]可視為後世尊崇孔子及其學說之始。漢興，漢高祖「過魯，以太牢祠焉。」[13]則為後代帝王祠拜孔子之始。「唐宋以降，漸次尊崇，禮等帝王，制亦數易。」[14]明清兩代，由於帝王之加尊[15]，孔子的地位益顯崇高。但似乎也就是從明清兩代之後，「孔氏三世出妻」說的解釋，有了明顯的轉變。如朱珔言：

---

[10] 同上註，頁 3543。
[11] 《禮記・禮器》：「禮，時為大，順次之，體次之，宜次之，稱次之。」。見〔東漢〕鄭玄注、〔唐〕孔穎達疏《禮記注疏》，臺北：藝文印書館，1985年，頁 450。
[12] 〔西漢〕司馬遷《史記・孔子世家》，北京：中華書局，2008 年，頁 494。
[13] 同上註。
[14] 柳詒徵《中國文化史》，上海：上海書店，1990 年，頁 317。
[15] 如明太祖洪武元年（1368A.D.），朱元璋召見孔子第 55 孫孔克堅，並敕封孔子第 56 代孫孔希學為衍聖公，任朝廷資善大夫，進秩二品，遇正旦朝賀，班列上相之後。明世宗嘉靖 8 年（1529A.D.），皇帝定孔廟祭典，追尊孔子為「至聖先師」。清聖祖康熙 23 年（1684A.D.），康熙皇帝親臨曲阜祭祀孔子，並行三跪九叩大禮，親書「萬世師表」四字。清高宗乾隆在位期間，更先後八次至曲阜拜祭孔子。參見劉方煒《孔子紀》，桂林：廣西師範大學出版社，2009 年 9 月，頁 388-390。

有問於予曰：「孔子出妻之事，有諸？」予曰：「傳者之訛也。」……曰：孔氏三世出妻之說不然乎？」曰：「有之。其一叔梁公也，施氏無子而出，是孔子之嫡母也。其二謂伯魚，所謂子思之母死於衛，子思哭於廟門，門人曰：『庶氏之母死，何為哭於孔氏之廟乎？』其三為子思，記曰：『子上之母死，門人問諸子思曰：子之先君子喪出母乎？』此指孔子喪出母施氏也。故曰：『道隆則從而隆，汙則安能』是也。若孔子亦出妻，則是四世出妻矣。故曰傳者訛也。」然則記稱伯魚之母死，期而猶哭，夫子曰：「誰也？」門人曰：「鯉也。」子曰：「噫！甚也！」是何解歟？曰：「父在，為母期年，屈于所尊也，故夫子節之。……總之聖人以五倫示人，則必不出妻。」[16]

朱珪既不否定「孔氏三世出妻」，卻又力辯如孔子之聖，則必不出妻，所以只好如《孔子家語》所述，將孔氏出妻者，定為叔梁紇、伯魚及子思子。忽略了子思之母是嫁母而非出母的記載，又將子思的「先君子」解釋為孔子，巧妙的避開伯魚為出母服喪的記載，很顯然是為了維護孔子為「聖人」而提出的論辯。[17]又如錢泳《履園叢話‧出母》則云：

世傳孔氏三世出妻，此蓋誤會《檀弓》「孔氏不喪出母，自子思始」之說。……按《左傳》：「康公，我之所自出。」出之為言生也，謂生母也。其曰「子之不使白也喪之何也」，蓋嫡母在堂，不得為三年喪耳。其曰「為伋也妻是為白也母」者，正其

---

16 〔清〕朱珪《知足齋文集》，北京：中華書局，1985年，頁39。
17 《禮記》「子上之母死而不喪」章句下，孔《疏》亦曰：「子之先君子，謂孔子。」但孔《疏》的說法是「孔子令子喪出母」，而非朱珪所稱「孔子喪出母」。於此亦可見朱珪之用心。

妾之謂也。必白為妾所出，而子思不令其終喪故也。……而伯
魚猶哭者，蓋賢者過之也。夫子之言，殆謂父在而哭母之禮不
可過，非謂母出而為子之服又當降也。乃迂執者拘于「期」字
之義，謂出母無禫，期可無哭，必以實孔子出妻之說。……然
則子上之不喪出母，生母也，非見出于父之母也，更無待辨，
何疑乎子思有出妻之事，而兼疑乎伯魚為出母之喪哉！

謂伯魚出妻者，蓋亦據《檀弓》曰：「子思之母死于衛……」即
以此說論之，既曰庶氏之母，則固明指為庶母矣，何曲為之解
者反曰伯魚卒，而其妻嫁于衛之庶氏也？子思又嘗居于衛，則
母之從子于衛，亦尋常事，而何言乎嫁于衛也？[18]

錢泳先以《左傳·成公十三年》「康公，我之自出。」說明「出」字乃
「生」義，故「出母」實即「生母」之義，再推論孔白當為庶出，故
其生母去世時，子思子不令其服三年之喪。但秦康公雖為晉獻公之女
穆姬所生，但就《左傳》本文之前後文觀之，晉國使呂相絕秦，於此
處係指責秦康公是晉國的外甥，卻屢次侵擾晉國。將「出」字解釋為
「生」，似屬牽強。又若「出母」可理解為「生母」，則典籍中其他述
及「出母」的章句解釋恐將產生更大的淆亂。再則以孔白為庶出，亦
無實據。關於伯魚「期而猶哭」的記載，錢泳則以為伯魚所哭者就是
自己的生母，而不是出母，蓋因《儀禮·喪服》中記「父在為母」也
是服齊衰期年之喪，故孔子以其「期而猶哭」而責之。此說於此章句
固然可通，但卻未能解釋子思之「先君子」喪「出母」之事。最後又
以「庶氏之母」為「庶母」，亦不知何據，且言子思居衛，故其母從於
衛，則忽略了《禮記》章句中尚有子思之母去世後「赴於子思」的記

18 〔清〕錢泳《履園叢話》，臺北：廣文書局，1969 年 9 月，頁 104-105。

載，若子思在衛，子思之母從之在衛，何需「赴於子思」？錢泳雖亟於為孔氏辨誣，但似有治絲益棼之憾。[19]再則如周安士言：

> 甚矣！小儒之不知字義，誣謗聖門也。夫子刑於之化，未必遜於文王。縱配偶之賢，不及后妃，何至遂遭斥逐？一之為甚，況三代乎！且夫婦之倫，名教所重。倘其過小而出，家法未免太苛。若其過大而出，孔氏何其不幸。況夫子為萬世師表，夫人乃以失德而被出，已足損其家聲。更加以夫人之媳亦被出，媳之媳又被出，成何體面！一日，將〈檀弓〉白文細玩，讀至「不為伋也妻者，是不為白也母。」不覺恍然曰：既是不為正妻，想必定為側室。然則所謂出母者，並非出逐之母，乃所自出之母，猶言生母也。不喪出母者，生母不服三年之喪也。蓋子思亦係庶出，伯魚曾教其服生母三年之喪，子思不便言其過禮，故曰：「昔者，吾先君子無所失道，道隆則從而隆。」自此以後，孔氏家法，凡係庶出之母，皆不令其服三年之喪，永為定例，故曰：「孔氏之不喪出母，自子思始。」甚是明白曉暢。〈檀弓〉以出字代生字，可謂秀雅不羣矣。後儒自己不識字，奈何使萬世宗仰之夫人，浪被惡名乎！且今士大夫家，若其夫人未嘗斥逐，而妄傳斥逐，猶為累世之恨。仁人君子，猶當代白其怨。況以大聖人之夫人，而可使其姑婦三代，同抱千秋之恨耶？是宜改正俗解，遍示來茲，以醒從來之誤。[20]

---

[19] 近人錢賓四先生亦以《禮記・檀弓》此章「出母」為「生母」、「庶氏之母」為「庶母」，並進而言「子思本居衛，故其母在衛。其母之死，子思適反魯，聞其赴，哭之。」以論子思之母非嫁母。見其著《先秦諸子繫年》，臺北：東大圖書公司，1999 年 6 月，頁 174-175。

[20] 周安士《安士全書》，臺中：瑞成印刷公司，未註出版年月，頁 92-93。

周安士所論，與錢泳大致相同，但其維護聖門之意，則可謂甚為急切。又馬國翰亦曾言：

> 夫為妻綱，古昔聖王特設七出之條，所以肅家法也。但在聖賢，自有刑於之化，當不致閨門失教，致犯七出。假使小過，雖僕御猶宜恕之，況敵體乎？俗傳孔門三世出妻，後儒妄說也，推原其故，皆由誤解《禮記・檀弓》，因而沿訛承謬，至今莫悟。[21]

馬氏所著〈孔門三世出妻辨〉，原文甚長，但所論與錢泳、周安士之言相類，不再贅引。

要之，愚意以為明清之後儒者之所以力辨「孔氏三世出妻」為非，其所關注的焦點即在於「夫為妻綱」、「聖人以五倫示人，則必不出妻。」先秦時期儒家諸子，多有與「出妻」的相關記載[22]，是否就能視為「損其家聲」、「閨門失教」而有失「體面」？留待後述。但孔子真正的形象，應屬於他自己，二千五百多年前的那位教育家、思想家，才是「真孔子」；後人經由他的言行、思想、著作中所勾勒出的形象，固然不宜逕指為「假孔子」，但不免有主觀詮釋、闡發的可能。就如《論語・述而》載孔子自言「若聖與仁，則吾豈敢？抑為之不厭，誨人不倦，則可謂云爾已矣！」或許是孔子對自己抱負的真實

---

21 〔清〕馬國翰《玉函山房文集》，濟南：山東大學出版社，山東文獻集成第三輯第 35 冊，2007 年，頁 664-665。

22 如《孔子家語・卷九》記曾子「其妻以藜烝不熟，因出之。」又《韓詩外傳・卷九》記孟子：妻獨居，踞，孟子入戶視之。白其母曰：「婦無禮，請去之。」母曰：「何也？」曰：「踞。」其母曰：「何知之？」孟子曰：「我親見之。」母曰：「乃汝無禮也，非婦無禮。禮不云乎：『將入門，問孰存；將上堂，聲必揚；將入戶，視必下。』不掩人不備也。今汝往燕私之處，入戶不有聲，令人踞而視之，是汝之無禮也，非婦無禮也。」於是孟子自責，不敢出婦。

敘述，沒有任何驕矜與自負，但公西華聽了卻說：「正唯弟子不能學也！」弟子敬仰之情，溢於言表。又如《孟子‧公孫丑上》記載，子貢問過孔子「夫子聖矣乎？」這樣的問題，孔子的回答與《論語》中相仿：「聖則吾不能，我學不厭而教不倦也。」這應該也是孔子對自己真實情狀的描述，但子貢聽了之後，卻詮解為：「學不厭，智也；教不倦，仁也。仁且智，夫子既聖矣。」孔子屢言自己不是聖人，弟子卻總是認為他是聖人，孔門中這種「孔子非聖而聖」的現象，或許是一個「亞文化群體」[23]宗師偶像的必然，但若「孔子的偶像形象正是在先人們持續不斷的贊頌、崇拜聲中一代又一代地延續和再生著」[24]，甚而幾近「神化」，對於我們理解經典，恐怕反而將造成障蔽。平心而論，孔子終身志於道，既仁且智，博文約禮，溫良平實，擇善固執，確實優入聖域，孔子說自己「豈敢」、「不能」「聖」，除了謙恭，也是希望在「性相近」的基礎論述上，期勉我們與他一同並進，或即如顏淵曰：「舜何人也？予何人也？有為者亦若是。」（《孟子‧滕文公上》）若一味將其「聖化」、「神化」，反而可能造成「評價先行」[25]的疑慮，而不能真正詮解儒家經典的意涵。因此，盡可能的還原孔子的真實面貌，貼近孔子的真實生活，才是我們應該具備的解經態度。

✎ 四、從我國古代婚俗演變看「孔氏三世出妻」

美國人類學家鮑亞士（Franz Boas）曾言：「忽略了個人對文化的

---

[23] 林存光《歷史上的孔子形象》，濟南：齊魯書社，2004 年 3 月，頁 52。

[24] 同上註，頁 149。

[25] 日本學者牧口常三郎曾辨析兩種本質不同的思維方式，即「認知」與「評價」，「認知」是客觀的，「評價」是主觀的。「評價」又分為兩種，一種是完全認識了形象或實體後再進行評價，另一種是先行評價再認識評價的對象。後一種評價方式，可稱之為「評價先行」，將造成認知的屏蔽。見其著《價值哲學》，北京：中國人民大學出版社 1989 年 8 月，頁 13、25。

反應而欲追尋社會規律，將是徒勞無功的；只有論及文化宥範下個人的行為，才能點活了空泛的公式。」[26]儒家經典作為古代知識份子立身處世之準則，理應有其人類學、社會學的意義存在，探求這些行為模式背後的文化背景，對於我們理解經典的意義與價值，應該是有意義的。「孔氏三世出妻」之說，若純以「倫理綱常」的角度觀之，固然有疑；但若以我國古代婚俗演變論之，則可視為當時文化背景下的行為模式之一，並不足為怪，亦無損於聖人之光輝。

我國古代婚姻型態之演變，大抵經歷過「原始群婚」、「血族群婚」、「亞血族群婚」、「對偶婚」及「專偶婚」等五個階段。[27]「原始群婚」階段，大約從原始時期一直延續到公元前 18000 年舊石器時代後期。此時期男女之間的性生活極其自由，婚姻關係完全受生理需求的支配，甚至可以包括親子間的性關係。「血族群婚」時期約在新石器時代初期，距今約 10000 年。此時期較原始群婚進步，排除了親子通婚，但仍保留兄弟姊妹之間的兩性關係。故遠古神話中，伏羲與女媧為兄妹卻成親，台灣民間傳說中，亦不乏兄妹成親之類型，均可視為此時期婚姻型態的反映。「亞血族群婚」又稱「族外婚」，約相當於距今 5000 年前的新石器時代中後期。較血族群婚更進一步，排除了自身兄弟姊妹之間的通婚關係，而在不同姓氏的兄弟或姊妹之間互相通婚。也就是禁止族內通婚，必須到其他氏族或部落尋求女子，同時也把自己本族的女子嫁給別的氏族或部落。遠古神話中，很多聖人都只

---

[26] Franz Boas, *Presidential Address to the American Association for the Advancement of Science,1932*.轉引自李亦園《文化與行為》，臺北：臺灣商務印書館 ，2004 年 8 月，頁 3。

[27] 我國古代婚姻型態的分類與時期，主要參考陳顧遠《中國婚姻史》，臺北：臺灣商務印書館 1992 年 9 月）、任寅虎《中國古代的婚姻》，北京：商務印書館 1996 年 7 月、祝瑞開《中國婚姻家庭史》，上海：學林出版社，1999 年 8 月、汪玢玲《中國婚姻史》，上海：人民出版社，2001 年 8 月之說。

有母親而沒有父親，或知其母而不知其父，[28]都可以視為此時期婚姻型態的反映。「對偶婚」階段大約相當於遠古的五帝時期至三代，此階段是群婚與一夫一妻制間的一種過渡性婚姻型態，和群婚相比，配偶的範圍縮小，關係相對穩定；但和之後的一夫一妻制相比，這種結合仍很脆弱；可以輕易離異，故對偶婚既具有群婚的特點，又具有一夫一妻制的雛形。往往是一夫多妻（但有一主妻）或一妻多夫（但有一主夫），且其中女子處於主導地位，世系按母系計算，但已經出現了父子關係。「專偶婚」則是我國自周秦以來一貫的婚姻制度，受倫常觀念及法律條文保障，此時期父系社會確立，男子居於支配地位，掌控了社會的基本權力，也掌控著自己的妻子和子女，父權、夫權獨霸，女子在家需從父，為人妻後又需從夫。

就春秋戰國時期的婚姻型態而言，「專偶婚」雖然已漸趨成熟，但對偶婚制仍有很明顯的遺留，儒家典籍中記載的諸侯「一娶九女」的媵妾婚及民間一夫多妻、輕易離合的現象，就是很好的例證。汪玢玲《中國婚姻史》認為我國后妃體制及媵妾制的產生，本為春秋戰國時期婚姻的特徵，且《左傳》中亦留有烝、報、奔、私、誘、通等淫亂記載[29]，但：

> 後世的道學先生大可不必目瞪口呆，……這個政治上、軍事上，乃至家庭中正是臣弒君、子弒父的爭霸時代，各國爭用賢才、爭得策略，學術上必然形成諸子百家互相爭鳴，以備政治家、霸權者的選擇。在婚姻上也必然男女雜陳，各為滿足自己私慾的需要，採取不同的婚姻型式以獲得異性配偶。在經濟文化情況各異、社會發展不平衡的條件下，當時不僅保留一些母

28　如「附寶感北斗而生黃帝」、「女登感神龍而生炎帝」、「簡狄行洛吞玄鳥卵而生契」等。

29　汪玢玲《中國婚姻史》，上海：人民出版社，2001年8月，頁35-50。

系氏族群婚制遺風，搶婚、服役婚、交換婚和買賣婚也必然都交替出現，這是可以理解的，歷史有其發展過程，婚姻史亦不例外。[30]

除了《左傳》所記載的貴族婚姻樣貌，我們還可以從《詩經》所記，瞭解民間的婚姻景況。《詩經》中固然有合乎「壹與之齊，終身不改」（《禮記‧郊特牲》）的專偶婚戀歌，如〈鄭風‧女曰雞鳴〉、〈邶風‧擊鼓〉等；但更常見女子被棄的悲嘆，如〈衛風‧氓〉、〈邶風‧谷風〉、〈王風‧中谷有蓷〉等，是以童書業在《春秋左傳研究》中云：

《詩經》中所載男女關係，亦較隨便，觀鄭、衛等風可知。男女較易結合，亦易分散，士、庶民階層似尚有對偶婚殘餘型態。此類家庭常不甚鞏固。[31]

若能將「孔氏三世出妻」、「曾子出妻」、「孟子出妻」等記載，還原到這樣的文化背景之中，則即使諸位聖人出妻之事均為真，亦不過是當時的婚姻型態的展現，無損於聖人德性。若不能掌握這樣的歷史發展過程，而以後期專偶婚制下的「倫理綱常」來議論聖人出妻，反而可能「目瞪口呆」，產生有損聖人家聲的憂懼，而不能做出平允的論述。同樣的，對於傳統經典意涵的辨析，若能從人類學、社會學的角度加以探討，應該是比較客觀、公允的。

---

[30] 同上註，頁 50-51。
[31] 童書業《春秋左傳研究》，上海：人民出版社 1980 年 8 月，頁 348。

✎ 五、結語

　　《荀子‧解蔽》言：「凡人之患，蔽於一曲，而闇於大理。」提醒我們在認知、思考事物時，常被偏於一曲之成見所宥，反而不能認識真正的道理。孔子對我國的文化傳承、教育推廣、典制建立等方面有極大貢獻，人格又極其高尚，當然是我國歷史上的偉大聖人。但是，我們對於孔子的尊崇，不應該變成一種「成見」；我們對於孔子的推崇，也不應該變成聖人與我們的一種距離。若因「尊孔」的成見而不能順利解經，因「尊孔」而造成的距離使我們不能涵咏聖人的人格感化，是所有讀經解經者都不樂見的。

　　再者，人類學家每每把一個民族或社會的運作視作一個有系統且整合的有機體，在這個有機體中的每一因素都是相關連的，意即整體的存在依靠個因素的交相作用而維持。文化是這個有機體中很重要的一部分，一個民族或社會的人們如何思考、生活、產生有意義的行為，都與文化背景息息相關。儒家經典既為我國傳統文化之精華，對於經典思想之探求，理應思考與此有機體中其他的部份相結合，如此，方能拓展經典研究的範疇，也才能全面、正確的詮解經典。

參考 文獻

古籍

〔東漢〕鄭玄注 〔唐〕孔穎達疏 《禮記注疏》 臺北 藝文印書
　　館 1985 年 12 月

〔晉〕王肅 《孔子家語》 臺北 中國子學名著集成編印基金會
　　1977 年

〔宋〕黎德靖 《朱子語類》 臺北 正中書局 1982 年 6 月

〔元〕陳澔 《禮記集說》 臺北 世界書局 1990 年 6 月

〔清〕朱彬 《禮記訓纂》 北京 中華書局 1996 年 9 月

〔清〕孫希旦 《禮記集解》 臺北 文史哲出版社 1984 年 10 月

專書

王　民 《孔子的形象與思想》 臺北 臺灣商務印書館 1988 年 4
　　月

錢　穆 《孔子傳》 臺北 東大圖書股份有限公司 1991 年 4 月

陳顧遠 《中國婚姻史》 臺北 臺灣商務印書館 1992 年 9 月

王煒民 《中國古代禮俗》 臺北 臺灣商務印書館 1994 年 4 月

張宏生 《孔子的形象及其文學精神》 高雄 麗文文化事業股份有
　　限公司 1995 年 2 月

李仲祥、張發嶺 《中國古代漢族婚喪風俗》 臺北 臺灣商務印書
　　館 1995 年 5 月

葉國良、夏長樸、李隆獻 《經學通論》 臺北 國立空中大學 1996
　　年 1 月

任寅虎　《中國古代的婚姻》　北京　商務印書館　1996 年 7 月

周　何　《說禮》　臺北　萬卷樓圖書有限公司　1998 年 9 月

錢　穆　《先秦諸子繫年》　臺北　東大圖書股份有限公司　1999 年
　　6 月

祝瑞開　《中國婚姻家庭史》　上海　學林出版社　1999 年 8 月

汪玢玲　《中國婚姻史》　上海　人民出版社　2001 年 8 月

林存光　《歷史上的孔子形象》　濟南　齊魯書社　2004 年 3 月

李亦園　《文化與行為》　臺北　臺灣商務印書館　2004 年 8 月

劉方煒　《孔子紀》　桂林　廣西師範大學出版社　2009 年 9 月

（日）牧口常三郎　《價值哲學》　北京　中國人民大學出版社　1989
　　年 8 月

童書業　《春秋左傳研究》　上海　人民出版社　1980 年 8 月

《禮記‧王制》的養老主張及其在今日社會的價值

✎ 一、前言

　　老化，本來是生命發展的自然現象，人從一出生就開始步向老化。依據內政部「戶籍人口統計速報」[1]統計，臺灣地區至 101 年 2 月底止，總人口數為 23,234,003 人，其中符合我國「老人福利法」所定義的「老人」資格－65 歲以上[2]－的人口數為 2,537,541 人，佔總人口數 10 年 92%，此比例早已超過聯合國世界衛生組織（WHO）所訂的高齡化社會指標[3]。再據內政部「戶籍人口歷年統計表」[4]統計，我國自 89 年起，出生率即節節下降，但死亡率卻未有太大變動，[5]亦顯示我國人口結構已呈現高齡化現象，且狀況持續演進中。根據行政院經濟建設委員會的推估，至民國 114 年，台灣地區 65 歲以上的人口，更

---

[1] 內政部戶政司人口統計資料查詢網站：http://www.ris.gov.tw/zh_TW/37，2012 年 6 月 9 日查閱。

[2] 「老人福利法」第二條：「本法所稱老人，指年滿六十五歲以上之人。」

[3] 聯合國世界衛生組織（WHO）所定的高齡化社會指標，為該地區 65 歲以上人口達總人口數之 7%。

[4] 同註 1。

[5] 出生率：89 年，13.76/1000；90 年，11.65/1000；91 年，11.02/1000；92 年，10.06/1000；93 年，9.56/1000；94 年，9.06/1000；95 年，8.年 96/1000；96 年，8.93/1000；97 年，8.64/1000；98 年，8.29/1000；99 年，7.21/1000。死亡率：89 年，5.68/1000；90 年，5.71/1000；91 年，5.73/1000；92 年，5.80/1000；93 年，5.97 年 0/1000；94 年，6.13/1000；95 年，5.95/1000；96 年，6.16/1000；97 年，6.25/1000；98 年，6.22/1000；99 年，6.30/1000。

將達總人口的 20.1%。應如何關懷越來越多的老年人口，已經是現代國民不可或缺的知能。

我國傳統以農立國，老年人的智慧、經驗，不啻為「一部活的詞典」，對於農業生產有極大助益，[6]老年人的道德、修養，更是後輩學習取法的對象。是以我國自古以來，便有「尊老尚齒」的觀念。再加上儒家對家庭倫理的重視，強調長幼有序、事親至孝，而且不僅是敬重家裡的長輩，還要「老吾老，以及人之老」（《孟子·梁惠王上》），最終，尊老還寓含著「以孝安治天下」的思維[7]。而在儒家禮教的代表著作《禮記》中，敬老尊老的篇章亦為數眾多，惜多散見各篇，未有整體的論述，唯有〈曲禮〉、〈王制〉、〈月令〉、〈內則〉、〈鄉飲酒義〉諸篇，尚可見古代養老制度之梗概，其中尤以〈王制〉一篇，部分篇章較集中論述尊老養老之思想與制度，可歸納出古代對長者的照養規劃，亦可提供今日擬定老人福利政策之參考，值得我們深入探究。

二、《禮記·王制》的養老思想與制度

為了方便討論，茲先將《禮記·王制》中關於尊老養老的敘述，摘錄於下：

> 凡養老：有虞氏以燕禮，夏后氏以饗禮，殷人以食禮，周人脩而兼用之。五十養於鄉，六十養於國，七十養於學，達於諸

---

6 「農人春耕、夏耘、秋割、冬藏，皆仰賴於天時、地利，誰能通曉天時、地利？老人。因為老人是一部活的詞典，以他們豐富的常識和經驗，指導著下一代如何運用現有的生產條件，以最少的勞費，獲取最高的代價。」語見徐立忠《高齡化社會與老人福利》，臺北：臺灣商務印書館，1989 年，頁 205。

7 如《禮記·鄉飲酒義》云：「民知尊長養老，而后乃能入孝弟，民入孝弟，出尊長養老，而后成教，成教而后國可安也。」見〔東漢〕鄭玄注、〔唐〕孔穎達疏《禮記注疏》，臺北：藝文印書館，1985 年，頁 1006。

侯。八十拜君命，一坐再至，瞽亦如之。九十使人受。五十異糧，六十宿肉，七十貳膳，八十常珍；九十，飲食不離寢、膳飲從於遊可也。六十歲制，七十時制，八十月制；九十日修，唯絞、衾、冒，死而後制。五十始衰，六十非肉不飽，七十非帛不煖，八十非人不煖；九十，雖得人不煖矣。五十杖於家，六十杖於鄉，七十杖於國，八十杖於朝；九十者，天子欲有問焉，則就其室，以珍從。七十不俟朝，八十月告存，九十日有秩。五十不從力政，六十不與服戎，七十不與賓客之事，八十齊喪之事弗及也。五十而爵，六十不親學，七十致政。唯衰麻為喪。有虞氏養國老於上庠，養庶老於下庠。夏后氏養國老於東序，養庶老於西序。殷人養國老於右學，養庶老於左學。周人養國老於東膠，養庶老於虞庠：虞庠在國之西郊。有虞氏皇而祭，深衣而養老。夏后氏收而祭，燕衣而養老。殷人冔而祭，縞衣而養老。周人冕而祭，玄衣而養老。凡三王養老皆引年。八十者一子不從政，九十者其家不從政，廢疾非人不養者一人不從政。父母之喪，三年不從政。齊衰、大功之喪，三月不從政。[8]

　　〈王制〉的作者與時代，雖仍有異說[9]，但在《禮記・內則》中，有與之類同的養老敬老章句，亦均有「託古改制」之意，僅編排順序略有不同，故而〈王制〉此說，應可視為周秦之間儒者共同的既定主

8　〔東漢〕鄭玄注、〔唐〕孔穎達疏《禮記注疏》，臺北：藝文印書館，1985年，頁 263-266。

9　《史記・封禪書》言漢文帝曾「使博士諸生刺六經中作王制，謀議巡狩封禪事。」東漢盧植因謂此篇為漢文帝令博士諸生作。但《史記》中不止一次稱引「王制」，實無法確認文帝時使博士生所作之「王制」，即為《禮記》中之〈王制〉，故清代學者如王鳴盛、何焯、孫志祖等多謂《禮記・王制》「非博士作，乃舊典之遺。」說見周何《禮學概論》，臺北：三民書局股份有限公司，1998 年，頁 115。

張。根據〈王制〉所言，則其尊老養老的主張，含有下列特色：

（一）分齡照養

儒家典籍中，常見以「十歲」為劃分人生階段的單位，孔子以之論人生之進程[10]，《禮記·曲禮》以之論君子立身之準則[11]，〈王制〉則以之作為養老尊老的規劃依據，若據〈王制〉之規劃，其「分齡照養」的特色，可再以下表明之[12]：

表一　《禮記·王制》「分齡照養」規劃

規劃 年齡	飲食	體力	為官	職位	禮遇	榮耀	扶養	養老處	喪具
50	異糧	始衰		而爵	不從力政	杖於家		養於鄉	
60	宿肉	非肉不飽		不親學	不與服戎	杖於鄉		養於國	歲制
70	貳膳	非帛不煖	不俟朝	致政	不與賓客事	杖於國		養於學達於諸侯	時制
80	常珍	非人不煖	月告存		齊喪事弗及	杖於朝	一人不從政	拜君命一坐再至	月制
90	飲食不離寢、膳飲從於遊	雖得人不煖	日有秩			天子就其室	其家不從政	使人受	日制

---

[10] 子曰：「吾十有五而志于學，三十而立，四十而不惑，五十而知天命，六十而耳順，七十而從心所欲、不踰矩。」（《論語·為政》）見〔三國〕何晏注、〔宋〕刑昺疏《論語注疏》，臺北：藝文印書館，1985 年，頁 16。

[11] 《禮記·曲禮》：「人生十年曰幼，學。二十曰弱，冠。三十曰壯，有室。四十曰強，而仕。五十曰艾，服官政。六十曰耆，指使。七十曰老，而傳。八十、九十曰耄，七年曰悼，悼與耄雖有罪，不加刑焉。百年曰期，頤。」見鄭玄注、孔穎達疏《禮記注疏》，臺北：藝文印書館，1985 年，頁 16。

[12] 此表參考洪淑湄《漢代養老制度研究》，頁 36 表 2-2.1「《禮記·王制》的養老分析表」擴充而成。

　　不同的年歲，本來就有不同的生理、心理狀態，古人雖普遍以五十歲以上為「老」[13]，但〈王制〉並未把所有五十歲以上的老年人待遇混為一談，而提倡「分齡照養」，亦可兼顧生活中「資源分配」的現實[14]，可謂是一種非常理想的規劃。

（二）定期宴老

　　〈王制〉曰：「有虞氏以燕禮，夏后氏以饗禮，殷人以食禮，周人脩而兼用之。」「有虞氏皇而祭，深衣而養老。夏后氏收而祭，燕衣而養老。殷人冔而祭，縞衣而養老。周人冕而祭，玄衣而養老。」所謂「燕禮」，是設宴於寢，肴蒸於俎，升堂行一獻之禮，之後再脫屨升堂，坐飲以致於醉，其禮以「飲」為主，在飲食之禮中屬較輕者，在虞舜之時行之。「饗禮」則謂設宴於朝，依尊卑而為獻數，兼有飲食，在飲食之禮中最重，在夏代行之。而「食禮」則是雖設酒而不飲，以飯、餚為主，在商朝行之。至周朝則兼行「燕」、「饗」、「食」諸禮，而以春夏之時用「燕」、「饗」；秋冬之時用「食」禮。[15]至於宴老時

---

[13]　《孟子‧梁惠王上》云：「五畝之宅，樹之以桑，五十者可以衣帛矣！雞豚狗彘之畜，無失其時，七十者可以食肉矣！」《孟子‧盡心上》亦云：「五十非帛不煖，七十非肉不飽。」《靈樞‧天年》言：「五十歲，肝氣始衰，肝葉始薄，膽汁始減，目始不明。」唐人孫思邈在《備急千金要方》中則明言：「五十以上為老。」似可論知古人把五十歲視為衰老的起始年齡。說參見常建華〈中國古代對老年的界定〉，《歷史月刊》第 113 期，1997 年 6 月，頁 36-40。

[14]　例如我國古代進入農耕社會後，畜牧業並不發達，「食肉」的取得不易，可肉食者多半為貴族，是以《左傳‧莊公十年》屢有「肉食者謀之」、「肉食者鄙」之記。因「食肉」資源的不足，故而在分配上，強調提供老者食用，可視為一種養老尊老的規劃。《孟子‧梁惠王上》亦主張「七十者可以食肉」，可參。

[15]　鄭玄於「周人脩而兼用之」下注云：「兼用之，備陰陽也。凡飲，養陽氣；凡食，養陰氣。陽用春、夏，陰用秋、冬。」孔疏則云：「周人脩三代之禮而兼用之以養老，春、夏養老之時，用虞氏燕禮、夏后氏饗禮之法；若秋、冬養老之時，用殷人食禮之法。」見〔東漢〕鄭玄注、〔唐〕孔穎達疏《禮記注疏》，臺北：藝文印書館，1985 年，頁 263。

所穿著的服裝，也十分慎重，虞、夏、商、周四代養老，均以祭之冠，虞時著前後深長的深衣，夏時著燕居之衣，商時著朝服，周時則著祭服。此為國家定期宴飲長者之規劃，透過宴飲之禮，給年高德劭者很高的禮遇，象徵政府對長者的敬重。

（三）養老於學

　　至於上述定期宴會之地點，〈王制〉言：「五十養於鄉，六十養於國，七十養於學，達於諸侯。八十拜君命，一坐再至，瞽亦如之。九十使人受。」所謂的「鄉」，孔《疏》以為指「鄉學」；而所謂「國」，鄭《注》以為是「國中小學」；「學」；鄭《注》以為是「大學」，是可知〈王制〉所規劃的宴飲長者之所，「五十」、「六十」、「七十」三個年齡階層的老者都是在學校，八十歲以上的長者，因年漸衰弱，不堪來學受養，故國君應備饗食之禮，使人親往致之，而受君命之時，理應再拜，但也因恐老者不堪為勞，故一坐於地而首再至於地即可；九十歲以上的長者，則更無須親受君命，使人代受亦不違禮，這可謂是對八十歲以上的老者更大的優遇。而關於「養老於學」，〈王制〉尚有更詳盡的說明，其說可由下表明之：

表二　《禮記・王制》養老於學概述

身分＼地點＼朝代	虞	夏	商	周
國老	上庠	東序	右學	東膠
庶老	下庠	西序	左學	虞庠

　　孔《疏》引熊安生之言曰：「國老，謂卿大夫致仕者；庶老，謂士也。」又引皇侃之說云：「庶老，兼庶人在官者。」又《周禮・夏官・

羅氏》「中春羅春鳥，獻鳩以養國老。」處，孫詒讓《周禮正義》曰：「國老當兼含元士之老，庶士以下則與庶人同為庶老。」故可知所謂「國老」，指的是元士（上士）以上退休的老者；「庶老」則是庶士以下與庶人之老者。至於「上庠」、「下庠」、「東序」、「西序」、「右學」、「左學」、「東膠」、「虞庠」等，俱為學校之名，其中「上庠」、「下庠」、「東序」、「西序」、「右學」、「左學」、「東膠」，均為「國」中之大學；僅「虞庠」為在「國」之四郊之鄉學[16]。又虞、商以西為尊，故養「國老」於在西之「上庠」、「右學」；夏、周以東為尊，故養「國老」於在東之「東序」、「東膠」。而之所以「養老必在學者」，孔《疏》以為是「以學教孝悌之處，故於中養老。」顯然「養老於學」，有教化之功，可使後生晚輩知養老敬老的重要性。

（四）細心照護

　　前已論及〈王制〉有「分齡照養」的概念，而其照養老人之方，則可從飲食、起居、朝見、喪具之準備等處言之。在飲食方面，〈王制〉認為五十歲以上的人，就可以吃較精美的糧食，六十歲以上就應該常備肉食，七十歲以上則除平常用餐外，應另有美善之食以補充營養，八十歲以上的人則除了六十、七十兩個階段的飲食調配，還可以吃一些珍貴的食材，九十歲以上的人，由於年事已長，故應隨其所居所行，常備膳食。在起居方面，〈王制〉認為人在五十歲時開始衰老，應特別留意飽食及保暖，因而在食材的選用、衣物的質料上，主張六十歲以上應食肉、七十歲以上應穿絲帛衣物，八十歲以上則應時時有人相伴以暖身。依常禮，古為官者七十即應「致事」[17]，但或有國家

16　《北史‧劉芳傳》引〈王制〉「西郊」作「四郊」，按此處「虞庠」係相對於「國」中之大學而言，指鄉遂所設之小學，應以「四郊」為是。清段玉裁與顧廣圻為四、西兩字異同，爭論不已，亦應以段說「四郊」為得。

17　《禮記‧曲禮》：「大夫七十而致事。」〈王制〉亦云：「七十致政。」「致事」、「致政」均謂致其所掌之事（政）於君而告老也。

借重其才而不得謝者，則七十歲以上者朝見君王時，君出揖之則退，不須待朝事結束，八十歲以上則無須登朝，若有朝政則使人問之，並每月定期遣人探望，若九十歲以上仍為朝臣，君王就應天天派人致送常膳探望。至於喪具，則除了「絞」、「紟」、「衾」、「冒」之外[18]，亦應依長者年齡有所因應，六十歲以上就應於每年有所備，七十歲以上者每季省視，八十歲以上者每月省視，九十歲以上者則每日均需省視喪具，蓋以死生事大，故預先準備喪具，以免事有突然，徒留憾恨。對於長者的照料，可謂是細心而周到。

（五）免除勞動

〈王制〉中免除勞動的主張，可以分為兩方面論之。一方面是對老者本人而言，五十歲以上的長者，就可以不必再服修築城道之力役；六十歲以上則免除兵役，七十歲以上可以不參加賓客應酬，但必要時仍須服衰麻喪服，並親為齊祭，八十歲以上則即使有喪，亦不服衰麻，亦無須齊祭，而由子代祭即可。又「六十不親學」則謂六十歲以上的長者，筋力已衰，不能親學；德業已成，亦不必親學也。另一方面是對老者的家屬而言，〈王制〉主張若家中有八十歲以上的老人，則應留一子不赴徵召，以侍奉長者，若家中有九十歲以上的老者，則全家均可不赴徵召。若遇有父母之喪，則需守喪三年，故應三年不赴徵召，若是齊衰大功之喪，則可三月不赴徵召。〈王制〉此說，既以尊老，使老者免於徭役喪祭親學勞動之累；又為崇孝，規範子孫善盡照養長者之責，意義甚為重大。

---

[18] 「絞」為大小斂時收束衣物的布帶，「紟」為大斂時用的單被，「衾」是覆蓋遺體用的單被，「冒」是放置遺體的屍套。鄭《注》以為此類物品「一日二日而可為」，是以無須事先準備。說見〔東漢〕鄭玄注、〔唐〕孔穎達疏《禮記注疏》，臺北：藝文印書館，1985 年，頁264。

（六）提升地位

〈王制〉言：「五十而爵。」鄭《注》認為是「賢者命為大夫」，孔《疏》則言：「凡常之人有賢德，故五十始為大夫。」可知凡人之有賢德者，五十歲時即可由國家命為大夫，此或許是種榮譽職，未必掌有實權，但對於老人之政治、社會地位的提升有一定助益。另外，〈王制〉尚言及我國古代特有「賜杖」[19]制度，君王對於年老德高者賜予鳩杖，五十歲以上者可以杖於家，六十歲以上者杖於鄉，七十歲以上者杖於國，八十歲以上者可杖於朝，至九十歲以上，則雖有王杖亦或不能行，君王若有問，需備有珍饈至其家請教。王杖固然可以助行，但其真正的功用和意義，應在於象徵著君王所賜予的權力與榮耀，益可彰顯國家對老者之敬重。

✎三、《禮記‧王制》的養老思想與制度在今日的意義

現代社會因生活環境的改善，醫療科技的進步，維護了我們的健康，也延長了我們的壽命。但從另一個角度而言，現代化快速變遷的社會，對年長者而言，卻可能是更嚴苛的挑戰，舉其犖犖大者而言：
（一）工業化社會、高科技產業的發展日新月異，老人所積累的智識與經驗，常常無用武之地，長此以往，「老人」將無法適應現代

---

[19] 古籍中對「賜杖」多有記載，如《禮記‧月令》言：「是月也，養衰老，授几杖，行糜粥飲食。」《呂氏春秋‧仲秋紀》亦有相同記載，又《周禮‧秋官‧伊耆氏》云：「掌國之大祭祀，共其杖咸。軍旅，授有爵者杖。共王之齒杖。」《後漢書‧禮儀志》則詳言：「仲秋之月，縣道皆案戶比民。年始七十者，授之以王杖，鋪之糜粥；八十九十，禮有加賜。王杖長九尺，端以鳩鳥為飾。」1959年，甘肅武威磨嘴子漢墓出土鳩杖三根，並有「王杖詔書」十簡，說明漢代「賜杖」之起源、規定及案例等，之後其他地區亦有鳩杖及「賜杖」詔書陸續出土，可論證古代確存有「賜杖」制度。

化生活，甚而會被指為阻礙進步的最大原因。

（二）由於工業化、都市化，青壯年人口大量湧向都市，造成城鄉人口失調。進入都市的青年人工作繁忙，生活忙碌，家庭組織變小，留守故土的老者往往乏人照料。

（三）工業社會的人際互動，不似以往農業社會緊密，導致人我之間漸趨冷漠，而尊老敬老之風，更是遠非昔比。加以「老人」適應現代生活的能力較低，常成為現代社會中的弱者，更容易遭到漠視。

因此，如何在現代社會中建立完善的尊老養老思維與規劃，實在是刻不容緩的事。現今社會的養老思想與制度，具體呈現在與「老人福利」相關的法規和政策中，根據內政部社會司所公布的〈老人福利與政策〉一文[20]，今日社會的養老思想與制度，約可歸為「健康維護」、「經濟安全」、「社會參與」、「生活照顧」、「老人保護」、「心理及社會適應」等六部分，每部分中又包含若干細項，可列簡表如下：

表三　內政部社會司老人照護規劃

健康維護	老人預防保健服務：老人得依意願接受地方主管機定期舉辦之老人健康檢查及提供之保健服務。
	中低收入老人重病住院看護費補助：中低收入老人每人每日補助 750 元，每年度最高補助 9 萬元，而低收入戶老人則每人每日補助 1800 元，每年度最高補助 21 萬 6000 元。
	中低收入老人裝置假牙補助：針對經醫師評估缺牙需裝置活動假牙之列冊低收入戶、領有中低收入老人生活津貼、領有身心障礙生活補助，或經各級政府全額補助收容安置，或經政府補助身心障礙者托育費或養護費達 50% 以上老人，依其裝置假牙類別，提供每人最高 1 萬 5,000 元至 4 萬元之補助。

（續下頁）

---

[20] 參見內政部社會司網頁：http://sowf.moi.gov.tw/04/01.html，2012 年 6 月 9 日查閱。

表三　內政部社會司老人照護規劃（續）

經濟安全	低收入戶老人生活補助：照顧未接受機構安置之低收入戶老人生活，每月補助每人生活費用。
	中低收入老人生活津貼：為安定老人生活，凡六十五歲以上生活困苦無依或子女無力扶養之中低收入老人，亦未接受政府公費收容安置者，其家庭總收入平均每人每月未達最低生活費用標準一‧五倍至二‧五倍者，每人每月發給三、〇〇〇元，而一‧五倍以下者，則發給六、〇〇〇元。
	中低收入老人特別照顧津貼：為保障老人經濟生活，針對罹患長期慢性病且生活自理能力缺損，需專人照顧，未接受收容安置、居家服務、未請看護（傭）之中低收入老人，發給中低收入老人特別照顧津貼，以彌補因照顧家中老人而喪失經濟的來源。
社會參與	長青學苑：為滿足老人求知成長的需求，利用老人文康中心或其他合適場所設立長青學苑，提供老人再充實、再教育機會，並擴大其生活層面。
	老人福利服務（文康活動）中心：充實老人精神生活、提倡正當休閒聯誼、推動老人福利服務工作，由內政部每年均編列預算，鼓勵鄉鎮市區公所興設老人文康活動中心，並逐年補助其充實內部設施設備，以作為辦理各項老人活動暨提供福利服務之場所。
	行動式老人文康休閒巡迴服務：補助縣市購置多功能、美觀、行動力十足的多功能巡迴服務專車，並統一設計代表溫馨關懷之標誌及彩繪外觀圖案後，由縣市政府結合民間團體定期定點辦理社區巡迴服務，取代定點補助興建老人文康活動中心功能。
	休閒育樂活動： 1.參與社會服務活動：鼓勵老人參與社團或社會服務活動，以獲得服務社區和社會的機會，增進與社會互動關係及精神生活。 2.辦理各項老人福利活動：包含老人人力銀行、各項研（討）習會、觀摩會及敬老活動等項目，滿足老人休閒、康樂、文藝、技藝、進修及聯誼等需求。 3.各類優待措施：為鼓勵老人多方參與戶外活動，對於老人搭乘國內公、民營水、陸、空大眾運輸工具、進入康樂場所及參觀文教設施等，老人福利法已明定，應提供半價優待。
	重陽節慶祝活動

（續下頁）

表三　內政部社會司老人照護規劃（續）

生活照顧	居家及社區照顧	居家服務：增強家庭照顧能力，以使高齡者晚年仍能生活在自己所熟悉的環境中並獲得妥善的照顧。積極推動老人居家服務，讓長者不需離家便能獲得照顧。
		日間照顧：主要提供失能、失智老人，定期或不定期往返日間照顧中心，維持並促進其生活自立、消除社會孤立感、延緩功能退化，促進身心健康。
		營養餐飲：提供營養餐食以減少老人炊食之危險及購物之不便。
		輔具購買租借與居家無障礙環境改善：為利失能者使享有尊嚴、安全、獨立自主生活，由各縣市政府編列預算補助失能老人購買、租借輔具。
		創新服務項目： 1.家庭托顧：照顧服務員於其住所內，提供失能老人身體照顧、日常生活照顧與安全性照顧服務，及依失能老人之意願與能力協助參與社區活動。 2.交通接送：補助失能者使用交通接送服務，以滿足失能老人就醫與使用長期照顧服務的交通需求。
	機構式照顧	整合家庭、民間機構、團體及政府的力量，為老人提供完善的安養、長期照顧等福利服務措施，以補充家庭照顧功能之不足，增進老人福祉。
		長期照顧機構服務：對於確有進住長期照顧機構需求之失能老人，將機構式照顧之補助對象，並從低收入戶老人擴展到家庭總收入未達社會救助法規定最低生活費用一·五倍之重度失能者。

（續下頁）

表三　內政部社會司老人照護規劃（續）

生活照顧	建立社區照顧關懷據點	促進社區老人身心健康，落實在地老化及社區營造精神，結合有意願之村里辦公處、社會團體參與設置社區照顧關懷據點，由在地人力、物力資源，提供關懷訪視、電話問安諮詢及轉介服務、餐飲服務、辦理健康促進活動等，以延緩長者老化速度，發揮社區自助互助照顧功能，並建立連續性之照顧體系。
	失智症老人多元服務方案	對失智症人口急速增加所衍生的照顧需求，積極推動六大策略，包含加強教育宣導、強化早期介入服務方案、加強預防走失服務、辦理失智症照顧人力培訓、建構多元連續性之失智症照護模式，及強化失智症家庭照顧者支持體系等。
老人保護	設置相關資訊及資源「單一窗口」：各直轄市及縣（市）政府均設置「單一窗口」，主動掌握相關資訊及資源，以落實老人保護、安養照顧服務。	
	強化獨居老人之關懷服務：對獨居老人除提供生活照顧服務、緊急救援連線外，亦結合民間單位、志工、社區資源及社會役人力等，加強關懷與協助。	
	提供緊急救援服務：獨居老人安全網之建立，目前各縣市主要透過醫療系統（生命救援連線）、消防局或警察局（警民連線或安全警鈴）、或由民間團體承辦等 3 種方式辦理老人緊急救援工作。	
	成立「失蹤老人協尋中心」	
心理及社會適應	設置老人諮詢服務中心：透過社會上對老人心理、醫療護理、衛生保健、環境適應、人際關係、福利與救助等方面具有豐富學識經驗或專長人士參與，對老人、老人家庭或老人團體提供諮詢服務。	

　　由於時代的侷限，先秦禮書的養老尊老制度還有許多不健全、不完善之處。《禮記‧王制》所主張的養老思想與制度，其內容梗概及特色已在前述，然若將其與今日的養老思想與制度相比較，則可知其在

今日社會，至少仍有以下三項意義：

（一）注意分齡需求

我國的「老人福利法」，將六十五歲以上的人均稱為「老人」，六十五歲以上的長者，擁有「老人福利法」中所提供的各項保障與協助完全相同，並不如〈王制〉中將「老人」按照年齡階段概分為五段，對老人的照護安養，亦不如〈王制〉之差等安排。〈王制〉對老者之分齡或差等安排，雖然未必妥適，然就照養長者的實際心理、生理狀況，及考量整體資源分配限制而言，應是較合理的規劃。

（二）精神重於物質

觀諸近年來政府施政，每論及老人福利或照養事務，每在各項「津貼」或「補助」上著眼，每有大型選舉，「老人年金」更彷彿成為各候選人喊價的標的，似乎年長者需要的，就只是「金錢」。這種思維，恐怕仍是主事者自身想法的投射，而不是長者心中真實渴望。我們對於老者之照養，實在不應只著重在「年金」、「津貼」、「補助」或其他的物質欲求上，畢竟金錢或物質的提供，固然能保障老人的所得，使生活無虞困乏；但家庭的溫暖與社會的接納，才是老者心靈安頓的良方。尤其是當高齡化社會來臨，老年人口比例不斷攀增，對老者的各項「補助」，終將成為年輕人沈重的負荷，更有可能造成青年人更加輕視（甚或是「仇視」）老者，「老者安之」也會變成「老者不安」。〈王制〉所主「命爵」「賜杖」之法，給予老年人應有的尊嚴與榮耀，肯定他們對社會的貢獻，喚起後生晚輩對他們的敬重，較諸只是在特定節日送老者慰問金或禮品應該更有意義。[21]

---

[21] 聯合國在 1991 年通過的「聯合國老年人原則」（或譯為「聯合國老人綱領」）中，提出五個要點，分別是「獨立」、「參與」、「照顧」、「自我充實」與「尊嚴」。在「尊嚴」處，原則中也特別強調「老年人的生活應有尊嚴，有保障，且不受剝削和身心虐待。」

（三）強化親人照養

　　我國自古以來的敬老崇老觀念，根植於「孝道」精神，十分強調子女對父母的奉養與照顧，期盼老年人能在子孫的照養中頤養天年。雖然現代工商業社會，家庭結構的組成模式，以「小家庭」為主，子孫未必與父祖同住；且經濟型態轉變，青年人對老年人的照顧，也常是有心無力。但今日的老人福利制度，強調了「居家照顧」、「社區照顧」、「機構養護」，卻未強調「親人照顧」，這無疑是很可惜的事。我們還是不應該放棄這樣的傳統，盡可能由自己來照養自己的長輩，才能維繫家庭倫理的穩固。再觀諸〈王制〉中「養老於學」之法，由君王示範敬老尊老，使學子有親炙長者學習的機會，亦勝於僅是將老者安置於養護機構之中。

✎ 四、結語

　　「福利國家」雖是近代的名詞，也是近年來世界各國致力的目標。[22]但「福利國家」的思想，在我國由來已久，《禮記‧禮運》所揭櫫的「大同思想」，就可以視為「福利國家」的思想濫觴。然而一個現代政府的社會福利措施，不應該只一個國家的「政策」，而應該成為社會大眾共同的「理念」，這種政策和理念，旨在滿足社會全體份子的生活需求和願望，當然也應由政府與民間共同努力和合作推進。一個真正的「福利國家」，應該是各種人均感安樂的社會，這其中自然也

---

[22] 「福利國家」一詞源於 1941 年英國坎德本大主教（Archbishop of Canterbury）出版的《公民與教徒》（*Citizen and Churchman*）一書中，而在二次世界大戰後為各國普遍使用，尤以英、美、德、法等國為盛。「福利國家」之概念倡導民主、自由、平等、博愛的思想，在「福利國家」的社會福利觀念，是指政府應保障每一個國民享有最低標準的所得、營養、健康、住宅及教育。這種保障是基於每一國民的「政治權利」，而不是慈善的施捨。

包含曾經為這個社會貢獻心力的老者。「禮」以「時」為大[23]，在現代社會討論《禮記·王制》所主張的養老思想與制度，並不是要「發思古之幽情」，而是希望藉由這樣的討論，我們可以再次審視古禮中一些美好的制度，這些禮儀制度，往往在我國歷史上發揮極大影響，卻在今日社會中被新式思維所淹沒。「老者安之」是孔子的理想之一，禮書中的養老諸儀也包括了飲食起居、政治待遇、社會生活、經濟供給等方面，可謂是幾近詳備。雖然不免有些理想成分，但仍為後代的社會福利政策中照護老人的部分，開展了可供依循的藍圖，應該是值得我們繼續探討的。

---

[23] 《禮記·禮器》：「禮，時為大，順次之，體次之，宜次之，稱次之。」

參考 文獻

古籍

〔宋〕陳澔　《禮記集說》　臺北　世界書局　1990 年 9 月

專書

李增祿等　《中外社會福利服務比較研究》　臺北　中央文物供應社
　　1982 年 11 月

孫希旦　《禮記集解》　臺北　文史哲出版社　1984 年 10 月

周建卿　《老人福利》　臺北　臺灣商務印書館　1984 年 1 月

傅家雄　《老人問題與老人福利》　臺北　正中書局　1988 年 2 月

江亮演　《老人福利與服務》　臺北　五南圖書出版公司　1988 年 5
　　月

徐立忠　《高齡化社會與老人福利》　臺北　臺灣商務印書館　1989
　　年 4 月

林顯宗　陳明男　《社會福利與行政》　臺北　五南圖書出版公司
　　1990 年 10 月

鄒昌林　《中國古禮研究》　臺北　文津出版社　1992 年 9 月

周　何　《禮學概論》　臺北　三民書局股份有限公司　1998 年 1 月

喬　健　潘乃谷　《中國人的觀念與行為》　高雄　麗文文化事業股
　　份有限公司　1998 年 4 月

周　何　《說禮》　臺北　萬卷樓圖書有限公司　1998 年 9 月

彭駕騂　《老人學》　臺北　揚智文化事業股份有限公司　1999 年 11
　　月

李亦園　楊國樞　《中國人的性格》　臺北　中央研究院民族學研究所　2000 年 10 月

林素玫　《《禮記》人文美學探究》　臺北　文津出版社　2001 年 10 月

江亮演等　《社會福利與行政》　臺北　國立空中大學　2003 年 1 月

蔡文輝　《老年社會學》　臺北　五南圖書出版公司　2003 年 5 月

林素英　《禮學思想與應用》　臺北　萬卷樓圖書股份有限公司　2003 年 9 月

彭　林　《禮樂人生－成就你的君子風範》　北京　中華書局　2006 年 4 月

論文

王志芬　〈淺析中國古代的尊老養老體制〉　《學術探索》　2003 年 7 月

李　岩　先秦尊老尚齒的內容及影響〉　《麗水師範專科學校學報》第 24 卷第 6 期　2002 年 12 月

李　岩　〈周代的尊老尚齒制度〉　《社會科學家》第 104 期　2003 年 11 月

周　斌　〈《禮記》《周禮》所載尊長養老禮儀與制度〉　《喀什師範學院學報（社會科學版）》第 21 卷第 4 期　2000 年 12 月

尚永琪　〈中國古代的杖與尊老制度〉　《中國典籍與文化》　1997 年 2 月

洪淑湄　《漢代養老制度研究》　國立中興大學歷史學系博士論文　2005 年 6 月

常建華　〈中國古代對老年的界定〉　《歷史月刊》第 113 期　1997 年 6 月

常建華　〈中國古代禮遇老年的制度〉　《歷史月刊》第 113 期　1997

年 6 月

張寶明　〈杖、古代尊老制度及相關文化內涵　《東南學術》　2002
　　　年 4 月

郭庭豪　《漢代尊老制度研究》　中國文化大學中國文學研究所碩士
　　　論文　2001 年 6 月

劉松林　〈淺談我國古代的養老制度〉　《文史雜談》　1999 年 6 月

劉珺　王荔　〈淺議我國古代退休養老制度〉　《黑河學刊》　第 109
　　　期第 1 期　2004 年 1 月

蕭安富　〈略論先秦兩漢養老敬老的政策和風尚〉　《中華文化論壇》
　　　1996 年 3 月

先行仁義而後由仁義行──從《禮記》〈曲禮〉〈內則〉〈少儀〉談青少年品德教育

✎ 一、前言

　　台灣地區自解嚴以來，經濟持續高度發展，整體社會也受到自由民主風潮的激盪開創出多元嶄新的風貌，但同時衍生傳統與現代、精神與物質、科技與人文，以及本土與國際等若干議題的矛盾、衝突，導致原有價值系統崩解與社會規範失序等若干現象，重建現代公民的道德刻不容緩。因此，教育部自 2004 年起，在全國各級學校推動「品德教育」，冀望藉由品德教育 6E 教學方法：典範學習（Example）、啟發思辨（Explanation）、勸勉激勵（Exhortation）、環境形塑（Environment）、體驗反思（Experience）、正向期許（Expectation），重新架構當代學子們的品德核心價值。[1]但「品德教育」究竟應該如何落實？對於正值探索自我、建立價值觀的重要階段的青少年，什麼樣的「品德教育」才能有效果？筆者以為「生活教育」是「品德教育」的根基，對處於「狂飆期」的青少年而言，建立明確的生活規範，應該比單純的教條說理重要。而傳統儒家典籍《禮記》中〈曲禮〉、〈內則〉、〈少儀〉諸篇，提供了許多立身處事的具體方法和原則，可視為培養青少年品德的重要篇章，是值得我們特別留意的。

---

[1] 教育部「教育部品德教育促進方案」。2009 年 12 月 4 日台訓（一）字第 0980210327A 號函修訂。參見教育部「品德教育資源網」：http://ce.naer. edu.tw/policy.php。

✎二、青少年的品德教育與生活教育

　　青少年期，是人生發展中一段很特殊的階段，介於兒童與成人之間的過渡時期。生理、認知、人格與情緒面臨快速發展，逐漸從試探與質疑中建立自我認同，邁向成熟的思考與行為模式。從教育心理學的角度而言，關於青少年品德發展重要理論，主要可分以下幾類[2]：

（一）佛洛伊德（S. Freud）的精神分析論

　　主張個體的道德觀念與道德行為，是先受「本我」（id）本能衝動所支配，只追求滿足衝動後的快感。之後隨著個體的成長，「自我」（ego）經由學習歷程達到自我的滿足，仍不會考慮別人的立場。以上兩個部分均無道德可言，唯有經由內化與認同他人之道德與價值，才能逐漸形成青少年階段的超我（superego），包括良心（conscience）和自我理想（ego ideal），來控制本能之衝動，接受社會規範，並具有辨別是非善惡的能力。

（二）艾力克遜（E. H. Erikson）的新精神分析論

　　認為人生不同階段中，將面臨不同的心理危機，道德在成長過程中發展，倘若發展不利，會形成「固著」（fixation）現象。在群性發展方面，艾力克遜強調青少年階段是發展團體認同的階段，此時，道德最高境界為「倫理」，能調和情感與正義，獨立做決定。

（三）班都拉（A. Bandura）的社會學習論

　　社會學習論早期是以斯肯納（B. F. Skinner）的主張為代表，他認為人類善與美的行為，是行為受到增強的結果，所以道德行為不是動機與判斷的發展，而是藉由個體所在環境不斷獎賞與處罰後所形塑而

---

[2]　參考林生傳主編《教育心理學》，臺北：五南圖書出版公司，1998 年 2 月，頁 151-156。

成的。之後班都拉略加修正，認為少年時期延續兒童時期的行為，是人際關係和自我評估的發展階段。經由向父母、師長及重要他人（如偶像）等楷模之學習及受到獎懲之增強制約，而逐漸內化成自我控制之道德水準。此時期青少年與朋友的關係比與父母的關係密切，一言一行都受朋友影響，在同儕團體中感受到被瞭解的接納、擴張了自我價值感。因此，青少年時期處於價值混淆階段，正在探索本身的言行，建立屬於自己的價值觀，若一旦發展完整，對於社會整體而言將有其正面意涵。

（四）皮亞傑（J. Piaget）的認知發展論

皮亞傑認為青少年的道德發展和認知能力發展相似，需以積極的運思能力為基礎，才能對於道德的問題和情境，進行思考、認知、推理、判斷以及做決定。皮亞傑認為青少年的特色是個體漸漸能運用抽象的、合於形式邏輯的推理方法去思考解決問題。代表著個體的思維能力已臻於成熟。但同時青少年的認知發展伴隨著強烈的自我中心現象，容易武斷推斷。當實際的情況無法接納其構想時，易怨天尤人，憤世嫉俗。所以強調認知發展為一種「歷程」，道德判斷發展是從「無律」經歷到「他律」再發展為「自律」。其後柯伯格（C. Kohlberg）更提出認知發展道德理論─三期六段論，主張人的道德發展歷程會先經過兒童時期的「道德成規前期」（ireconventional level），此時期又可分為「服從取向」與「相對功利取向」兩階段，個體對於道德還沒有概念，僅能依其行動的具體快樂結果或成人社會的規範約束來決定行為。之後進入的是青少年階段到成年期的「道德循規期」（conventional level），此時期又可分為「尋求認可」與「順從權威」兩個階段，個體漸漸能瞭解和認識團體規範，進而接受支持並實踐規範。最後才是成年後的「道德自律期」（postconventional level），有「法制觀念」及「價值觀念」兩個階段，個體思想行為的發展趨於成熟，有強烈責任感，

尊重法律，並能對是非善惡有獨立判斷的價值標準。

綜合以上論述，黃德祥認為青少年之道德發展歷程有以下特徵：[3]

（一）認知結構開始改變，開始有抽象思考，能做假設性思考，開始
能比較、對照事務的多元性。這時候開始，對於道德行為不再
單純以結果好壞來判斷是非對錯。青少年的世界不再只有是與
非、對與錯二分法，而且能考慮他人的立場，重視結果的公平
互惠，不再受限於成人提供的標準答案。

（二）生活範圍擴大，受到誘惑增加，常會在同儕之影響下，做出違
規之事。面對的誘惑增加，對問題的看法與解決問題的辦法，
不再受限於父母、師長，而是習慣以自己的邏輯面對。也常因
為如此，與父母、師長在觀念上、作法上引發衝突，並且每每
在衝突過程中「為了反對而反對」。甚至有些行為明明知道違
反道德規範，仍因為環境或同儕壓力，放棄原有的道德原則，
做出逾矩行為。

（三）追求獨立自主，不想認同成人之標準，易產生與重要他人之道
德衝突。例如：大眾媒體過度之暴力及煽情，對青少年之道德
發展產生衝擊。又例如：以暴力拿槍掃射解決問題、對情敵或
其不滿者施暴、消費享受之快樂，為了錢偷、搶、詐騙、賣淫、
積欠卡債。使青少年顯得功利、短視、自私。

（四）雖然身體機能成熟，但是在父母、師長眼中仍是帶有稚氣的大
孩子，許多想法、作法未能獲得大人認同，無法享受成年人一
樣的權利。漸漸地，心理上開始反抗成人制訂的道德標準。

由以上特徵可知，家庭、社會、文化、老師、朋友以及大眾傳播
對青少年品德之形成皆有影響，且常造成其價值衝突及混亂（例如：
價值觀念主張勤奮努力，現實生活中卻不如有些走後路之人）。青少年

---

[3] 黃德祥《青少年發展與輔導精要》，臺北：五南圖書出版公司，2007 年 10
月，頁 198-202。

僅是身體機能成熟，但在心智上仍需父母、師長從旁多給予價值觀念之澄清，道德行為的體驗，以發現己身之價值，並釐清矛盾之處。

　　教育部在 2009 年修訂公布的「品德教育促進方案」中，明示品德教育應著重「品德核心價值」建立及其「行為準則」之實踐。所謂的「品德核心價值」係指人們面對自我或他人言行，基於知善、樂善及行善之道德原則，加以判斷、感受或行動之內在根源與重要依據，其不僅可彰顯個人道德品質，並可進一步形塑社群道德文化：諸如尊重生命、孝親尊長、負責盡責、誠實信用、自主自律、公平正義、行善關懷等。[4]此雖在不同地區或文化中有不同層次的要求，但有一些屬於普世公認的品德，卻是不容置疑的。例如：Gibbs、Earley 曾提出十種核心價值：同情、彬彬有禮、公正不阿、誠實無欺、仁慈善良、忠誠、堅忍不拔、尊重、負責任等。[5]Bennett 在《美德書》中，分別以自律、同情、負責、友誼、工作、勇氣、堅忍、誠實、忠心、信仰，等十個主題來詮釋美德。[6] McElmeel 在《品格教育》一書中，則羅列了十七項品格教育的主題：關懷、自信、勇氣、好奇心、變通性、友誼、設定目標、謙遜、幽默、進取心、正直、耐性、堅定、積極態度、解決問題、自律及團隊合作。[7]天下雜誌在 2003 年的《品格決勝負－未來人才的秘密》專刊中指出品德項目應有：自律精神、同理

---

[4] 同註 1。另該方案中，在「實施策略」-「發展品德教育推廣與深耕學校」中，又列各校可選擇推動的品德核心價值為：尊重生命、孝親尊長、負責盡責、誠實信用、團隊合作、自主自律、謙虛有禮、主動積極、關懷行善、愛護環境、賞識感恩、接納包容、公平正義。

[5] Gibbs, L., & Earley, E. (1994). *Using children's literature to develop core value*. Phi Delta Kappa Festback (Whole No.362).

[6] William J. Bennett 編著，吳美真譯《美德書：偉大勵志故事的寶藏》，臺北：圓神出版社，1998 年。

[7] McElmeel, S. L. (2002). *Character Education: A book guide for teachers, librarians, and parents*. Greenwood Village: Colo. Libraries Unlimited.

心、挫折忍受力、誠信、獨立思考、有自信、勇敢等。[8]傅佩榮提出參考儒家思想所設計的品格教育，應該具有：1.對自己要「約」；2.對別人要「恕」；3.對物質要「儉」；4.對神明要「敬」，等內容。[9]李珀則是認為品德教育內涵應該是：對己克制（便是約束自己的行為、站在別人立場去思考）、對物珍惜（對物質要節儉）、對事盡力（對事情要有責任心）。[10]教育部在 2006 年也曾訂我國品德教育核心價值為：關懷、尊重、負責、誠實、信賴、公平、正義等。[11]包含個體及群體、人生不同階段所應確立的道德原則，可說是十分豐富及完整。

但品德教育的目的在培養每一個人的德性，而德性又應包括道德認知與道德行為。因此，品德教育就是在培養每一個人對道德能知又能行。因此我們所亟盼的學校品德教育就「不應」也「無法」只是一種意識型態的灌輸；青少年價值觀念的形成，也不可能僅是諸項「品德核心價值」的理念說明，而需有明確的「行為準則」加以指引。若再參考上述青少年心理發展的特點，則在青少年正確的道德觀念形成之前，或其衝動、魯莽的脫序行為出現之前，先給予適度的行為準則及規範，應該是更重要的。因為道德觀念的形成，需要一定「內化」的歷程，若放任不當的言語行為一再發生，則青少年將如脫韁野馬，道德內化的歷程也難以發生。也就是說，對於青少年而言，品德教育應始於生活教育。教育部的「品德教育促進方案」中，也說明品德教育除了「核心價值」的體認，還必須訂有「行為準則」，而所謂的「行為準則」乃指奠基於品德核心價值，加以具體落實於現代生活的不同

---

[8] 天下雜誌《品格決勝負－未來人才的秘密》，臺北：《天下雜誌》第287期，2003年11月，頁1-240。

[9] 傅佩榮〈約、恕、儉、敬勾勒人生全景〉，載於〈品格決勝負－未來人才的秘密〉，臺北：《天下雜誌》第287期，2003年11月，頁104-112。

[10] 李珀〈品格教育〉，《教師天地》第 135 期，2005 年 4 月，頁 66-71。

[11] 教育部「教育部品德教育促進方案」。2006年11月3日台訓（一）字第0950165115號函修訂。

情境中各個群體的言行規範。[12]可惜關於如何對應「品德核心價值」而擬定「具體落實於現代生活的不同情境中各個群體的言行規範」，方案中僅列舉「校園中推行孝親尊長，其行為準則可為尊重父母與師長、主動與父母師長溝通，或分享學習和成長經驗等；再如公平正義，其行為準則可為避免偏見與歧視，並能包容與尊重多元性別與不同族群等。」並未有更完整與詳盡的說明。各縣市教育單位也只好依其個別需求，選擇「品德核心價值」；再依個別認知及詮釋，訂定「行為準則」，以推動品德教育，略顯片面與不足。[13]

◎三、《禮記》〈曲禮〉〈內則〉〈少儀〉與青少年品德教育

　　孫希旦《禮記集解》言《禮記‧曲禮》所記：「多禮文之細微曲折，而上篇尤致詳於言語、飲食、灑埽、應對、進退之法，蓋將使學者謹乎其外，以致養乎其內；循乎其末，以漸及乎其本。故朱子謂為小學之支與流裔。」[14]〈內則〉一篇，劉向《別錄》將之歸類為「子法」，鄭玄則認為該篇「名曰內則者，以其記男女居室，事父母舅姑之法。」[15]〈少儀〉之「少」字，有兩解，鄭《注》及孔《疏》作「細小」解，以此篇雜明細小威儀；朱子則將「少」解釋為「少年」，以此

12　同註 1。

13　依據教育部公布之「101 年度各縣市制定品德核心價值、行為準則及建置相關網站一覽表」，101 年度各縣市制訂之「品德核心價值」項目數量差距頗大，另 22 個縣市中，訂有「行為準則」者有 14 個縣市，其餘縣市部分完全未制訂「行為準則」（3 個縣市），部分則開放由各學校自訂（5 個縣市）。參見教育部「品德教育資源網」：http://ce.naer.edu.tw/news.php。

14　〔清〕孫希旦《禮記集解》，臺北：文史哲出版社，1984 年 10 月，頁 1。

15　〔東漢〕鄭玄注、〔唐〕孔穎達疏《禮記注疏》，臺北：藝文印書館，1985 年，頁 517。

篇言少者事長之節，孫希旦則認為該篇名篇之義，實兼有兩者。[16]可知此三篇所記，多有青少年立身處事之準則、言語行為之規範、敬親事長之矩矱，可作為青少年生活教育之依據，亦可作為訂定青少年品德教育「行為準則」的參考。如〈曲禮〉以「毋不敬，儼若思，安定辭，安民哉。」為開宗明義之首句，「毋不敬」強調對於任何人、任何事、任何物，都應該保持「不可不敬」的心態。如果一個人能時刻保持謹慎小心，便可以減少許多不必要的錯誤或衝突，社會人群自然也就趨於平靜和諧了。「儼若思」則強調敬者之貌，儀態、容貌必須莊嚴；「安定辭」是敬者之言，需謹於言語；「安民哉」則是敬者之效，即《論語‧憲問》所言修己以敬，而能安人安百姓之意。對於部分青少年玩世不恭的態度、不修邊幅的儀容，以及輕忽隨便的言語，就有很好的提示作用。

　　若對應教育部「品德教育促進方案」揭示的「品德核心價值」，而擬定品德教育的「行為準則」，《禮記》〈曲禮〉、〈內則〉、〈少儀〉三篇也可提供許多參考。如在「尊重生命」的部分，我們可以將之落實在「尊重自己」、「尊重他人」及「尊重萬物」三個層面，就「尊重自己」而言，則〈曲禮〉所言「敖不可長，欲不可從，志不可滿，樂不可極。」就提醒我們不可志得意滿、放縱慾望，以免樂極生悲。再如「臨財毋苟得，臨難毋苟免。很毋求勝，分毋求多。」（〈曲禮〉）章，鄭《注》言臨財苟得為傷廉，臨難苟免則傷義，朋分求多為傷平，孫希旦《禮記集解》則補充：「很者，血氣之爭。毋求勝，為其傷和，而且將有忘身及親之禍也。」[17]提醒我們要戒奢以儉，也要有「勇於負責」的魄力，不可逃避塞責，遇到危難不要隨便逃避，要處變不驚，以冷靜的頭腦來化險為夷。遇到不順心的事，不要和人爭鬥，要以平和的態度來正視問題。分配東西時，也不可貪得無厭，均可視為君子

---

[16] 同註 14，頁 842。
[17] 同上註，頁 4。

自重之道。「很毋求勝」一句，尤其值得血氣方剛的青少年深思。其他如「不登高，不臨深。」提醒我們要愛惜自己的生命，「坐如尸，立如齊。」、「不妄說人，不辭費。」、「正爾容，聽必恭。毋勦說，毋雷同。」、「毋側聽，毋噭應，毋淫視，毋怠荒。遊毋倨，立毋跛，坐毋箕，寢毋伏。斂髮毋髢，冠毋免，勞毋袒，暑毋褰裳。」、「毋摶飯，毋放飯，毋流歠，毋咤食，毋齧骨，毋反魚肉，毋投與狗骨。毋固獲，毋揚飯。飯黍毋以箸。毋嚃羹，毋絮羹，毋刺齒，毋歠醢。」、「登城不指，城上不呼。」、「帷薄之外不趨，堂上不趨，執玉不趨。堂上接武，堂下布武。室中不翔，并坐不橫肱。」、「將即席，容毋怍。兩手摳衣去齊尺。衣毋撥，足毋蹶。」、「虛坐盡後，食坐盡前。坐必安，執爾顏。」（俱見〈曲禮〉）「男子入內，不嘯不指，夜行以燭，無燭則止。」（〈內則〉）「毋拔來，毋報往，毋瀆神，毋循枉，毋測未至。」（〈少儀〉）等章，更是由上而下、由內而外，全方位的提醒我們在儀態、容貌、言語、飲食及行住坐臥等方面，應有的行為準則。[18]

　　在「尊重他人」層面，〈曲禮〉有言：「夫禮者，自卑而尊人。雖負販者，必有尊也，而況富貴乎？」將自身謙卑而尊重他人，列為禮之常例，並提醒我們即使是地位低下的人，也有值得我們敬重之處[19]。此層面可再因尊重對象的不同，細分為「師長」與「他人」兩部分，對於師長的敬重，《禮記》此三篇頗為強調，相關章句如「謀於長者，必操几杖以從之。長者問，不辭讓而對，非禮也。」、「從於先生，不越路而與人言。遭先生於道，趨而進，正立拱手。先生與之言則對，

---

[18] 此處所引《禮記》中「尊重自己」的相關論述，筆者以為亦可依據各章句章旨的不同，作為教育部「品德教育促進方案」中「品德核心價值」—「負責盡責」、「誠實信用」、「自主自律」的行為準則。

[19] 2012 年 5 月 1 日，台北市某高中兩名男同學在西門町向街友潑糞和潑尿，並將此荒謬行徑拍攝錄製，公布於網路，引發輿論撻伐。詳見網路新聞：http://www.ettoday.net/news/20120512/45820.htm。〈曲禮〉此章所言，正足以提示行事欠考量的青少年。

不與之言則趨而退。」、「從長者而上丘陵，則必鄉長者所視。」、「凡為長者糞之禮，必加帚於箕上，以袂拘而退。其塵不及長者，以箕自鄉而扱之。」、「侍坐於先生：先生問焉，終則對。請業則起，請益則起。父召無諾，先生召無諾，唯而起。」、「侍坐於所尊敬，無餘席。見同等不起。」、「侍坐於君子，君子欠伸，撰杖屨，視日蚤莫，侍坐者請出矣。侍坐於君子，君子問更端，則起而對。侍坐於君子，若有告者曰：『少間，願有復也』；則左右屏而待。」、「長者賜，少者、賤者不敢辭。」（俱見〈曲禮〉）「出入門戶及即席飲食，必後長者。」（〈內則〉）「尊長於己逾等，不敢問其年。」、「侍坐於君子，君子欠伸，運笏，澤劍首，還屨，問日之蚤莫，雖請退可也。」分別從照料長者生活起居、與長者應對、與長者相處等方面，論述尊長之法。〈內則〉尚有專章論述「養老」之法[20]，其說可與《禮記・王制》所

---

[20] 《禮記・內則》：凡養老：有虞氏以燕禮，夏后氏以饗禮，殷人以食禮，周人修而兼用之。凡五十養於鄉，六十養於國，七十養於學，達於諸侯。八十拜君命，一坐再至，瞽亦如之，九十者使人受。五十異糧，六十宿肉，七十二膳，八十常珍，九十飲食不違寢，膳飲從於游可也。六十歲制，七十時制，八十月制，九十日修，唯絞紟衾冒，死而後制。五十始衰，六十非肉不飽，七十非帛不暖，八十非人不暖，九十雖得人不暖矣。五十杖於家，六十杖於鄉，七十杖於國，八十杖於朝，九十者天子欲有問焉，則就其室以珍從。七十不俟朝，八十月告存，九十日有秩。五十不從力政，六十不與服戎，七十不與賓客之事，八十齊喪之事弗及也。五十而爵，六十不親學，七十致政；凡自七十以上，唯衰麻為喪。凡三王養老皆引年，八十者一子不從政，九十者其家不從政；瞽亦如之。凡父母在，子雖老不坐。有虞氏養國老於上庠，養庶老於下庠；夏后氏養國老於東序，養庶老於西序；殷人養國老於右學，養庶老於左學；周人養國老於東膠，養庶老於虞庠，虞庠在國之西郊。有虞氏皇而祭，深衣而養老；夏后氏收而祭，燕衣而養老；殷人冔而祭，縞衣而養老；周人冕而祭，玄衣而養老。曾子曰：「孝子之養老也，樂其心不違其志，樂其耳目，安其寢處，以其飲食忠養之孝子之身終，終身也者，非終父母之身，終其身也；是故父母之所愛亦愛之，父母之所敬亦敬之，至於犬馬盡然，而況於人乎！」凡養老，五帝憲，三王有乞言。五帝憲，養氣體而不乞言，有善則記之為惇史。三王亦憲，既養老而後乞言，亦微其禮，皆有惇史。

記「養老」之法參看，是從「分齡照養」、「定期宴老」、「養老於學」、「細心照護」、「免除勞動」、「提升地位」等方面，規劃尊老養老應有的作為。[21]台灣地區的人口結構，已邁入高齡化的社會，青少年在未來將承擔更多更重的「養老」責任，〈內則〉與〈王制〉的養老主張，是非常值得我們參考的。在與其他人相處的部分，〈曲禮〉記：「賢者狎而敬之，畏而愛之。愛而知其惡，憎而知其善。」「君子不盡人之歡，不竭人之忠，以全交也。」〈少儀〉言：「不窺密，不旁狎，不道舊故，不戲色。」提醒我們要尊重他人的才德，但與人相交也不可太過親近、愛膩而不明賢愚善惡，更不能因彼此親近而忘了分寸，窺探他人隱私或議論他人過往，也不能要求他人對自己無止盡的付出，彼此間才能「淡則能遠」。對於重視友朋，喜歡講求「義氣」的青少年而言，這樣的「交友準則」，其實是非常重要的。「疑事毋質，直而勿有。」（〈曲禮〉）、「毋訾衣服成器，毋身質言語。」（〈少儀〉）是提醒我們尊重他人的成規制度，對於自己懷疑的事，不要強不知以為知，即使自己有理，也要「理直氣和」，以免造成衝突。「授立不跪，授坐不立。」、「弔喪弗能賻，不問其所費。問疾弗能遺，不問其所欲。見人弗能館，不問其所舍。賜人者不曰來取。與人者不問其所欲。」（俱見〈曲禮〉）「受立，授立不坐。」（〈少儀〉）則是提醒我們行事要能設身處地為他人設想，否則雖然出發點是善意，仍然可能造成誤會。「將適舍，求毋固。將上堂，聲必揚。戶外有二屨，言聞則入，言不聞則不入。將入戶，視必下。入戶奉扃，視瞻毋回；戶開亦開，戶闔亦闔；有後入者，闔而勿遂。」、「燭至起，食至起，上客起。燭不見跋。」（俱見〈曲禮〉）是希望我們到他人家拜訪時，應尊重主人的生活習慣及隱私，也應留意打擾的時間不宜過久。最後，在兩性關係之間，《禮記》嚴男女之防，就現代觀點言之，〈曲禮〉〈內則〉

---

21 參本書第三編「三、〈《禮記・王制》的養老主張及其在今日社會的價值〉」。

兩篇在此議題上的主張雖趨於保守，但仍有可參之處。如「男女不雜坐，不同椸枷，不同巾櫛，不親授。嫂叔不通問，諸母不漱裳。外言不入於梱，內言不出於梱。女子許嫁，纓，非有大故，不入其門。姑姊妹女子，已嫁而反，兄弟弗與同席而坐，弗與同器而食。父子不同席。男女非有行媒，不相知名；非受幣，不交不親。故日月以告君，齊戒以告鬼神，為酒食以召鄉黨僚友，以厚其別也。」（〈曲禮〉）、「男不言內，女不言外。非祭非喪，不相授器。其相授，則女受以篚，其無篚則皆坐奠之而後取之。外內不共井，不共湢浴，不通寢席，不通乞假，男女不通衣裳，內言不出，外言不入。」（〈內則〉）強調男女有別，要避免混淆彼此界線，具有特殊關係身份者尤應避嫌。青少年由於心理、生理的發展，對異性感到好奇，並在乎異性對自己的看法，在彼此探索的階段，常常產生越份失禮的行為，〈曲禮〉和〈內則〉的提醒，仍有很高的參考價值。

在「尊重萬物」的層面，〈曲禮〉有言：「國君春田不圍澤；大夫不掩群；士不取麛卵。」「水潦降，不獻魚鱉。」此說與《孟子‧梁惠王上》云：「不違農時，穀不可勝食也；數罟不入洿池，魚鱉不可勝食也；斧斤以時入山林，材木不可勝用也。」有相同的智慧，同樣是提醒人應該追求與自然界萬物的和諧共處，保持生態的平衡，不能竭澤而漁。我們可以看到，在現代被視為理所當然的環境保護理念，其實早在傳統的儒家經典中，就已經有了樸素的開端。如果能強化這方面的教育，當能有效改善部分青少年虐待動物、不珍惜資源的狀況。

此外，《禮記》〈曲禮〉〈內則〉關於孝事父母的記述，也可作為制訂品德教育核心價值中「孝親」項行為準則的參考。此兩篇述及的孝親準則，約可歸為四類，其一是「生活照顧之方」，如「凡為人子之禮：冬溫而夏凊，昏定而晨省。」、「父母有疾，冠者不櫛，行不翔，言不惰，琴瑟不御。食肉不至變味，飲酒不至變貌，笑不至矧，怒不至詈。疾止復故。」（俱見〈曲禮〉）、「子事父母，雞初鳴，咸盥

漱，櫛縰笄總，拂髦冠緌纓，端韠紳，搢笏。左右佩用，左佩紛帨、
刀、礪、小觽、金燧，右佩玦、捍、管、遰、大觽、木燧，偪，屨著
綦。……以適父母舅姑之所，及所，下氣怡聲，問衣燠寒，疾痛苛
癢，而敬抑搔之。出入，則或先或後，而敬扶持之。進盥，少者奉
盤，長者奉水，請沃盥，盥卒授巾。問所欲而敬進之，柔色以溫之，
饘酏、酒醴、芼羹、菽麥、蕡稻、黍粱、秫唯所欲，棗、栗、飴、蜜
以甘之，堇、荁、枌、榆免槁薧滫瀡以滑之，脂膏以膏之，父母舅姑必
嘗之而後退。男女未冠笄者，雞初鳴，咸盥漱，櫛縰，拂髦總角，衿
纓，皆佩容臭，昧爽而朝，問何食飲矣。若已食則退，若未食則佐長
者視具。」「父母舅姑將坐，奉席請何鄉；將衽，長者奉席請何趾。少
者執床與坐，御者舉几，斂席與簟，縣衾篋枕，斂簟而襡之。」、「父
母唾洟不見，冠帶垢，和灰請漱；衣裳垢，和灰請浣；衣裳綻裂，紉
箴請補綴。五日，則燂湯請浴，三日具沐，其間面垢，燂潘請靧；足
垢，燂湯請洗。」（俱見〈內則〉）所記雖然瑣碎，但也提醒為人子女
者，當細心關懷照料父母的生活起居，不能對父母的需求、病痛不聞
不問。其二屬「應對進退之道」，如「見父之執，不謂之進不敢進，不
謂之退不敢退，不問不敢對。此孝子之行也。」、「夫為人子者：出必
告，反必面。」、「為人子者，居不主奧，坐不中席，行不中道，立不
中門。」（俱見〈曲禮〉）「在父母舅姑之所，有命之，應唯敬對。進退
周旋慎齊，升降出入揖游，不敢噦噫、嚏咳、欠伸、跛倚、睇視，不
敢唾洟；寒不敢襲，癢不敢搔；不有敬事，不敢袒裼，不涉不撅，褻
衣衾不見里。」（〈內則〉）強調與父母應對時態度應恭謹，行止也需得
宜，出入都必須面告父母，以免父母擔心。其三是「尊敬父母之心」，
如「凡為人子之禮……在醜夷不爭。」、「夫為人子者，三賜不及車
馬。」、「夫為人子者，……所遊必有常，所習必有業。恆言不稱
老。」、「為人子者，……食饗不為概，祭祀不為尸。聽於無聲，視於
無形。」、「孝子不服闇，不登危，懼辱親也。父母存，不許友以死，

不有私財。」「君子已孤不更名。」（俱見〈曲禮〉）「子婦孝者、敬者，父母舅姑之命，勿逆勿怠。若飲食之，雖不耆，必嘗而待；加之衣服，雖不欲，必服而待；加之事，人待之，己雖弗欲，姑與之，而姑使之，而後復之。」、「父母雖沒，將為善，思貽父母令名，必果；將為不善，思貽父母羞辱，必不果。」（俱見〈內則〉）提醒我們必須敬重父母，故不與人爭、不為朋友賣命、遊習必為常業，以免忘身及親；不可尊同父母，更不可尊踰父母，故不擅作主張，也不能為尸[22]。而且即使父母已亡故，仍應終身思慕父母，行事作為不可讓父母蒙羞。最後是「進諫父母之法」，如「子之事親也：三諫而不聽，則號泣而隨之。」（〈曲禮〉）「父母有過，下氣怡色，柔聲以諫。諫若不入，起敬起孝，說則復諫；不說，與其得罪於鄉黨州閭，寧孰諫。」（〈內則〉）此說可與《論語・里仁》所記子曰：「事父母幾諫。見志不從，又敬不違，勞而不怨。」參看，可視為儒家對「進諫父母」一事的既定作法。人非聖賢，不能無過，天下當然有不是的父母，但為人子女者，若在父母有過時直言進諫，未免有傷恩情。故應盡可能微言譎諫，若父母不從，則仍應以成全親恩為要，不可與父母決裂。這樣的主張，在今日社會固然有可待商榷之處，但青少年處於逐漸產生獨立判斷的階段，與父母的觀念、態度，甚至是生活模式，經常產生「代溝」，彼此間的爭執也似乎成為常態。當與父母親意見不合時，應該以什麼樣的態度表達自己的主張？在此〈曲禮〉與〈內則〉就提供了很好的行為準則。

---

[22] 為人子者在祭祀時不能擔任「尸」的角色，孫希旦認為是因為「宗廟之尸，用所祭者之孫為之。父在而為尸，其父必與於祭，將以尊臨其父，為人子者所不可安也。」見〔清〕孫希旦《禮記集解》，臺北：文史哲出版社，1984 年 10 月，頁 19。

✎ 四、結語

　　孟子曰：「人之所以異於禽於獸者幾希，庶民去之，君子存之。舜明於庶物，察於人倫，由仁義行，非行仁義也。」（《孟子‧離婁下》）是認為舜能明庶物之理，又能知道人倫之道，都是他的本心自然流露而實踐而至的，而非刻意去行仁義。但虞舜畢竟是聖人君子，故能存有人與禽獸之間的些微不同—道德體認。對於身體與心理都處於劇烈變化階段的青少年而言，直接給予「行仁義」的指導規範，應該比樂觀期待他們保有道德良知更具教育意義。《左傳‧成公十三年》記成子受賑於社，不敬，劉子批評其行為道：「吾聞之，民受天地之中以生，所謂命也，是以有動作禮義威儀之則，以定命也。」阮元據以申論曰：「人既有血氣心知之性，即有九德、五典、五禮、七情、十義，故聖人作禮樂以節之，修道以教之，因其動作，以禮義為威儀，威儀所以定命。」[23]即言即使我們相信人秉受天地中和之氣以生，人性仍「要受威儀法則的規範，威儀是人性的具體化原則。」[24]因此，以禮義威儀為行動準則，內在的成德之性才能確保。蔡仁厚言：「儒家的道理『致廣大而盡精微』，但通過教化的實施，卻能『極高明而道中庸』。因為儒家之道，主要並不在於通過思想理論以使人相信，而是要通過禮樂教化來使人實行。」[25]其意亦近於此。畢竟，「禮也者，理也。君子無禮不動。」（《禮記‧仲尼燕居》）人類的生活既然必須合乎理序，則依禮而生活，我們也才能修身成德。近年來，部分國人道德淪

---

[23]　〔清〕阮元《揅經室一集‧卷十》，北京：中華書局，1985 年《叢書集成初編》第 2199 冊，頁 196。

[24]　楊儒賓《儒家身體觀》，臺北：中央研究院中國文哲研究所，2004 年 12月，頁 30。

[25]　蔡仁厚《儒家思想的現代意義》，臺北：文津出版社，1987 年 5 月，頁157。

喪，幾乎已經成為國家社會發展的危機，教育部有感於此，在各教育
階段推動「品德教育」，是一項值得肯定的教育政策。但「品德教育」
不能只是理念的說明或觀念的灌輸，若能融入傳統經典的智慧，規劃
成德之教的具體行動原則，相信更能充實「品德教育」的內涵。

參考文獻

古籍

〔東漢〕鄭玄注 〔唐〕孔穎達疏 《禮記注疏》 臺北 藝文印書館 1985 年

〔清〕阮元 《擘經室一集・卷十》 北京 中華書局 1985 年

〔清〕孫希旦 《禮記集解》 臺北 文史哲出版社 1984 年 10 月

書籍

Gibbs, L., & Earley, E. (1994). *Using children's literature to develop core value*. Phi Delta Kappa Festback (Whole No.362).

McElmeel, S. L. (2002). *Character Education: A book guide for teachers, librarians, and parents*. Greenwood Village: Colo. Libraries Unlimited.

William J. Bennett 編著 吳美真譯 《美德書：偉大勵志故事的寶藏》 臺北 圓神出版社 1998 年

林生傳 《教育心理學》 臺北 五南圖書出版公司 1998 年 2 月

黃德祥 《青少年發展與輔導精要》 臺北 五南圖書出版公司 2007 年 10 月

楊儒賓 《儒家身體觀》 臺北 中央研究院中國文哲研究所 2004 年 12 月

蔡仁厚 《儒家思想的現代意義》 臺北 文津出版社 1987 年 5 月

論文

傅佩榮 〈約、恕、儉、敬勾勒人生全景〉 臺北 《天下雜誌》第

287 期　2003 年 11 月

天下雜誌　《品格決勝負－未來人才的秘密》　臺北　《天下雜誌》
　　第 287 期　2003 年 11 月

李珀　〈品格教育〉　《教師天地》第 135 期　2005 年 4 月

從《禮記·檀弓》「子夏喪子喪明」章
談孔門的「合作學習」

✎一、前言

　　《史記·孔子世家》云:「孔子以詩書禮樂教,弟子蓋三千焉,身通六藝者七十有二人。」「孔門弟子三千」、「七十子之徒」遂成為簡介孔門諸子的概括性詞語,「彷彿不大能夠感覺到他們的才情聲光與生命奇采」[1],在學術史的洪流中,這些「異能之士」[2]常被壓縮成「扁平人物(flat character)」[3],而非真實的立體形象。《墨子·非儒下》甚而云:「孔丘所行,心術所至也。其徒屬弟子皆效孔丘。……夫為弟子,後生其師,必脩其言,法其行,力不足,知弗及而後已。」則孔門弟子似乎除了祖述道統、憲章孔子,完全沒有自己的思想或性格。

---

[1]　蔡仁厚《孔門弟子志行考述·自序》,臺北:臺灣商務印書館,1971 年,頁 2

[2]　《史記·仲尼弟子列傳》:「孔子曰『受業身通者七十有七人』,皆異能之士也。」見〔西漢〕司馬遷《史記》,北京:中華書局,2008 年,頁 554。

[3]　「扁平人物」之說係由英國小說家佛斯特(E.M. Forster, 1879-1970)在其著作《小說面面觀》(Aspects of the Novel)所提出。指的是小說家筆下依循一個單純理念和性質而創造出來的人物角色,這些人物常常沒有個人的喜怒哀樂、沒有鮮明的性格特色,只為了某種理念而存在。這類人物在小說中很容易被辨認,也很容易被讀者記憶,因為他們一成不變的形象早已存留在讀者心目中。見佛斯特著、李文彬譯《小說面面觀》,臺北:志文出版社,1985 年,頁 59-60。

事實上，春秋時期「天子失官，學在四夷[4]」（《左傳‧昭公十七年》），孔門作為「夷學」中的一個派別，「有的是沒落貴族的後裔，有的則是從平民中上升的新一代，都匯聚到這裡。所以，他們無論在政治態度、思想傾向還是在學術旨趣上，都不可能是一樣的。」[5]若觀諸先秦儒家典籍所記孔子弟子言行，亦可見其面目活潑、性格特立。本文即主要以《禮記‧檀弓》及《論語》章句為討論範圍，試圖型塑孔子部分弟子的性格及為學態度，兼述其相處之道及彼此間的互助互賴，以彰顯孔門弟子間珍貴的情誼。

✎二、《禮記‧檀弓》「子夏喪子喪明」章解析

《禮記‧檀弓上》：「子夏喪其子而喪其明。曾子弔之曰：『吾聞之也：朋友喪明則哭之。』曾子哭，子夏亦哭，曰：『天乎！予之無罪也。』曾子怒曰：『商，女何無罪也？吾與女事夫子於洙泗之間，退而老於西河之上，使西河之民疑女於夫子，爾罪一也；喪爾親，使民未有聞焉，爾罪二也；喪爾子，喪爾明，爾罪三也。而曰女何無罪與！』子夏投其杖而拜曰：『吾過矣！吾過矣！吾離群而索居，亦已久矣。』」記載子夏為其子辦理喪事，因過度悲哭而影響視力，曾子特地前往慰問[6]。但在子夏自言其無罪而怨天後，曾子怒責子夏實有三過，一過為子夏於西河一帶設帳講學，並未特別稱頌孔子，而使得西河地

---

[4] 楊伯峻《春秋左傳注》，高雄：高雄復文圖書出版社，1991 年，頁 1389。引宋家鉉翁《春秋詳說》云：「所謂夷，非夷狄其人也。言周、魯俱衰，典章闕壞，而遠方小國之君乃知前古官名之沿革，蓋錄之也。」故此處「夷」字，非指夷狄之邦，而應訓為「在野」、「民間」。

[5] 劉蔚華〈中國儒學的起源〉，收錄於張秋升、王洪軍《中國儒學史研究》，濟南：齊魯書社，2004 年，頁 13。

[6] 孔《疏》以為子夏喪子之時，曾子應已來弔，此次是因為子夏喪明，故再來慰問。見〔東漢〕鄭玄注、〔唐〕孔穎達疏《禮記注疏》，臺北：藝文印書館，1985 年，頁 129

區的人民以為子夏的才德比於孔子；其二過為子夏辦理親長的喪事時，未能依儒禮厚葬久喪，也未能使當地百姓學習儒家喪禮；第三過為子夏辦理子喪時的哀痛逾越了禮制。子夏聞言後遽拜服之。此章句之鄭《注》、孔《疏》均隨經文註解，並未置疑，但自漢代以降，便有一些學者對此章句所記抱持懷疑態度。如王充在《論衡‧禍虛》言：

> 夫子夏喪其明，曾子責以罪，子夏投杖拜曾子之言，蓋以天實罰過，故目失其明，已實有之，故拜受其過。始聞暫見，皆以為然；熟考論之，虛妄言也。夫失明猶失聽也。失明則盲，失聽則聾。病聾不謂之有過，失明謂之有罪，惑也。蓋耳目之病，猶心腹之有病也。耳目失明聽，謂之有罪，心腹有病，可謂有過乎？伯牛有疾，孔子自牖執其手，曰：「亡之，命矣夫！斯人也而有斯疾也！」原孔子言，謂伯牛不幸，故傷之也。如伯牛以過致疾，天報以惡與子夏同，孔子宜陳其過，若曾子謂子夏之狀。今乃言命，命非過也。且天之罰人，猶人君罪下也。所罰服罪，人君赦之。子夏服過，拜以自悔，天德至明，宜愈其盲。如非天罪，子夏失明，亦無三罪。且喪明之病，孰與被屬之病？喪明有三罪，被屬有十過乎？顏淵早夭，子路菹醢。早死、菹醢，極禍也。以喪明言之，顏淵、子路有百罪也。由此言之，曾子之言誤矣。[7]

王充之意，可以整理為四個重點：一是失明猶如失聰，都只是人的病症之一，與人的罪過無關。其二，如果說子夏有過而遭致喪明，則伯牛應該也是因為有過而致疾，孔子往視時亦應數其罪。其三，若言天有意志，可賞罰人，則天當如明君，當子夏伏罪時癒其盲。最後，若

---

[7] 〔東漢〕王充《論衡》，臺北：中國子學名著集成編印基金會，1977 年，頁266-268。

言子夏之喪明，因其有三過，則顏淵之早死、子路之葅醢，二子莫非有百罪？王充著《論衡》，以駁斥「天人感應」說為主要目的，而力倡其自然主義之精神，故認為〈檀弓〉此說是「虛妄言也」，「曾子之言誤矣」。楊慎的《檀弓叢訓》在註解此章時，先言「曾子數子夏三罪，稱其名、女其人，若父師焉，曾子不以為嫌，子夏安受其責，至於謝過服罪，此所以為交道之盛。」[8]肯定曾子之責與子夏受責乃成全交道之事。但楊慎同時又引方孝孺之言曰：「孔門曾子最少，子夏，曾子之父執友也，名而數之，非曾子事也，傳者過也。曰：『朋友有過，以其長也，則不正之與？』曰：『非也，正之者是也。名而數之，曾子不若是暴也。』『何以明之？』曰：『其辭倨。曾子之言愨而謹。』」[9]觀《論語》、《禮記》等經典所載，曾子平日之言行甚為恭謹，何以在子夏悲慟之時屬言指責？故楊慎與方孝孺似亦不能無疑。清儒夏炘《檀弓辨誣》更直言：

> 此章所記，全是虛造以誣子夏也。聖門稱名及呼爾汝，惟師於弟子則然，朋友之間未有不稱字稱子者。今以師弟之稱，施之於朋友之際，竊所未喻。曾子質厚養粹，各書所載言語溫和醇篤，幾與聖人無異焉。有剛暴淺露、絕無含蓄若此之甚者乎？……此章所載，雖不類之子嚴父責之，亦不過是，麗澤之誼，夫豈其然？然且不獨此也，子夏少孔子四十五歲，生於周敬王十四年，《史記》云居西河教授為魏文侯師，已八九十歲矣，耄耋失子，亦其常事。昔夫子未滿七十，即喪伯魚，何至呼天無辜怨懟若此？此在恆人不宜如是，而況達天之命之大賢乎？[10]

---

8 〔明〕楊慎《檀弓叢訓》，北京：中華書局，1985 年，頁 11。
9 同上註。
10 〔清〕夏炘《檀弓辨誣》，北京：中華書局《續修四庫全書》第 107 冊，2001 年，頁 29。

夏炘之意，亦可整理為三個重點，一是曾子與子夏為友，不當直呼子夏之名，或用「爾」、「汝」等詞代稱子夏；其二，夏炘也認為曾子之言行溫和醇厚，不可能如此厲言指責子夏；三是認為晚年喪子，實為常事，子夏大賢，當不至於呼天怨懟。故而夏氏推論此章「全是虛造以誣子夏」。

筆者以為，今傳《禮記》之成書，應該經歷過「《禮》小戴」、「《小戴記》」與「小戴《禮記》」三個階段[11]，而其中的篇章資料「不是由一個人完成的，也不是完成於同一個時期、同一個社會環境之中，它是春秋末年至秦漢之際關於『禮』的解說、補充文字和有關論文的匯編。」[12]這些論禮的文字記載，歷時既長，又非成於一人之手，其中應有傳聞失實之處。〈檀弓〉所記為春秋戰國時期的人物言行，內容以當時的喪禮、葬禮為主，且多言其中之變禮，兼記三代喪葬禮之差異，以及當世人行禮之得失。若再以〈檀弓〉中出現的人物次數分析，王鍔《禮記成書考》以楊天宇《禮記譯注・檀弓》所分節數計算，孔子在〈檀弓〉中的53小節中出現，頻率最高，其下則依次是曾子、子游、子夏、子路、子貢、有子、子思等人。[13]但「子夏喪子喪明」之事縱然為真，曾子是否可能遠道而往怒責在傷痛中的老友？實在不能無疑。此二子的交誼與相處模式，也很令人好奇。

子夏與曾子年歲相仿[14]，同樣深受孔子倚重，觀《論語》、《禮記》等典籍記載，兩人也有頗多互動，陳玉澍的《卜子年譜》甚而認為「子

---

[11] 參本書第一編「二、〈小戴《禮記》的成書及其在兩漢時期的流傳－洪業《禮記引得・序》商榷〉」。

[12] 趙逵夫《禮記成書考・序》，北京：中華書局，2007年，序5。

[13] 王鍔《禮記成書考》，北京：中華書局，2007年，頁258。

[14] 據《史記・仲尼弟子列傳》，子夏少孔子44歲，曾子少孔子46歲，則子夏僅長於曾子2歲。

夏生平所尊敬者，孔子而外，唯有子曾子。」[15]但實際上，子夏與曾子的為學途徑並不相同，對孔子思想的發揚也有差異。孔子在《論語》中常並論「為學」及「修德」的重要性，如「好仁不好學，其蔽也愚；好知不好學，其蔽也蕩；好信不好學，其蔽也賊；好直不好學，其蔽也絞；好勇不好學，其蔽也亂；好剛不好學，其蔽也狂。」（《論語・陽貨》）說明即使具備了仁、智、信、直、勇、剛等道德條件，但不好學，就會有所偏失。又如「德之不修，學之不講，聞義不能徙，不善不能改，是吾憂也。」（《論語・述而》）同樣可見孔子既重視道德的修習，又講求學習的重要性。然而，孔子並沒有處理學者究竟當先從學習典籍入手，還是從修身入手的問題。這個問題在孔門後學產生了明顯的分歧，子夏特別強調「為學」的重要性，且子夏之「學」有兩方面，一是日常實踐之學，一是經籍之學。在日常實踐之學上，子夏曾言：「日知其所亡，月無忘其所能，可謂好學也已矣。」（《論語・子張》）又說：「：「賢賢易色，事父母能竭其力，事君能致其身，與朋友交言而有信。雖曰未學，吾必謂之學矣。」（《論語・學而》）可見子夏主張在日常生活中的「所能」、「所事」，也是學習的一種方式，彰顯出務實的可貴。在經籍之學上，子夏為學的特色當如《孔子家語・七十二弟子解》所言：「為人性不弘，好論精微，時人無以尚之。」[16]重視字句的考辨，以及對經典涵義的確實掌握，《呂氏春秋》所載子夏對於「三豕」、「己亥」的辨正[17]，可謂明證。曾子則以「修德」為

---

[15] 陳玉澍《卜子年譜》，北京：北京圖書館出版社編印《先秦諸子年譜》第三冊，2005 年，頁 735。

[16] 〔三國〕王肅《孔子家語》，臺北：中國子學名著集成編印基金會，1977 年，頁 355）

[17] 《呂氏春秋・察傳》：「子夏之晉，過衛，有讀史記者曰：『晉師三豕涉河。』子夏曰：『非也，是己亥也。夫『己』與『三』相近，『豕』與『亥』相似。』至於晉而問之，則曰『晉師己亥涉河』也。」見〔秦〕呂不韋《呂氏春秋》，臺北：中國子學名著集成編印基金會，1977 年，頁 652。

重，且其修養德性的方式，偏向於「內參自省」、「慎思玄想」，曾子平時對自己的要求是「吾日三省吾身：為人謀而不忠乎？與朋友交而不信乎？傳不習乎？」（《論語・學而》），「君子禍之為患，辱之為畏，見善恐不得與焉，見不善恐其及己也，是故君子疑以終身。君子見利思辱，見惡思詬，嗜慾思恥，忿怒思患，君子終身守此戰戰也。君子慮勝氣，思而後動，論而後行，行必思言之，言之必思復之，思復之必思無悔言，亦可謂慎矣。」（《大戴禮記・曾子立事》）在臨終之時的要求則是「啟予足！啟予手！《詩》云『戰戰兢兢，如臨深淵，如履薄冰。』而今而後，吾知免夫！」（《論語・泰伯》）可見曾子強調嚴格的道德自律以成君子的修養方式，與子夏之學很不相同。朱子曾言：「子夏篤信聖人，曾子反求諸己。」[18]蔡仁厚也以為孔門有傳道之儒，有傳經之儒，而以曾子屬傳道之儒，子夏屬傳經之儒，[19]或亦可以做為兩人成學途徑差異的說明。

此外，《孟子・滕文公上》還記載，在孔子去世之後，「子夏、子張、子游以有若似聖人，欲以所事孔子事之，彊曾子。曾子曰：『不可。江漢以濯之，秋陽以暴之，皜皜乎不可尚已。』」子夏等人或許因為過於思念孔子，乃希望孔子之人格精神可以通過有若之言行體貌而具象化，藉以重溫往日師生之情，並想強迫曾子也接受這樣的安排，但曾子以為孔子之德行如江漢、秋陽般潔白光輝，不是有若可以彷彿的，因此斷然拒絕配合。據《史記・仲尼弟子列傳》的記載，後來子夏等人似乎不顧曾子的反對，仍然共立有子為師，但有子卻無法

---

[18] 此為朱子在《孟子・公孫丑上》「孟施舍似曾子，北宮黝似子夏。夫二子之勇，未知其孰賢，然而孟施舍守約也。」句下的注解。見〔宋〕朱熹《四書集註》，臺北：學生書局，1984年，頁233）
[19] 蔡仁厚《孔門弟子志行考述》，臺北：臺灣商務印書館，1971年，頁23、104。

回答同學們的疑問而遭斥退,此一爭端才不了了之。[20]曾子之所以反對「以所事孔子事有若」,未必是輕視有若的德行,也未必不解子夏等人的深摯之情與孺慕之思,應該只是認為孔子之氣象崇高偉大,不是他人可以擬而代之的,故認為尊師之禮不在此耳。但當時孔門弟子間曾有的爭執紛擾,是可以想見的。

　　正因為子夏與曾子成學的途徑不同,講求的重點也不同,甚而至於可能起過衝突,筆者以為讀〈檀弓〉「子夏喪子喪明」章時,尤需留意者,應是曾子來弔之深情與子夏受責後的反應。若果如孔《疏》所言,子夏喪子時,曾子應已來弔,此次是因為子夏喪明,所以再來慰問子夏,顯見曾子已經盡釋前嫌,縱使來弔時直言數落子夏的不是,仍可看到曾子對兩人情誼的重視。子夏在哀慟之際,對這樣一位與自己有種種差異的老「朋友」,遠道而來的指責,子夏竟沒有任何不悅,也沒有對自己的傷痛提出說解,而是對曾子承認自己有錯,並將錯誤歸因於自己離群索居太久,缺乏友朋的指正。可知子夏也不以兩人的差異、衝突為念,而同樣看重「朋友」在自己為學成德之路的重要性。二子之所以成為大賢,良有以也。

✎三、孔門弟子間的差異與相處

　　由前文所述,可知子夏與曾子各有其性格特色,各有其獨立的靈

---

[20] 《史記・仲尼弟子列傳》:「孔子既沒,弟子思慕,有若狀似孔子,弟子相與共立為師,師之如夫子時也。他日,弟子進問曰:「昔夫子當行,使弟子持雨具,已而果雨。弟子問曰:『夫子何以知之?』夫子曰:『《詩》不云乎?「月離于畢,俾滂沱矣。」昨暮月不宿畢乎?』他日,月宿畢,竟不雨。商瞿年長無子,其母為取室。孔子使之齊,瞿母請之。孔子曰:『無憂,瞿年四十后當有五丈夫子。』已而果然。問夫子何以知此?」有若默然無以應。弟子起曰:「有子避之,此非子之座也!」見〔西漢〕司馬遷《史記》,北京:中華書局,2008 年,頁 562。

魂與思維，彼此之間的互動也有些複雜，如果不能明白子夏與曾子的特殊關係，也就無法完整詮釋「子夏喪子喪明」章的意涵。關於弟子們的性格特色，孔子固當了然於心，而在《論語》中多有提示，如：子貢問曰：「賜也何如？」子曰：「女器也。」曰：「何器也？」曰：「瑚璉也。」（《論語‧公冶長》）、子曰：「吾未見剛者。」或對曰：「申棖。」子曰：「棖也慾，焉得剛？」（《論語‧公冶長》）、子曰：「雍也可使南面。」（《論語‧雍也》）、子謂子夏曰：「女為君子儒，無為小人儒。」[21]（《論語‧雍也》）、閔子侍側，誾誾如也；子路，行行如也；冉有、子貢，侃侃如也。子樂。「若由也，不得其死然。」（《論語‧先進》）、子貢問：「師與商也孰賢？」子曰：「師也過，商也不及。」曰：「然則師愈與？」子曰：「過猶不及。」（《論語‧先進》）、「柴也愚，參也魯，師也辟，由也喭。」（《論語‧先進》）等。孔門弟子間，也有相互評論之語，如：子謂子貢曰：「女與回也孰愈？」對曰：「賜也何敢望回。回也聞一以知十，賜也聞一以知二。」子曰：「弗如也！吾與女弗如也。」（《論語‧公冶長》）、曾子曰：「以能問於不能，以多問於寡；有若無，實若虛，犯而不校，昔者吾友嘗從事於斯矣。」（《論語‧泰伯》）、子游為武城宰。子曰：「女得人焉爾乎？」曰：「有澹臺滅明者，行不由徑。非公事，未嘗至於偃之室也。」（《論語‧雍也》）、子游曰：「吾友張也，為難能也。然而未仁。」（《論語‧子張》）、曾子曰：「堂堂乎張也，難與並為仁矣。」（《論語‧子張》），亦可見孔門弟子的多種樣貌，以及彼此間的相知相惜。

　　至於孔子弟子間的相處，就更為繽紛多彩了。除了上述〈檀弓〉「子夏喪子喪明」章，《論語》及《禮記》中還有許多孔門弟子間相與

---

[21] 「小人儒」之說，朱子認為「子夏文學雖有餘，然意其遠者大者，或昧焉。故夫子語之如此。」（〔宋〕朱熹《四書集註》，臺北：學生書局，1984 年，頁 90）蓋因子夏個性拘謹保守，又「性不弘，好論精微」（見前引《孔子家語》），是以孔子提醒其應規模宏大，勿拘限近處細節。

問學、討論,甚或是責難的篇章。如:

> 子夏之門人問交於子張。子張曰:「子夏云何?」對曰:「子夏
> 曰:『可者與之,其不可者拒之。』」子張曰:「異乎吾所聞:君
> 子尊賢而容眾,嘉善而矜不能。我之大賢與,於人何所不容?
> 我之不賢與,人將拒我,如之何其拒人也?」(《論語‧子張》)

子夏與子張的性格迥異,子夏拘謹保守,是以孔子提醒他「無為小人
儒」,但其論交友,卻有類同孔子「無友不如己者」的主張,認為應
該取法乎上,只與值得交往的人往來,不值得交往的就加以拒絕。[22]子
張則性格高廣,氣象宏大,是孔門中具有「激進傾向」的弟子,[23]是
以曾子說他「堂堂乎」,孔子批評他「過猶不及」、「辟」。也因為
子張這樣的性格,所以他很不贊同子夏「拒人」的說法,而主張應該
與人為善,既尊敬賢者、嘉許善者,也容納平凡的人、同情沒有才能
的人。又如:

> 子游曰:「子夏之門人小子,當洒掃、應對、進退,則可矣。抑
> 末也,本之則無。如之何?」子夏聞之曰:「噫!言游過矣!君
> 子之道,孰先傳焉?孰後倦焉?譬諸草木,區以別矣。君子之
> 道,焉可誣也?有始有卒者,其惟聖人乎!」(《論語‧子張》)

---

[22] 《孔子家語‧六本》載:「孔子曰:『吾死之後,則商也日益,賜也日損。』
曾子曰:『何謂也?』子曰:『商也好與賢己者處,賜也好說不若己者。』」
可見孔子也知道子夏的擇友標準較嚴,並贊同他這樣的做法。見王肅《孔
子家語》,臺北:中國子學名著集成編印基金會,1977 年,頁 163。

[23] 高專誠《孔子和他的弟子們》,北京:新華出版社,1993 年,頁 114。另,
郭沫若亦認為「照《論語》裡面所保存的子張的性格看來,他似乎是孔門
裡面的過激派。」見郭沫若《十批判書》,北京:中國華僑出版社,2008
年,頁 89。

本章記子游批評子夏教學只重細微末節，缺乏根本；子夏則認為學有本末，應求淺入深，循序漸進。高專誠認為這是孔子去世後，「後進弟子間就為學問題進行一場規模空前的論爭，這是儒學史上首次學術爭鳴和學術高潮。」[24]蓋子游與子夏年齡亦相仿，[25]且同列「文學」之科，但「由於性格不同，閱歷不同，學問的造詣與學術的方向也不盡相同。」[26]子游嫻熟禮制，強調禮意，篤行禮樂之教，探求禮樂之本，雖不像子張那樣激切，但在莊重中又不乏進取；子夏則篤實純厚，保守拘謹，主張「雖小道，必有可觀者焉。」（《論語‧子張》）是以認為灑掃應對之事是基本功夫，是達致君子之道的起點，所以即使細微也不可偏廢。這的確是兩人因性格差異而導致的為學途徑的差異。《禮記》中尚有數則論及子游之知禮，且與曾子等人互動的篇章。如：

> 曾子弔於負夏，主人既祖，填池，推柩而反之，降婦人而後行禮。從者曰：「禮與？」曾子曰：「夫祖者且也；且，胡為其不可以反宿也？」從者又問諸子游曰：「禮與？」子游曰：「飯於牖下，小斂於戶內，大斂於阼，殯於客位，祖於庭，葬於墓，所以即遠也。故喪事有進而無退。」曾子聞之曰：「多矣乎，予出祖者。」《禮記‧檀弓上》

此張記曾子於喪家已祖奠、設棺飾之後往弔，喪家竟把原已向外的棺柩推回原位，以便曾子弔唁，而當弟子們提出質疑時，曾子還以為此舉並無不可。後來弟子們又問子游，子游並沒有直接批評曾子不知

---

[24] 高專誠《孔子和他的弟子們》，北京：新華出版社，1993 年，頁 137。

[25] 據《史記‧仲尼弟子列傳》，子游少孔子 45 歲，則子游之年，正好介於子夏與曾子之間。

[26] 康義勇《論語釋義》，高雄：麗文文化事業股份有限公司，1993 年，頁 1543。

禮，只藉著喪禮中屍與柩的移動位置，把喪禮「每動愈遠」[27]、「有進無退」的道理說了一遍，曾子才了悟自己的做法不妥。顯見子游對禮制、禮意的掌握優於曾子。再如：

> 曾子襲裘而弔，子游裼裘而弔。曾子指子游而示人曰：「夫夫也，為習於禮者，如之何其裼裘而弔也？」主人既小斂、袒、括髮；子游趨而出，襲裘帶絰而入。曾子曰：「我過矣，我過矣，夫夫是也。」《禮記・檀弓上》

此章則記在喪家未變服前，曾子就以凶服的裝束往弔，還對旁人說子游以吉服裝束往弔不合禮。子游同樣並不直接辯駁，而是在喪家變服之後，才出而變為凶服的裝束，再進入喪宅往弔，曾子才知道自己的失禮。此章句與上文所引章句，在〈檀弓上〉連書，亦均可見子游深明禮制卻不張狂，曾子於禮未明但也虛心受教，孔門弟子間的論學方式，頗令人神往。再者又如：

> 有子問於曾子曰：「問喪於夫子乎？」曰：「聞之矣：喪欲速貧，死欲速朽。」有子曰：「是非君子之言也。」曾子曰：「參也聞諸夫子也。」有子又曰：「是非君子之言也。」曾子曰：「參也與子游聞之。」有子曰：「然，然則夫子有為言之也。」曾子以斯言告於子游。子游曰：「甚哉，有子之言似夫子也。昔者夫子居於宋，見桓司馬自為石槨，三年而不成。夫子曰：『若是其靡也，死不如速朽之愈也。』死之欲速朽，為桓司馬言之也。南宮敬叔反，必載寶而朝。夫子曰：『若是其貨也，喪不如速貧之愈也。』喪之欲速貧，為敬叔言之也。」曾子以子游之言告

---

[27] 《荀子・禮論》：「喪禮之凡，變而飾，動而遠，久而平。」見李滌生《荀子集釋》，臺北：學生書局，1986 年，頁 436。

於有子，有子曰：「然，吾固曰：非夫子之言也。」曾子曰：「子何以知之？」有子曰：「夫子制於中都，四寸之棺，五寸之槨，以斯知不欲速朽也。昔者夫子失魯司寇，將之荊，蓋先之以子夏，又申之以冉有，以斯知不欲速貧也。」《禮記‧檀弓上》

此章句主要記載的是有子、曾子與子游間，關於孔子之言的體會差異，但其中似亦有矛盾可疑之處。事情的起始是有子問曾子，是不是曾聽過孔子談論失位後如何自處的問題。曾子說孔子主張仕既失位，就應速貧；就像人死了之後，就應速朽。有子認為這不可能是孔子說過的話，曾子卻一再堅持，還說子游也聽到孔子這樣說，有若才半信半疑的認為孔子應該是針對某些特殊狀況才會有如此主張。後來曾子把這件事告訴子游，子游才提醒曾子，孔子是因為看到宋國司馬桓魋造石棺之奢靡，才說人死了應該速朽；也是因為看到南宮敬叔失位後返魯，每每載寶上朝賄賂國君，才說人喪位後應該速貧，所以有子的懷疑是對的。再之後曾子問有子，怎麼知道孔子不會說「喪欲速貧、死欲速朽」？有子才告訴曾子，孔子擔任中都宰時，給百姓制訂的棺可用四寸，槨可用五寸，可知孔子不會主張人死了之後要速朽。又孔子失魯司寇之後，在去楚國之前，先後請子夏、冉有到楚國安排相關事宜，可知孔子並不希望失位後速貧。此章句可疑之處，在於若曾子當時與子游一起聽到孔子說「喪欲速貧、死欲速朽」，為何子游對孔子之意知之甚詳，曾子卻置若罔聞？但無論如何，此章句仍可說明子游之精於習禮，並可輔證子夏等人何以欲「以所事孔子事有若」。

最後，雖然孔門弟子的個性各不相同，彼此間的互動也不一定都是融洽的，但他們畢竟有同門之誼，彼此間仍是互敬、互重，相互學習的。從現今社會的角度觀之，追隨孔子在各國之間奔走的部分弟子，甚而可以說是生死與共的患難之交，即使大家的意見、志趣及為學途徑等不一定相合，但仍堅信「君子以文會友，以友輔仁。」（《論

語‧顏淵》)「獨學而無友,則孤陋而寡聞」(《禮記‧學記》)因此重視彼此問難、相互切磋。前述〈檀弓〉「子夏喪子喪明」章可為明證,另〈檀弓〉尚記載曾批評子張「堂堂乎」「難與並為仁」的曾子,在子張過世時,雖然自己正在服母喪,仍然穿著齊衰往哭子張,別人提醒他「齊衰不以弔」,曾子還辨明自己是來「哭」,而不是「弔」。[28]可見曾子雖然不欣賞子張的個性,但仍視其為兄弟[29],情誼深厚,頗令人動容。

✎四、孔門弟子間的相處與「合作學習」

「合作」是一種社會行為,其間涉及到社會成員間的價值認同、行為模式之差異、對自我及他人的認知等等因素,更需要極高的「社會互賴」[30]。而所謂的「合作學習」(Cooperative learning),就是強調學習團體成員間的互助合作,一起討論和澄清想法,探究、思考、推

---

28 《禮記‧檀弓下》:「子張死,曾子有母之喪;齊衰而往哭之。或曰:『齊衰不以弔。』曾子曰:『我弔也與哉?』」按《禮記‧曲禮上》言:「知生者弔,知死者傷。知生而不知死,弔而不傷;知死而不知生,傷而不弔。」曾子之意,蓋以自己是去傷子張之死,而非慰問(弔)子張的家人,所以不算違背「齊衰不以弔」的規範。

29 《禮記‧檀弓下》:「有殯,聞遠兄弟之喪,哭于側室;無側室,哭于門內之右;同國,則往哭之。」故孫希旦《禮記集解》云:「孔子於門人猶父子,則曾子於子張猶兄弟,故援有殯哭兄弟之義而往哭之,非弔也。」見〔清〕孫希旦《禮記集解》,臺北:文史哲出版社,1990 年,頁 249。

30 「社會互賴論」(social interdependence perspective)源於 1900 年代初期完形心理學派創始人考夫卡(Kurt Kafka),他提出團體是一個「動態整體」的理論,主張團體的本質是其成員基於共同目標而形成的互賴,此一互賴促使團體成為一個整體,若團體中任何成員或次團體的狀態產生改變,將會影響其他成員或其他次團體產生改變。參見黃政傑、林佩璇《合作學習》,臺北:五南圖書出版公司,1996 年,頁 6。又,筆者以為孟子提出之「一人之身,而百工所為備」,其實已經具備「社會互賴論」的概念。

理及解決問題，以達成一定的學習目標，[31]是現代重要的學習策略之一。「合作學習」與傳統學習法相較，呈現六項特質：其一為成員的異質性，成員間的能力、背景、性別、種族等可能有明顯差異，但成員間有更多的機會認識不同的學習對象，聽取不同的看法，分享彼此的經驗，可以從更多樣的觀點結合學習經驗；其二是積極互賴，亦即成員間都能知覺彼此是生命共同體，休戚相關，禍福與共，彼此高度認識對方、信任對方；其三是「面對面的助長式互動」（face-to-face promotive interaction），意指成員間可以藉著回饋與分享，相互助長彼此學習的成功，如鼓勵其他成員的成就、努力完成任務、達成共同目標等；其四是評量個人的學習績效，「合作學習」雖然強調成員間的共同學習，但評量時成員仍必須個別表現成果，而不是只注意集體的成就，而忽略了個別的表現；其五是人際技巧的展現，指的是成員具備參與「團隊工作」（teamwork）的技巧，而此技巧主要建基於成員能彼此認識並相互信任，並能正確無誤的進行溝通，相互接納且相互支持，能有意義的解決衝突等：「合作學習」的最後一項特質是重視「團體歷程」（group processing），指的是團體成員可以透過討論、反思，決定哪些行為應該繼續存在，哪些活動應該調整，有助於團體成員彼此維持良好的學習關係，增強成員間的積極正向行為。[32]

　　揆諸「合作學習」的特質，我們可以發現 2000 多年前孔門弟子的相與學習，即是一個團隊合作學習的好例子。孔子的「有教無類」（《論語・衛靈公》），直接使得弟子間存在很高的異質性，孔門弟子間的能力、背景、個性等有很明顯的差異，進而可能使得弟子們對孔子

---

[31]　參見黃政傑、林佩璇《合作學習》，臺北：五南圖書出版公司，1996 年，頁 3）

[32]　參見黃政傑、林佩璇《合作學習》，臺北：五南圖書出版公司，1996 年，頁 20-29；黃政傑、吳俊憲《合作學習：發展與實踐》，臺北：五南圖書出版公司，2006 年，頁 10-11。

思想的學習、理解產生歧異，但就如〈檀弓〉「子夏喪子喪明」章所記子夏與曾子的互動歷程，雖然彼此的成學方式不同，但子夏仍願意聽取不同的看法，接受曾子的指正，也保有了彼此的情誼。而《論語》中所記孔門弟子間相互的評論或批評，則可視為彼此積極互賴、助長式互動的展現。再者，《論語》中孔子對弟子的個別評論，則可視作身為教師的孔子，對於弟子們學習績效的評量。《禮記‧檀弓》中數則關於曾子、子游及有子議禮的篇章，以及曾子往哭子張的記載，則讓我們看見孔門弟子們相互溝通、解決衝突的智慧，並接納彼此以維繫良好學習關係的風範。要之，孔子至聖，尚且以遠方友來為樂，並提醒我們要多結交正直、誠實、識見廣的朋友；孔門弟子傳述夫子聖業，即特重彼此間的包容提攜、互助合作與集體學習，成就深厚友誼，這是非常值得後人學習敬重的。

✒ 五、結語

　　在我國傳統社會架構中，人以群體生活為主要的活動形態，作為獨立生活的個人是不存在的，所以傳統教育一向強調集體價值，而過分壓抑了人的個性發展。隨著時代改變，個人主義的價值取向日趨明顯，在激烈競爭的社會下，個人主義泛溢，社會中的集體意識與團體價值逐漸被抹煞。事實上，現代人應該既要堅持集體價值，又要保證個性的發揮；也就是說人應該具有雙重屬性，既有社會屬性又有個人屬性，任何人在社會中都應該發揮集體和個人的雙重價值。個人自然可以彰顯其獨特的個性與思維，以凸顯自我存在的價值，但更應該要能與人對話和溝通，進一步合作學習，彼此才能相輔相成。觀乎此，則孔門弟子間雖然性格、志趣、為學等各不相同，卻能彼此尊重，相互學習的相處模式，實在是值得我們思考與學習的。再者，儒家雖然

重視「以和為貴」，但《論語‧子路》也記孔子之言曰：「君子和而不同，小人同而不和。」孔子之意在提示我們「和諧」與「均一」是不一樣的，君子追求真正的和諧，但不強求表象的均同；小人則只追求表象的均同，不考慮真正的和諧。唯有多種不同因素相諧，乃至於相反的事物相成相濟，才會是生機盎然。所以，儒家主張的「和諧」，並不是沒有差異的「齊一」，只有異質事物間的互補，才能真正達到和諧的境界。也因此，同門師友之間相處，彼此間有差異或衝突並不可怕，只要能相互理解與敬重，並不會傷害珍貴的情誼。若概以「一團和氣」看待孔門弟子間的相處，恐怕既不符合事實，也忽略了孔門弟子昭示後人的真正價值。

參考|文獻

古籍

〔秦〕呂不韋　《呂氏春秋》　臺北　中國子學名著集成編印基金會
　　1978 年 11 月

〔西漢〕司馬遷　《史記》　北京　中華書局　2008 年 9 月

〔東漢〕王充　《論衡》　臺北　中國子學名著集成編印基金會　1978
　　年 11 月

〔東漢〕鄭玄注　〔唐〕孔穎達疏　《禮記注疏》　臺北　藝文印書館
　　1997 年 8 月

〔三國〕王肅　《孔子家語》　臺北　中國子學名著集成編印基金會
　　1978 年 11 月

〔宋〕朱熹　《四書集註》　臺北　學生書局　1984 年 9 月

〔明〕楊慎　《檀弓叢訓》　北京　中華書局　1985 年

〔清〕夏炘　《檀弓辨誣》　上海　上海古籍出版社《續修四庫全書》
　　第 107 冊　2001 年

〔清〕孫希旦　《禮記集解》　臺北　文史哲出版社　1990 年 8 月

專書

佛斯特著、李文彬譯　《小說面面觀》　臺北　志文出版社　1985 年
　　2 月

李滌生　《荀子集釋》　臺北　學生書局　1986 年 10 月

楊伯峻　《春秋左傳注》　高雄　高雄復文圖書出版社　1991 年 9 月

蔡仁厚　《孔門弟子志行考述》　臺北　台灣商務印書館　1992 年 9

月

康義勇　《論語釋義》　高雄　麗文文化事業股份　1993 年 9 月

高專誠　《孔子和他的弟子們》　北京　新華出版社　1993 年 12 月

陳玉澍　《卜子年譜》　北京　北京圖書館出版社編印　2004 年 3 月

張秋升、王洪軍　《中國儒學史研究》　濟南　齊魯書社　2004 年 4 月

黃政傑、吳俊憲　《合作學習：發展與實踐》　臺北　五南圖書出版公司　2006 年 9 月

王　鍔　《禮記成書考》　北京　中華書局　2007 年 3 月

黃政傑、林佩璇　《合作學習》　臺北　五南圖書出版公司　2008 年 9 月

郭沫若　《十批判書》　北京　中國華僑出版社　2008 年 2 月